W0201075

Le Code de la route pour les nuls

Permisecole.com

FIRST Editions

Le Code de la route pour les Nuls, édition 2017.

© Éditions First, un département d'Édi8, Paris, 2017. Publié en accord avec Wiley Publishing, Inc.
"Pour les Nuls" est une marque déposée de Wiley Publishing, Inc.
"For Dummies" est une marque déposée de Wiley Publishing, Inc.

Le Code de la propriété intellectuelle interdit les copies ou reproductions destinées à une utilisation collective. Toute représentation ou reproduction intégrale ou partielle faite par quelque procédé que ce soit, sans le consentement de l'Auteur ou de ses ayants cause est illicite et constitue une contrefaçon sanctionnée par les articles L335-2 et suivants du Code de la propriété intellectuelle.

ISBN : 978-2-7540-8248-8
Dépôt légal : janvier 2017

Mise en page et illustrations : Fabrice Del Rio Ruiz (www.fabdelrio.com)
Imprimé en France

Éditions First, un département d'Édi8
12, avenue d'Italie
75013 Paris
Tél. : 01 44 16 09 00
Fax : 01 44 16 09
E-mail : firstinfo@efirst.com
Site Internet : www.pourlesnuls.fr

À propos de l'auteur

Leader de l'apprentissage du code de la route en ligne et fort de son expérience sur le marché professionnel des auto-écoles, Permisecole a conçu un livre de code pour tous. Complet et facile d'accès, il se lit non plus comme un manuel technique mais comme un ouvrage pédagogique.

Exclusif : il est organisé selon les nouveaux thèmes de l'examen, ce qui facilite les recherches et correspond à la méthode d'apprentissage mise en œuvre dans les écoles de conduite.

Totalement à jour et conforme : la rédaction de ce livre a été confiée à des moniteurs et des formateurs diplômés du brevet d'aptitude à la formation des moniteurs.

Permisecole édite aussi des supports d'apprentissage pour la conduite moto, l'attestation scolaire de sécurité routière, et pour le recyclage des conducteurs. Permisecole a été sélectionné par des grands noms de l'édition pour la diffusion en ligne de contenus destinés à la formation au permis de conduire.

Nous vous souhaitons un excellent apprentissage.

Sommaire

Avant-propos

En tant que conducteur, je dois adopter un comportement respectueux envers les autres usagers et faire preuve de prudence accrue à l'égard des plus vulnérables (piétons, personnes âgées et handicapées).

Parties de la route

Route

Une route est constituée de la chaussée et des accotements. Elle peut être soit à chaussée unique, soit à chaussées séparées.

Chaussée

Partie de la route utilisée pour la circulation des véhicules.

Accotements

Parties de la route qui bordent la chaussée de chaque côté.

Trottoir

Accotement aménagé pour la circulation des piétons, et séparé de la chaussée par une bordure.

Voie

Partie de la chaussée ayant une largeur suffisante pour permettre la circulation d'une file de véhicules. Les voies sont le plus souvent délimitées par des lignes.

Chemin de terre

Un chemin de terre est un chemin privé dont le revêtement est naturel.

Par exemple :

- » un chemin de ferme qui mène à des champs ;
- » un chemin forestier.

Aire de stationnement

Les aires de stationnement sont les emplacements de stationnement et les parkings.

1 Signalisation

« IL EST POURTANT
PAS DIFFICILE
À RETENIR
CELUI-LA ! »

DANS CETTE PARTIE...

Nous allons étudier la signalisation routière sous toutes ses formes, c'est-à-dire :

- » la signalisation verticale (panneaux, balises, bornes...) ;
- » la signalisation horizontale (marquage au sol) ;
- » la signalisation temporaire (horizontale et verticale), mise en place provisoirement, le plus souvent à l'occasion de travaux.

La signalisation routière permet d'informer l'usager, de le situer, le diriger, mais aussi d'attirer son attention sur un danger ou de l'obliger ou lui interdire certaines actions.

Chapitre 1

Signalisation verticale

DANS CE CHAPITRE :

- **Différentes catégories de panneaux**
- **Danger**
- **Passages à niveau**
- **Interdiction**
- **Fin d'interdiction**
- **Obligation**
- **Fin d'obligation**
- **Indication**
- **Direction**
- **Directions autoroutières**
- **Panneaux lumineux**
- **Panonceaux**
- **Balises et bornes**

La signalisation verticale est constituée par les panneaux, panonceaux, bornes et balises. Ces signaux transmettent un message commun pour tous les usagers.

Différentes catégories de panneaux

Les panneaux ont pour rôle de :

- » signaler un danger (panneaux de danger) ;
- » donner un ordre (panneaux d'interdiction, d'obligation, de fin d'interdiction…) ;
- » donner un renseignement (panneaux d'indication, de direction…).

FORMES	COULEURS	
danger	Permanent	Temporaire
ordre	Interdiction / Fin d'interdiction	Obligation / Fin d'obligation
indication	pour la conduite	installations et aménagements
	Localisation nom d'un lieu	itinéraire touristique
direction	locale / ville importante	autoroutière / temporaire

ATTENTION ! Sur les chaussées à double sens, les panneaux autres que ceux de direction sont le plus souvent implantés du côté droit de la chaussée, dans le sens de la circulation. Mais attention : ce n'est pas une règle absolue.

Panneaux de danger

Les panneaux de danger sont placés :

- » environ 150 mètres avant le danger hors agglomération ;
- » entre 0 et 50 mètres avant le danger en agglomération.

Dans le cas contraire, ils seront complétés d'un panonceau de distance.

Il existe toutefois une exception : le panneau « Circulation dans les deux sens », placé au niveau du danger, c'est-à-dire à l'endroit où la circulation devient à double sens.

Un panneau de danger, placé à une distance différente, est complété d'un panonceau de distance.

Virages

À gauche

À droite

Succession de virages dont le premier est à gauche

Succession de virages dont le premier est à droite

État et largeur de la route

Cassis ou dos-d'âne

Un cassis est un creux, un dos-d'âne est une bosse.

Ralentisseur de type dos-d'âne (surélévation de la chaussée)

REPORTEZ-VOUS

Ce panneau est souvent complété d'un autre limitant la vitesse à 30 km/h. Au-delà de cette vitesse, je risque d'endommager les amortisseurs. *Reportez-vous page 27.*

Chaussée rétrécie

Des deux côtés

Par la droite

Par la gauche

Chaussée particulièrement glissante

Autres dangers de la route

Autre danger
La nature du danger peut être précisée par un panonceau.

Descente dangereuse
Dans une descente de 10 %, je descends de 10 mètres lorsque je parcours 100 mètres.

Vent latéral
Le vent peut aussi bien souffler vers la droite que vers la gauche.

Risque de chute de pierres ou de présence de pierres tombées sur la route
Dans cette situation, il est dangereux de s'arrêter.

Pont mobile
La circulation peut être interrompue par la fermeture de barrières et, parfois, par un feu rouge clignotant.

Débouché sur un quai ou une berge
La nuit, je risque de confondre la surface de l'eau avec la route.

Rencontres

Passage d'animaux sauvages
Les animaux sauvages se déplacent fréquemment la nuit, mais je peux aussi en rencontrer la journée.

Passage d'animaux domestiques

REPORTEZ-VOUS

Traversée de voies de tramway
Reportez-vous page 27.

Passage de cavaliers

REPORTEZ-VOUS

Passage pour piétons
Reportez-vous page 27.

Endroit fréquenté par les enfants
Ce panneau est placé à proximité des écoles, des terrains de jeux et des colonies de vacances.

Débouché de cyclistes venant de droite ou de gauche
Ce panneau n'indique pas de régime de priorité.

Annonce de feux tricolores
La présence de feux risque de surprendre les conducteurs.

Passages à niveau

Sur un passage à niveau se croisent la route et la voie ferrée ; ce sont des endroits particulièrement dangereux.

Les trains sont toujours prioritaires par rapport aux usagers qui circulent sur la route. La distance d'arrêt d'un train est 10 fois supérieure à celle d'une voiture.

Passages à niveau avec barrières

Passage à niveau muni de barrières ou demi-barrières à fonctionnement automatique

Avant l'arrivée du train, un feu rouge clignote, une sonnerie retentit et les barrières s'abaissent. Je dois alors m'arrêter avant le feu. Je ne redémarrerai que lorsque le feu rouge clignotant sera éteint et les barrières entièrement levées.

En l'absence de panonceau, ce signal annonce un passage à niveau muni de barrières à fonctionnement manuel.

Le plus souvent, à l'approche d'un passage à niveau, je rencontre trois balises :

À 150 mètres

À 100 mètres

À 50 mètres

La voie ferrée est électrifiée et la hauteur des fils électriques est inférieure à 6 mètres.

Je vais traverser au moins deux voies ferrées.

Passages à niveau sans barrières

Passage à niveau sans barrières ni demi-barrières

Signal d'annonce

Une voie

Plusieurs voies

Signal de position implanté à l'endroit où la voie ferrée traverse la route

Stop

Signal d'annonce

Signal de position

Je dois marquer l'arrêt et vérifier si aucun train n'arrive avant de franchir le passage à niveau.

Signal d'annonce

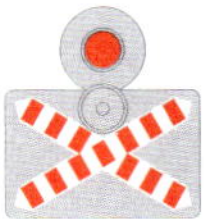

Signal de position

Feu rouge clignotant

Une sonnerie et un feu rouge clignotant annoncent l'arrivée d'un train.

Comportement à adopter

À l'approche d'un passage à niveau :

- » je dois ralentir afin d'être en mesure de m'arrêter ;
- » je peux m'engager sur un passage à niveau uniquement si la voie de l'autre côté est libre ;
- » au feu rouge clignotant, je dois impérativement m'arrêter.

Pendant l'arrêt :

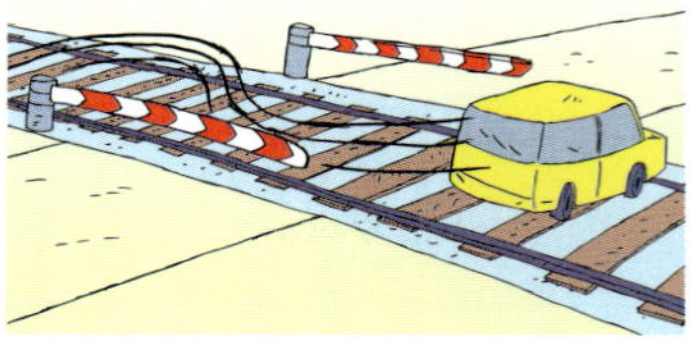

- » ne jamais slalomer entre les demi-barrières ;
- » si les barrières restent fermées, j'utilise le téléphone du passage à niveau pour prévenir un agent.

En cas d'immobilisation sur le passage à niveau :

- » je percute la barrière pour dégager ; elle est conçue pour ne pas résister à ce type de choc ;
- » j'évacue tous les passagers du véhicule ;
- » j'alerte au plus vite un agent avec le téléphone du passage à niveau.

REPORTEZ-VOUS

Dépassements sur un passage à niveau

Reportez-vous pages 380 et 383.

Traversée d'une aire de danger aérien

Les avions peuvent voler à basse altitude.

La circulation peut être interrompue par deux feux rouges clignotants pendant l'atterrissage et le décollage des avions.

À d'autres endroits, la circulation peut être interrompue par des barrières.

Panneaux d'interdiction

En l'absence de panonceau, ils sont placés là où commence l'interdiction. Celle-ci s'étend jusqu'à la prochaine intersection ou jusqu'à un panneau y mettant fin.

Ces panneaux sont de forme ronde. À l'exception du signal « sens interdit », ils sont à fond blanc avec une bordure rouge.

Deux panneaux d'interdiction superposés se lisent séparément :

ATTENTION !

La vitesse est limitée à 30 km/h pour tous les véhicules.

L'accès est interdit aux véhicules de transport de marchandises.

Un panneau se lit toujours avec le panonceau qui le complète.

ATTENTION !

Le panonceau précise que la limitation de vitesse à 50 km/h concerne uniquement les véhicules de transport de marchandises.

Comportements interdits

Interdiction de tourner à gauche à la prochaine intersection

L'accès à la première rue à gauche est interdit.

Interdiction de tourner à droite à la prochaine intersection

L'accès à la première rue à droite est interdit.

Interdiction de faire demi-tour jusqu'à la prochaine intersection incluse

Ce panneau n'interdit pas de tourner à gauche.

Signaux sonores interdits sauf danger immédiat

Interdiction de dépasser tous les véhicules à moteur à l'exception des deux-roues sans side-car

Interdiction aux poids lourds de dépasser tous les véhicules à moteur à l'exception des deux-roues sans side-car

Interdiction de circuler sans maintenir un intervalle d'au moins 70 mètres entre deux véhicules

La distance de sécurité indiquée doit être respectée quelle que soit la vitesse.

Divers

Limitation de vitesse

Ce panneau interdit de dépasser 90 km/h.

REPORTEZ-VOUS

Entrée d'une zone à vitesse limitée à 30 km/h

Reportez-vous page 317.

Cédez le passage à la circulation venant en sens inverse

La voiture en face qui a priorité a rencontré ce panneau. ▶

Arrêt au poste de douane

L'arrêt au poste de douane est obligatoire. Sur ce panneau figure le mot « douane » ainsi que sa traduction dans la langue du pays limitrophe.

Arrêt au poste de police

Arrêt au poste de gendarmerie

Arrêt au poste de péage

Autres interdictions dont la nature est indiquée sur le panneau

Accès interdit

Sens interdit à tout véhicule

Aucun véhicule ne doit emprunter la rue dans ce sens.

Circulation interdite à tout véhicule dans les deux sens (y compris les vélos).

Accès interdit à tous les véhicules à moteur y compris les cyclomoteurs.
Les cyclistes peuvent s'engager.

Accès interdit aux véhicules à moteur à l'exception des cyclomoteurs
Les cyclistes et cyclomotoristes peuvent s'engager.

Accès interdit aux piétons
Les rollers, vélos tenus à la main, poussettes pour enfants... sont concernés par cette interdiction, comme tous les autres usagers assimilés aux piétons.

Accès interdit aux voitures à bras

Accès interdit aux cyclistes

Accès interdit aux cyclomoteurs

Accès interdit aux motocyclettes et motocyclettes légères

Accès interdit aux véhicules de transport de marchandises

Les camionnettes sont concernées par cette interdiction.

Accès interdit aux véhicules de transport de marchandises, uniquement si leur PTAC* (ou PTRA) dépasse 5,5 tonnes**

Les camionnettes ne sont pas concernées par cette interdiction.

* PTAC = poids total autorisé en charge

** PTRA = poids total roulant autorisé

Accès interdit aux véhicules de transport en commun de personnes

Accès interdit aux véhicules tractant une caravane ou une remorque de plus de 250 kg

Accès interdit aux véhicules agricoles à moteur

Accès interdit aux véhicules à traction animale

Accès interdit aux véhicules dont la largeur, chargement compris, est supérieure à 2,50 mètres

Accès interdit aux véhicules dont la hauteur, chargement compris, est supérieure à 3,50 mètres

Accès interdit aux véhicules ou ensembles de véhicules dont la longueur, chargement compris, est supérieure à 10 mètres

Accès interdit aux véhicules et ensembles de véhicules dont le PTAC ou le PTRA dépasse 5,5 tonnes

Accès interdit aux véhicules pesant plus de 2 tonnes sur un essieu

Accès interdit aux véhicules transportant plus d'une certaine quantité de marchandises explosives ou facilement inflammables

Accès interdit aux véhicules transportant plus d'une certaine quantité de marchandises risquant de polluer les eaux

Accès interdit aux véhicules transportant des marchandises dangereuses et signalées comme telles

Panneaux de fin d'interdiction

Les panneaux de fin d'interdiction indiquent l'endroit où une interdiction, précédemment notifiée pour les véhicules qui circulent, cesse de s'appliquer.

Fin de toutes les interdictions précédemment signalées, imposées aux véhicules en mouvement

Ce panneau ne met pas fin aux interdictions de s'arrêter ou de stationner.

Fin de limitation de vitesse à 70 km/h

REPORTEZ-VOUS

Sortie d'une zone à vitesse limitée à 30 km/h

Reportez-vous page 318.

Fin d'interdiction de dépasser les véhicules à moteur autres que ceux à deux roues sans side-car

Fin d'interdiction aux poids lourds de dépasser les véhicules à moteur autres que ceux à deux roues sans side-car

Fin d'interdiction de l'usage de l'avertisseur sonore

Fin d'interdiction dont la nature est indiquée sur le panneau

Panneaux d'obligation

Les panneaux d'obligation sont implantés à l'endroit où commence l'obligation. Celle-ci s'étend jusqu'à la prochaine intersection ou jusqu'à un panneau y mettant fin.

Directions obligatoires

Obligation de tourner à gauche avant le panneau

Obligation de tourner à droite avant le panneau

Direction obligatoire à la prochaine intersection : tout droit

Je ne dois tourner ni à droite ni à gauche.

ATTENTION !

Ce panneau peut très bien être implanté sur une chaussée à double sens ; je ne dois pas le confondre avec celui qui annonce un sens unique. ▶

Direction obligatoire à la prochaine intersection : à droite

Je ne dois pas aller tout droit ni à gauche.

Direction obligatoire à la prochaine intersection : à gauche

Je ne dois pas aller tout droit ni à droite.

Directions obligatoires à la prochaine intersection : tout droit ou à droite

Je ne dois pas tourner à gauche.

Directions obligatoires à la prochaine intersection : tout droit ou à gauche

Je ne dois pas tourner à droite.

Directions obligatoires à la prochaine intersection : à droite ou à gauche

Je ne dois pas aller tout droit.

Contournement obligatoire par la droite

Contournement obligatoire par la gauche

Voies réservées et obligatoires

Les autres usagers que ceux représentés sur ces panneaux n'ont pas le droit de circuler, de stationner ni de s'arrêter sur ces voies réservées ou obligatoires.

Par exemple, un chemin obligatoire pour cavaliers est interdit à tous les autres usagers.

Chemin obligatoire pour piétons

Chemin obligatoire pour cavaliers

REPORTEZ-VOUS

Piste ou bande obligatoire pour les (vélos) sans side-car ni remorque

Reportez-vous page 57.

Complété par ce panonceau, ce signal autorise l'accès aux cyclomoteurs.

REPORTEZ-VOUS

Voie réservée aux véhicules des services réguliers de transport en commun

Les autres usagers ne doivent pas y circuler, ni y stationner, ni s'y arrêter. *Reportez-vous page 57.*

EN SAVOIR PLUS

Parfois, un panonceau peut autoriser la circulation sur cette voie à certaines catégories d'usagers (taxis, cyclistes...).

Voie réservée aux tramways

Divers

Vitesse minimale obligatoire
Ici, je dois rouler au moins à 30 km/h.

Chaînes à neige obligatoires sur au moins deux roues motrices

Autres obligations dont la nature est mentionnée sur le panneau

Panneaux de fin d'obligation

Les panneaux de fin d'obligation indiquent l'endroit où une obligation précédemment notifiée cesse de s'appliquer.

Fin de chemin obligatoire pour piétons

Fin de chemin obligatoire pour cavaliers

Fin de piste ou bande obligatoire pour cyclistes

Fin de voie réservée aux véhicules des services réguliers de transport en commun

Fin de vitesse minimale obligatoire

Fin d'obligation de l'usage des chaînes à neige

Fin d'obligation dont la nature est mentionnée
C'est le seul panneau de fin d'obligation qui n'est pas barré d'un trait rouge.

Panneaux d'indication

Les panneaux d'indication sont de forme carrée ou rectangulaire.

Placés à proximité de ce qu'ils annoncent, ils peuvent donner des indications utiles pour la conduite, signaler des installations et aménagements, ou encore localiser un endroit.

Indications utiles pour la conduite

Circulation à sens unique

Il est interdit de faire demi-tour.

ATTENTION !

Ce panneau n'oblige pas à continuer tout droit ; ne pas le confondre avec celui-ci. ▶ 

À l'entrée de la rue, dans le sens opposé, est implanté ce panneau. ▶ 

Impasse (voie sans issue)

Impasse comportant une issue pour les piétons

Impasse comportant une issue pour les piétons et les cyclistes

Présignalisation d'une impasse

REPORTEZ-VOUS

Voie de détresse

Reportez-vous page 65.

REPORTEZ-VOUS

Aire piétonne

Reportez-vous page 320.

Fin d'aire piétonne

Piste (ou bande) cyclable conseillée et réservée aux cyclistes

Emplacement d'arrêt d'urgence

Ces refuges situés dans les tunnels et le long d'une bande d'arrêt d'urgence ne peuvent être utilisés que pour un arrêt en cas de nécessité absolue (panne, accident, crevaison, malaise...).

Lieu aménagé pour le stationnement (parking)

REPORTEZ-VOUS

Voie verte

Réservée à la circulation des piétons et des véhicules non motorisés.

Reportez-vous page 222.

Priorité par rapport à la circulation venant en sens inverse

Je m'engage.

La voiture venant en face rencontre ce panneau.▶

REPORTEZ-VOUS

Vitesse conseillée

Reportez-vous page 318.

Arrêt d'autobus

Surélévation de la chaussée (ralentisseur)

Ce panneau est placé au niveau du ralentisseur.

Passage pour piétons

REPORTEZ-VOUS

Traversée de tramways

La traversée de la voie peut être interrompue par un feu rouge clignotant.

Reportez-vous page 312.

La voie de circulation en sens inverse est réservée aux autobus.

Conditions particulières de circulation sur la route transversale

Si je tourne à droite à la prochaine intersection, je rencontrerai un passage à niveau.

Conditions particulières de circulation par voie sur la route suivie

La vitesse est limitée à 70 km/h sur la voie de droite et à 90 km/h sur la voie de gauche.

Indication de direction par voie

Stationnement réglementé pour les caravanes et les autocaravanes (camping-cars)

Risque d'incendie

Le col des Fourches est fermé, mais je peux emprunter la route jusqu'au Monestier.

Indications diverses

Radar automatique

Présignalisation d'un créneau de dépassement ou d'une section de route à chaussées séparées

Créneau de dépassement sur 600 mètres

Sur cette chaussée à trois voies, une deuxième voie permet de dépasser dans mon sens de circulation.

Fin de créneau de dépassement

La voie de dépassement est supprimée.

Retour à une seule voie

Seuls les usagers circulant dans le sens opposé peuvent dépasser.

Réduction du nombre de voies sur une route à chaussées séparées

La voie de dépassement est supprimée.

Installations et aménagements

REPORTEZ-VOUS

Poste d'appel d'urgence

Cabine téléphonique publique

Reportez-vous pages 428 et 452.

Poste de secours

Ce panneau annonce un poste de secours, un hôpital ou une clinique assurant un service d'urgence.

Station de radio informant des conditions de circulation

Informations relatives aux services ou activités touristiques

Emplacement pour pique-nique

Point de détente

Terrain de camping pour tentes

Aire ou emplacements de stationnement aménagés pour le covoiturage

Terrain de camping pour tentes, caravanes et autocaravanes

Auberge de jeunesse

Chambre d'hôtes ou gîte

Hôtel ou motel ouvert 7 jours sur 7

Débit de boissons ou établissement proposant des collations sommaires ouvert 7 jours sur 7

Restaurant ouvert 7 jours sur 7

Poste de distribution de carburant ouvert 7 jours sur 7 et 24 heures sur 24

Poste de distribution de carburant ouvert 7 jours sur 7 et 24 heures sur 24 assurant le ravitaillement en gaz de pétrole liquéfié (GPL)

EN SAVOIR PLUS

Sur le panneau qui annonce un poste de distribution de carburant, la pompe peut être remplacée par le nom de la marque de la compagnie pétrolière.

Poste de distribution de carburant, ouvert 7 jours sur 7 et 24 heures sur 24, assurant la recharge des véhicules électriques

Poste de distribution de carburant, ouvert 7 jours sur 7 et 24 heures sur 24, assurant le ravitaillement en gaz de pétrole liquéfié (GPL), et la recharge des véhicules électriques

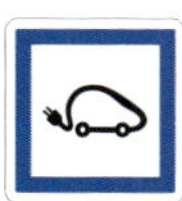

Poste de recharge des véhicules électriques ouvert 7 jours sur 7 et 24 heures sur 24

Poste de recharge des véhicules électriques ouvert 7 jours sur 7 et 24 heures sur 24, assurant le ravitaillement en gaz de pétrole liquéfié (GPL)

Station de gonflage, hors station-service, dont l'usage est gratuit

Poste de dépannage

Station de vidange des eaux usées pour caravanes, autocaravanes (camping-cars) et cars

Installations accessibles aux personnes handicapées à mobilité réduite

Embarcadère

Installations ou services divers

Localisation

Ces panneaux permettent de situer l'endroit où je me trouve et de le repérer sur une carte.

Localisation d'un État appartenant à l'Union européenne

Localisation d'une région ou d'un département

Parc naturel régional

Cours d'eau

Lieu-dit

Panneaux de direction

Les panneaux de direction guident l'usager dans ses déplacements.

Ils peuvent annoncer des intersections, indiquer les noms de villes desservies ainsi que les kilométrages à effectuer pour les atteindre.

Lettres et couleurs

La couleur facilite la lecture des panneaux.

Le bleu pour les directions autoroutières

Le vert pour la signalisation des villes importantes

Le blanc pour les lieux de moindre importance : petites et moyennes villes, villages, indications locales

Le jaune pour indiquer les directions temporaires, les itinéraires Bis et de substitution

Le marron pour les directions touristiques

Sur les panneaux de direction, les agglomérations sont inscrites en caractères droits. Les autres lieux sont mentionnés en caractères italiques

Catégories de routes

Les panneaux de direction sont souvent complétés par des cartouches permettant d'identifier le type de route où je circule. On distingue les :

- E 11 itinéraires européens
- A 75 autoroutes
- N 89 routes nationales
- D 28 routes départementales
- C 6 routes communales
- R 2 chemins ruraux
- F 7 chemins forestiers

EN SAVOIR PLUS

Les itinéraires européens empruntent le plus souvent des autoroutes ou des routes nationales très fréquentées. Plusieurs itinéraires européens peuvent aussi se chevaucher.

Panneaux de direction

Pour aller à Clermont-Ferrand, je tourne à droite avant ces panneaux.

Présignalisation de carrefour

Pour aller à Blesles, je tournerai à gauche après ces panneaux, à la prochaine intersection.

Vers un lieu-dit ou une ferme

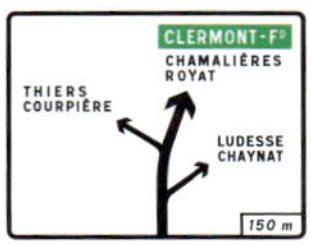

Présignalisation d'un carrefour complexe.

L'intersection est à 150 m

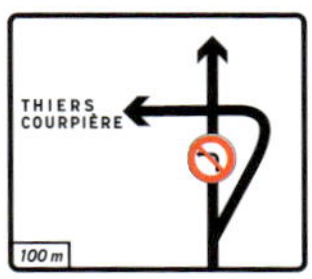

Présignalisation d'une intersection avec voie de stockage à droite pour tourner à gauche

Il reste 35 km pour aller à Clermont-Ferrand et 12 km pour aller à Chamalières.

Confirmation de direction sur route à chaussées séparées

Ce panneau est implanté sur le bord gauche de la chaussée.

Itinéraires cyclables

Ces panneaux ne concernent que les cyclistes.

Identification d'un circuit touristique cyclable

Panneau de direction sans indication de destination ni de distance

Panneau de direction comportant une indication de destination et de distance

Si le cycliste tourne à droite avant le panneau, il lui faudra 2,5 km pour se rendre à Courtes.

Présignalisation d'un carrefour complexe

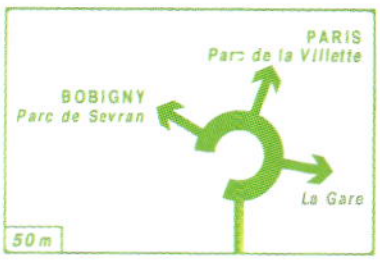

Présignalisation d'un carrefour à sens giratoire

Itinéraires Bis

En période de fort trafic, les grands axes sont souvent saturés. Pour fluidifier la circulation, des itinéraires Bis sont prévus.

Un itinéraire Bis double l'itinéraire principal sur une longue distance.

Ce symbole est intégré sur les panneaux de direction permettant de suivre l'itinéraire Bis.

Je suis dans la bonne direction pour aller à Marseille par l'itinéraire Bis.

ATTENTION !

À l'endroit où je retrouve la route principale, un panneau marque la fin de l'itinéraire Bis.

Un itinéraire Bis n'est pas obligatoire.

Itinéraires de substitution

Un itinéraire de substitution double un itinéraire autoroutier principal en cas de perturbations (travaux, accident, bouchon...).

Ce symbole est intégré aux panneaux de direction tout au long de l'itinéraire de substitution.

Annonce d'un itinéraire de substitution

Fin d'itinéraire de substitution

Les itinéraires Bis et de substitution ne sont pas obligatoires.

Symboles

Les symboles sont utilisés pour compléter des panneaux de direction.

Direction interdite

aux cyclistes ;

aux véhicules tractant une caravane ou une remorque de plus de 250 kg ;

aux véhicules de transport de marchandises.

Direction conseillée

aux véhicules de transport de marchandises ;

aux véhicules dont le PTRA est inférieur à 3,5 tonnes.

Itinéraire qui permet d'emprunter en partie l'autoroute

Je pourrai aussi me rendre à Riom par la route.

Sortie

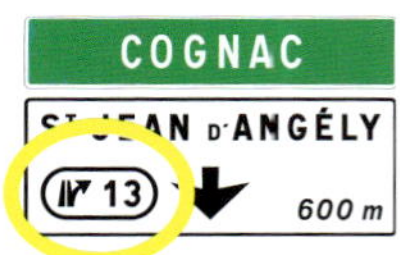

Sortie située à droite

Sortie exceptionnellement située à gauche

Idéogrammes

Les idéogrammes permettent de simplifier la lecture des panneaux en remplaçant ou en complétant une partie de l'information écrite par une icône.

Parc de stationnement

Gare de trains dont le trafic est supérieur ou égal à 30 000 voyageurs par an.

Site classé

Déchetterie

Aéroport

Point de vue

Parc national

Village étape

Eau potable

Autocaravane (camping-car)

REPORTEZ-VOUS

Parc relais

Parc de stationnement situé à proximité d'une station de transports en commun.

Reportez-vous page 222.

Poste de recharge des véhicules électriques

Poste de recharge des véhicules électriques, assurant également le ravitaillement en gaz de pétrole liquéfié (GPL)

Directions autoroutières

Pour emprunter une autoroute, rester sur la route, ou encore préparer efficacement un changement de direction sur le réseau autoroutier, la connaissance de la signalisation est indispensable.

En direction de l'autoroute

Pour rejoindre une autoroute, je repère les panneaux où figure le symbole de l'autoroute.

Pour rejoindre l'autoroute A26, je tourne à gauche.

Pour aller à Riom, j'aurai la possibilité d'emprunter en partie l'autoroute, mais je pourrai aussi continuer par la route.

Le panneau bleu indique que pour rejoindre l'autoroute A75, je continuerai tout droit à la prochaine intersection.

Panneau avec mention « péage »

Le mot « péage » signifie que l'autoroute est payante.

Pour aller à Paris, je resterai sur l'autoroute A6, alors que pour aller à Sens, je rejoindrai l'autoroute A19.

Directions sur autoroute

Sur autoroute, les panneaux de direction sont sur fond bleu, dépourvus du symbole qui ne figure que sur les panneaux routiers comportant une direction autoroutière.

Confirmation de direction

Confirmation de direction

Confirmation de direction avec flèches d'affectation

Signalisation avancée d'aire de repos

Signalisation avancée d'affectation de voie d'aire de repos

Bifurcation

Une bifurcation est la séparation de l'autoroute en deux branches. J'ai la possibilité de continuer sur la même autoroute ou de changer de direction pour emprunter une autre autoroute.

Bifurcation avec voie de décélération

En l'absence d'affectation de voies, la bifurcation est équipée d'une voie de décélération.

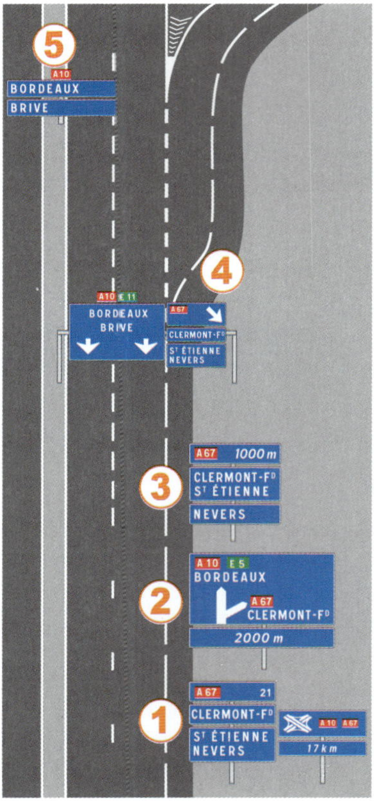

1. Annonce
À 17 km, je pourrai quitter cette autoroute pour emprunter l'A67 en direction de Clermont-Ferrand.

2. Avertissement
La bifurcation est à 2 000 mètres.

3. Présignalisation
La bifurcation est à 1 000 mètres.

4. Signalisation avancée
La voie de décélération commence à cet endroit ; si je tourne, je l'emprunte dès son début.

5. Confirmation de filante
Rappel des destinations desservies si je continue tout droit.

Bifurcation avec affectation de voies

Il y a affectation de voies lorsque des voies distinctes sont prévues pour chaque direction.

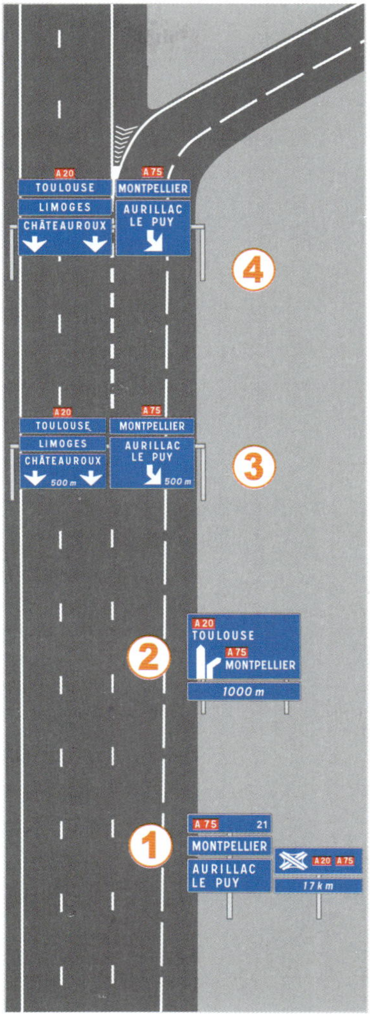

1. Annonce

À 17 km, je pourrai quitter cette autoroute pour emprunter l'A75 en direction de Montpellier.

2. Avertissement

La bifurcation est à 1 000 mètres.

La voie de droite sera réservée aux usagers qui veulent emprunter l'autoroute A75.

3. Présignalisation

La bifurcation est à 500 mètres.

Les flèches des panneaux signalent les voies qu'elles surplombent.

Je dois dès maintenant choisir la voie correspondant à la direction que je veux suivre.

4. Signalisation avancée

Je suis au niveau où les voies se séparent. Je dois rester sur celle correspondant à la direction choisie : il est trop tard pour changer de voie.

Sortie

Les panneaux qui annoncent une sortie sont de couleur blanche ou verte. Je peux les rencontrer également sur les rocades et autres voies rapides.

Sortie avec voie de décélération

En l'absence d'affectation de voies, la sortie se fait par une voie de décélération.

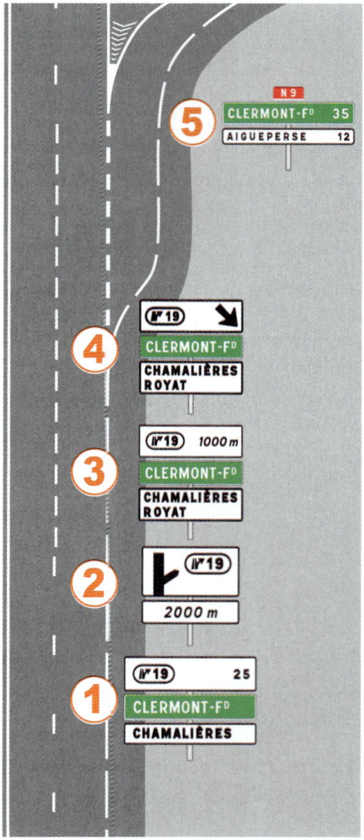

1. Annonce
À 25 km, je pourrai quitter cette autoroute pour emprunter la sortie n° 19 qui permet de rejoindre Clermont-Ferrand.

2. Avertissement
La sortie est à 2 000 mètres.

3. Présignalisation
La sortie est à 1 000 mètres.

4. Signalisation avancée
La voie de décélération commence à cet endroit ; si je quitte l'autoroute, je l'emprunte dès son début.

5. Confirmation de direction
Rappel des destinations desservies par la sortie.

Sortie avec affectation de voies

Des voies distinctes sont prévues pour chaque direction.

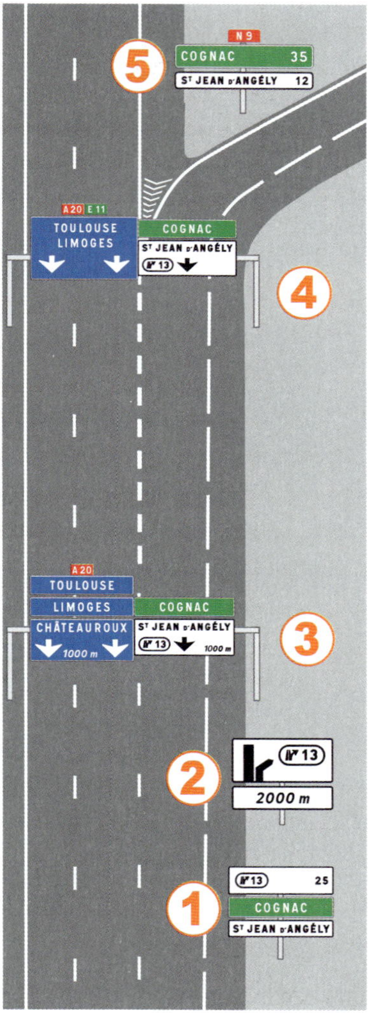

1. Annonce
À 25 km, je pourrai quitter cette autoroute pour emprunter la sortie n° 13 qui permet de rejoindre Cognac.

2. Avertissement
La sortie est à 2 000 mètres. La voie de droite sera réservée aux usagers qui veulent quitter l'autoroute.

3. Présignalisation
La sortie est à 1 000 mètres.

Les flèches des panneaux signalent les voies qu'elles surplombent. Je dois dès maintenant choisir la voie correspondant à la direction que je veux suivre.

4. Signalisation avancée
Je suis là où les voies se séparent. Je dois rester sur celle correspondant à la direction choisie : il est trop tard pour changer de voie.

5. Confirmation de direction
Les distances restant à parcourir pour rejoindre les villes sont indiquées.

Sortie non numérotée

Le numéro de la sortie est remplacé par celui de la route où elle débouche.

La sortie qui permet de rejoindre la nationale 144 est à 800 mètres.

J'emprunte la voie de décélération.

Signalisation particulière

Village étape

Village équipé pour l'accueil des touristes.

Je rencontrerai une sortie (n°10) et une bifurcation autoroutière.

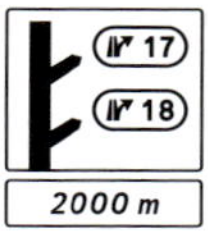

Je rencontrerai deux sorties rapprochées : la sortie n°18 se situe avant la n°17.

Je rencontrerai une sortie donnant également accès à une aire de repos. Cette sortie sera avec affectation de voies.

Je rencontrerai une sortie simple donnant aussi accès à une aire de repos.

Panneaux lumineux

Présence d'un piéton à un passage pour piétons ou rappel d'un passage pour piétons

Ne pas confondre avec

Présence d'un ou plusieurs piétons sur les voies, ou sur la bande d'arrêt d'urgence, à moins de 2 km

Présence d'enfants susceptibles de traverser la chaussée

Présence d'un ou plusieurs animaux errants sur la chaussée

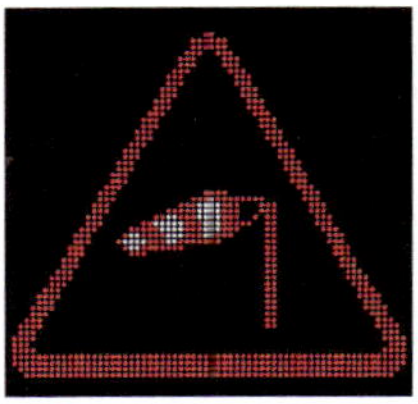

Présence de vent particulièrement violent

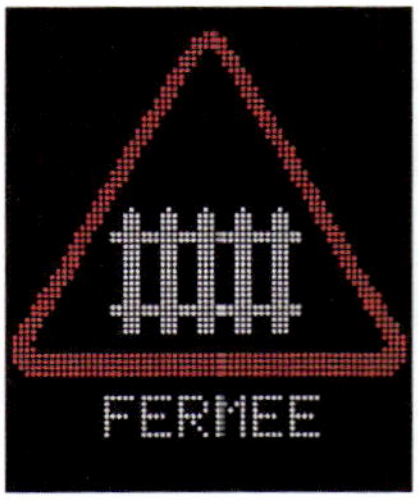

Annonce de la fermeture des barrières d'un passage à niveau

Cette signalisation s'allume dès que le feu rouge clignotant annonce la fermeture des barrières et l'arrivée d'un train. Il s'éteint à l'extinction du feu rouge clignotant.

Le panneau et le panonceau « fermée » clignotent alternativement quand un véhicule est arrêté avant le passage à niveau.

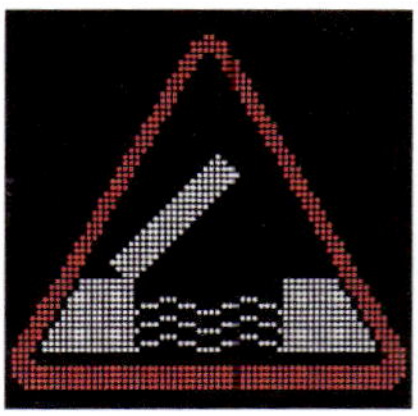

Annonce d'une fermeture de pont mobile

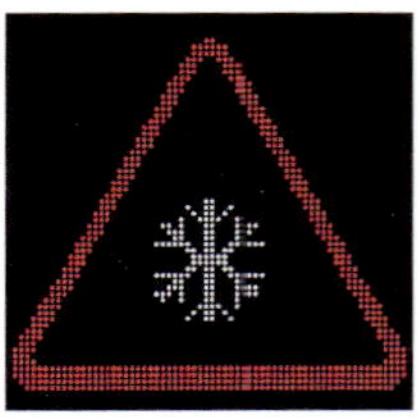

Annonce de chutes de neige ou de pluie verglaçante

Panonceaux

Le rôle d'un panonceau est de donner une précision sur le panneau qu'il accompagne.

Distance
Le sens interdit est à 50 mètres.

Étendue
Je vais rencontrer une succession de virages sur une distance de 5 km.

Position ou direction

La limitation à 90 km/h concerne les usagers qui empruntent la sortie.

Catégorie
Accès interdit aux poids lourds.

Sens interdit sauf pour les cyclistes

Risque de heurt de véhicules lents

Indications diverses

La vitesse est limitée à 50 km/h avant et après le panneau.

Un panonceau peut concerner à la fois un signal d'interdiction et de danger si ce dernier est situé au-dessus.

Balises et bornes

Balises

Les balises ont pour rôle de guider les usagers ou de leur signaler un danger.

Virages

Dans les régions fréquemment enneigées, le dessus de ces balises est rouge.

Ces balises jalonnent un virage très dangereux.
Avec 1 seul chevron, elles peuvent signaler un virage, un rétrécissement permanent de la chaussée ou une chicane.

Intersection

Placées hors agglomération, à certaines intersections, elles ne modifient pas les règles de priorité.
Attention : toutes les intersections ne sont pas signalées par des balises.

ATTENTION !

Obstacle

Il peut s'agir d'un parapet de pont, d'un poteau ou de tout autre obstacle situé à proximité de la chaussée.

Délinéateur

Balisage des limites de chaussée.

Tête d'îlot directionnel

Je passe du côté indiqué par la flèche.

Renforcement d'une ligne continue

Balise de musoir signalant la divergence des voies

Bornes

Les bornes et plaquettes de repérage permettent de me repérer :

Sur route nationale

Sur autoroute

Sur route départementale

Plaquettes de repérage

Sur route nationale

Sur route départementale

Chapitre 2

Signalisation horizontale

DANS CE CHAPITRE :

- » **Lignes**
- » **Voies spécialisées**
- » **Flèches**
- » **Autres marques**

Les marques peintes sur la chaussée permettent de distinguer :

- » les différentes parties de la route ;
- » les voies affectées à chaque direction ou à chaque sens de circulation ;
- » les voies réservées à certaines catégories d'usagers.

Elles permettent de mieux suivre la route la nuit ou par temps de brouillard.

Lignes

Les lignes ont pour rôle :

- de faciliter le guidage de l'usager, notamment de nuit ou par temps de brouillard (lignes de rive) ;
- de lui permettre de situer sa position sur la chaussée ;
- d'autoriser (ligne discontinue) ou d'interdire (ligne continue) un dépassement ou un changement de direction.

Ligne continue

Il est interdit de franchir et même de chevaucher une ligne continue. Elles sont peintes à des endroits où leur franchissement comporterait des risques.

ATTENTION !

Une ligne continue peut toutefois être chevauchée pour dépasser un cycliste, à condition que la visibilité soit suffisante.

Ligne discontinue

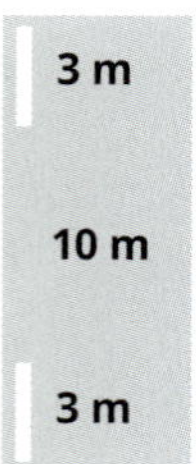

Cette ligne, dont les traits sont espacés, délimite les voies. Ici, elle sépare les deux sens de circulation. Je ne la franchis que pour dépasser ou changer de direction.

Ligne mixte

Lorsqu'une ligne discontinue est accolée à une ligne continue, je peux la franchir ou la chevaucher si la ligne discontinue se trouve de mon côté. Je ne dois pas franchir ou chevaucher une ligne mixte lorsque la ligne continue se trouve de mon côté.

ATTENTION !

Je peux toutefois la chevaucher pour dépasser un cycliste, à condition que la visibilité soit suffisante.

Ligne de dissuasion

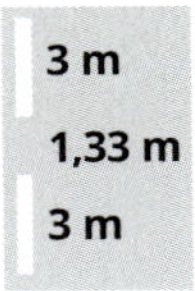

Sur certaines routes sinueuses, en pente ou chargées en véhicules lents, la ligne continue peut être remplacée par une ligne discontinue à traits rapprochés dite « de dissuasion ».
Elle peut être franchie pour dépasser les véhicules qui circulent lentement, mais il serait dangereux d'entreprendre le dépassement d'un usager qui roule normalement.

Sur les autoroutes et voies rapides, une ligne de dissuasion est souvent tracée à proximité des sorties pour dissuader les usagers de changer de voie trop tardivement. Les conducteurs qui n'empruntent pas la sortie peuvent dépasser.

Ligne de rive

Elle délimite le bord de la chaussée.
Elle comporte des traits dont la longueur est proche de celle des espaces. Je suis autorisé à la franchir pour stationner ou m'arrêter.

Voies spécialisées

Certaines voies sont réservées à des catégories spécifiques d'usagers (ex. : bande cyclable) ou à des véhicules effectuant des manœuvres particulières (ex. : voie de stockage).

Voie réservée aux transports en commun

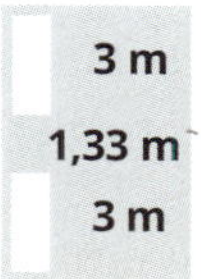

Elle est séparée du reste de la circulation par une ligne continue ou une ligne discontinue large à traits rapprochés.

Je ne dois pas circuler, stationner, ni même m'arrêter sur ces voies.

Je ne peux les franchir que pour effectuer un changement de direction. Dans ce cas, je dois céder le passage aux autobus qui viennent de ma droite.

Piste et bande cyclables

Elles sont exclusivement réservées aux vélos à deux ou trois roues.

Je ne dois pas y circuler, y stationner ni même m'y arrêter.

Piste cyclable

Séparée de la chaussée principale par un trottoir ou un terre-plein, elle peut être à double sens de circulation.

Bande cyclable

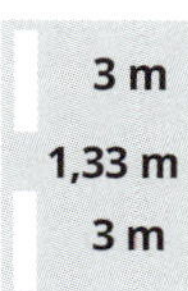

Elle est séparée du reste de la circulation par une ligne continue ou discontinue à traits rapprochés.

Voie pour véhicules lents

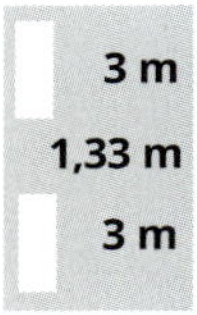

Voie supplémentaire située à droite et délimitée par une ligne discontinue large. Si je ne roule pas à plus de 60 km/h, je dois l'emprunter. Si je roule à plus de 60 km/h, je ne dois pas l'utiliser.

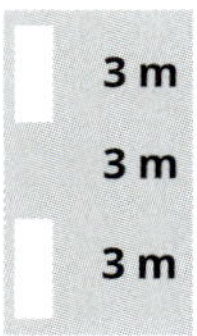

L'entrée d'une voie pour véhicules lents est indiquée par ce panneau et panonceau. Le début et la fin de la voie sont délimités par une ligne de même largeur, mais avec des traits plus espacés.

Bande d'arrêt d'urgence

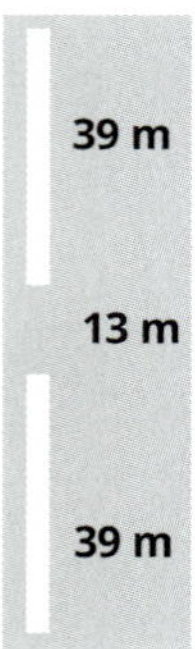

Voie située à droite et spécialement conçue pour permettre l'arrêt des véhicules en cas de nécessité absolue (panne, accident, crevaison, malaise...) et la circulation des véhicules de secours et d'entretien. La circulation y est interdite et je ne peux m'y arrêter qu'en cas de nécessité absolue.

Voie de stockage

Elle permet aux conducteurs qui tournent à gauche ou à droite de ralentir ou de s'arrêter sans gêner ceux qui continuent tout droit. Elle est délimitée par des lignes larges. Je l'emprunte dès son début.

Voie d'insertion (voie d'accélération)

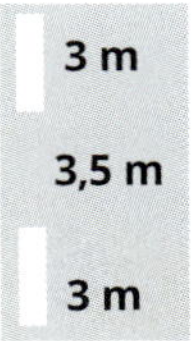

Séparée de la chaussée principale par une ligne discontinue large, cette voie supplémentaire permet de prendre un élan suffisant pour m'insérer dans la circulation d'une autoroute ou d'une voie rapide.

J'accélère pour m'intercaler entre les véhicules qui circulent, sans les gêner, car je dois leur céder le passage. Je ne dois pas m'engager si je risque de les obliger à ralentir ou à changer de voie.

Voie de décélération

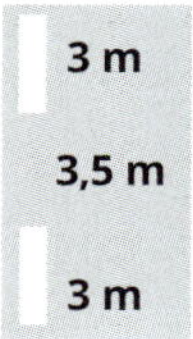

Cette voie supplémentaire permet de quitter une autoroute ou une voie rapide et de freiner sans gêner les usagers qui me suivent.

J'attends d'être dans cette voie pour ralentir, sauf si elle est trop courte ou si une signalisation de limitation de vitesse m'oblige à ralentir avant.

Voie d'entrecroisement

Elle est séparée de la chaussée principale par une ligne discontinue large. Elle peut servir à la fois de voie d'insertion et de décélération.

Je dois faire très attention aux autres usagers lorsque je passe d'une voie à l'autre. L'utilisation du clignotant et l'observation de celui des autres sont primordiales.

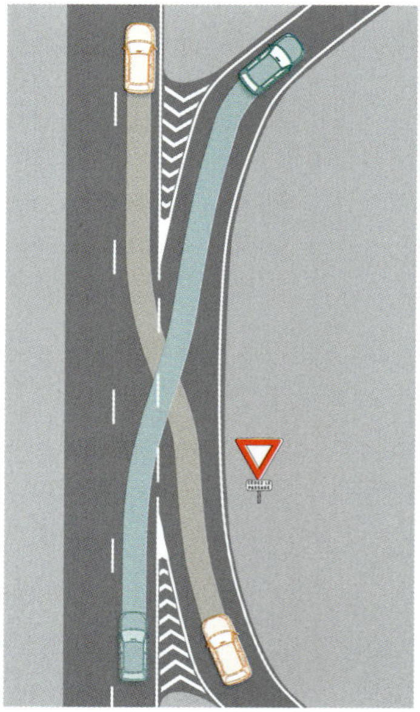

Flèches

Les flèches au sol peuvent indiquer une (flèches directionnelles) ou plusieurs (flèches bidirectionnelles) directions à suivre. Elles peuvent aussi annoncer une ligne continue ou la suppression d'une voie (flèches de rabattement).

Flèches directionnelles

Ces flèches situées au milieu d'une voie signalent la direction que je dois suivre. Je me place dans la voie correspondante dès la première flèche.

Flèches bidirectionnelles

Les flèches peuvent être bidirectionnelles. Dans ce cas, je dois suivre l'une des deux directions indiquées par ces flèches. La règle est la même que lorsqu'il s'agit de flèches uniques.

Flèches de rabattement

Elles signalent aux usagers qui circulent dans le sens de ces flèches qu'ils doivent se rabattre le plus rapidement possible vers la voie qu'elles indiquent. Elles sont au nombre de trois en rase campagne, de deux ou de trois en agglomération.

Sur les chaussées à plus de deux voies, les flèches de rabattement se situent sur la voie qui va être supprimée. À partir de la première flèche, je dois m'abstenir de dépasser un véhicule qui roule normalement.

Ligne d'avertissement

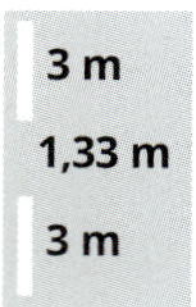

Cette ligne discontinue à traits rapprochés , complétée par des flèches de rabattement, annonce une ligne continue.
Je dois m'abstenir de dépasser si je ne suis pas certain que la manœuvre sera achevée avant le début de la ligne continue.

Lorsque les flèches de rabattement sont orientées dans mon sens de circulation, elles annoncent une ligne continue.

Lorsque ces flèches sont orientées dans le sens opposé, je ne tiens compte ni des flèches ni du resserrement des traits, puisque le marquage concerne uniquement les usagers qui circulent en sens inverse.

Autres marques

D'autres marques peuvent être tracées sur la chaussée.

Passage pour piétons

Un passage pour piétons est constitué de bandes larges traversant la chaussée. Il peut être surélevé. Je dois céder le passage aux piétons engagés, et à ceux qui en manifestent l'intenticn. L'arrêt et le stationnement y sont interdits.

Arrêt de bus

Cette ligne jaune en zigzag indique un emplacement d'arrêt d'autobus. L'arrêt et le stationnement y sont interdits, mais je peux circuler sur ce marquage.

Voie de détresse

Matérialisées par des damiers rouges et blancs, elles sont aménagées dans certaines descentes importantes. Elles permettent aux usagers dont les freins ne répondent plus de quitter la chaussée sans risque. Un bac à gravier ralentit et arrête le véhicule par enlisement. L'arrêt et le stationnement y sont interdits.

Zébras

Les zébras sont des traits ou hachures de couleur blanche Je ne dois pas circuler, stationner ou m'arrêter sur un zébra ou un espace de peinture blanche.

Chapitre 3

Signalisation temporaire

DANS CE CHAPITRE :

- » **Danger**
- » **Interdiction**
- » **Indication**
- » **Déviation**
- » **Balisage**
- » **Circulation alternée**
- » **Marquage au sol**
- » **Comportement à adopter dans les zones de travaux**

La signalisation temporaire prévient les usagers d'une modification provisoire des lieux due à des travaux, ou d'autres circonstances (inondation, accident, barrière de dégel…).

ATTENTION !

Elle prévaut sur la signalisation permanente.

Danger

Les signaux temporaires de danger sont tous sur fond jaune.

Travaux

Je ralentis pour ma sécurité, celle des autres usagers et des ouvriers qui travaillent.

Projection de gravillons

Je ralentis pour ne pas déraper et ne pas projeter de gravillons sur les autres usagers.

Chaussée rétrécie

La chaussée peut être rétrécie par la droite, par la gauche ou des deux côtés.

Chaussée glissante

Cassis ou dos-d'âne

Annonce de feux tricolores réglant la circulation

Accident

Je ralentis en prévision des dangers liés à l'accident (ralentissement ou arrêt de la circulation, obstacles et personnes pouvant occuper la chaussée...).

Bouchon

Autres dangers

Annonce de nappes de brouillard ou de fumées épaisses

Panonceau jaune associé à un panneau temporaire de danger. Le danger annoncé est à 50 m.

Interdiction et obligation

Les signaux temporaires d'interdiction, d'obligation, et ceux qui mettent fin à ces ordres sont de même couleur que les panneaux permanents ; ils sont généralement posés sur le sol.

Comme je dois tenir compte du signal temporaire, la limitation de vitesse n'est pas de 90, mais de 70 km/h.

Indication

Les panneaux temporaires d'indication sont de couleur jaune.

Indication de chantier important ou de situations diverses

Annonce de la réduction du nombre de voies laissées libres à la circulation sur route à chaussées séparées

Annonce, en signalisation d'urgence, de la réduction de plusieurs voies sur routes à chaussées séparées

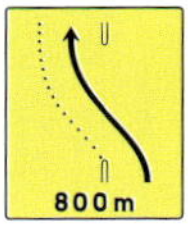

Présignalisation de changement de chaussée ou de trajectoire

Je circulerai temporairement de l'autre côté du terre-plein central.

Signalisation embarquée sur un véhicule

La flèche lumineuse m'invite à utiliser la voie située dans la direction qu'elle signale.

Cette signalisation peut être mise en place en raison de travaux, d'une panne ou d'un accident. Plusieurs personnes peuvent se trouver sur la chaussée (ouvriers, pompiers, dépanneurs...).

Déviation

Comme pour les panneaux temporaires de danger et d'indication, le jaune est également utilisé pour signaler et jalonner une déviation.

Déviation classique

Je vais vers Ludesse :

je suivrai la déviation ;

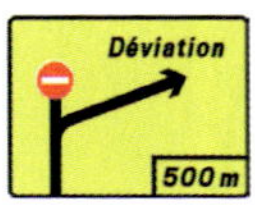

je tournerai à droite à 500 mètres ;

je tournerai à droite à la prochaine intersection ;

je tourne à droite avant le panneau ;

je vais retrouver l'itinéraire normal.

Plusieurs itinéraires de déviation

Lorsque plusieurs itinéraires de déviation se chevauchent ou se croisent, une signalisation complémentaire est mise en place pour les distinguer.

Je vais à Épernon :

je suivrai la déviation ;

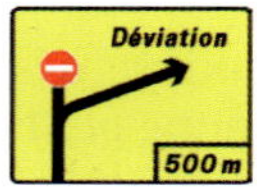

je tournerai à droite à 500 mètres ;

je tournerai à droite à la prochaine intersection ;

je tourne à droite avant le panneau ;

je vais retrouver l'itinéraire normal.

Autre signalisation de déviation

Je vais à Lille :

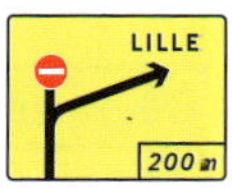

je tournerai à droite à 200 mètres ;

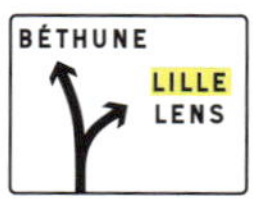

je tournerai prochainement à droite ;

je tournerai à droite à la prochaine intersection ;

je tourne à droite avant le panneau ;

je suis dans la bonne direction ;

je vais retrouver l'itinéraire normal.

Déviation pour véhicules de transport de marchandises

Je vais à Lille :

Si je conduis une voiture, je peux suivre la route normale, mais rien ne m'interdit d'emprunter la déviation.

Si je conduis une camionnette, je dois suivre la déviation.

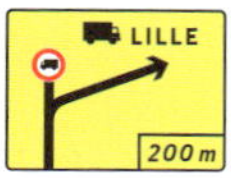

Avec ma camionnette, je tournerai à droite à 200 mètres ;

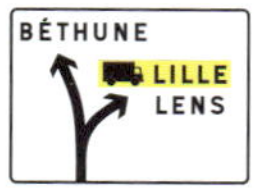

je tournerai prochainement à droite ;

je tournerai à droite à la prochaine intersection ;

je tourne à droite avant le panneau ;

je suis dans la bonne direction.

Balisage

Le balisage temporaire est également assuré par une signalisation spécifique.

Cônes et balises d'alignement

Signalisation de position de travaux ou d'obstacle temporaire

Fanion

Déviation ou rétrécissement temporaire de la chaussée

Séparateur de voies

Circulation alternée

Quand, en raison de travaux ou d'un événement imprévu, la largeur de la chaussée ne permet plus le croisement dans des conditions normales, la circulation peut être alternée.

Piquets mobiles

Il s'agit de piquets mobiles à double face, actionnés par le personnel du chantier.

Côté vert, je passe.

Côté rouge, je m'arrête.

Feux tricolores

En présence de travaux, la circulation peut être alternée par des feux tricolores temporaires.

Le feu vert est remplacé par un feu jaune qui clignote en bas, car les travaux constituent toujours un danger.

Parfois, lorsque le trafic est faible, le feu jaune clignote au milieu pour moi comme pour les usagers en face. Dans ce cas, je m'engage avec prudence.

Marquage au sol

En présence de travaux, quand la trajectoire habituelle est temporairement modifiée, les lignes et zébras sont de couleur jaune. Lorsque je rencontre un marquage jaune par-dessus un marquage blanc, je tiens compte du marquage jaune.

Comportement à adopter dans les zones de travaux

Travailler au bord de la chaussée n'est pas sans risque. Les personnels d'exploitation interviennent en permanence sur les routes pour y effectuer des travaux ou des interventions urgentes.

Leur mission : apporter plus de confort et de sécurité aux usagers.

Pour leur sécurité, il faut :

- observer et respecter la signalisation ;
- désactiver le régulateur de vitesse ;
- ralentir, et conserver une vitesse modérée jusqu'à la fin des travaux ;
- rester concentré afin de pouvoir anticiper tout danger ;
- maintenir une distance de sécurité d'environ 100 mètres avec le véhicule qui précède ;
- ralentir et redoubler de vigilance à la vue d'un gyrophare allumé ; les accidents des personnels de chantiers surviennent souvent quand ils balisent la zone de travaux ou interviennent sur un incident, car ils sont en contact direct avec la circulation.

Exercices

Signalisation 01

La circulation est à double sens :

- à partir du panneau.......... A
- à 50 m.................................. B
- à 150 m................................ C

Signalisation 02

Ces signaux indiquent :

- une vitesse maximale autorisée .... A
- une vitesse minimale obligatoire........................... B
- une circulation à sens unique.................................. C

Signalisation 03

Ce panneau peut mettre fin à une interdiction :

- de stationner....................... A
- de dépasser......................... B
- de klaxonner C

Signalisation 04

Ces panneaux indiquent la proximité :

- d'un lieu aménagé pour le stationnement.................... A
- d'une cabine téléphonique...................... B
- d'un poste d'appel d'urgence C

Signalisation 05

Je circule sur :

- une route............................ A
- une autoroute.................... B
- une chaussée à sens unique................................. C

Signalisation 06

Je vais aborder une succession de virages :

- à 200 m.............................. A
- sur une étendue de 200 m .... B

Signalisation 07

La signalisation annonce une descente dangereuse :

- à partir du panneau .... A
- à 150 m .... B
- sur une étendue de 900 m C

Signalisation 08

La signalisation indique :

- un virage .... A
- une intersection .... B
- une interdiction de dépasser C
- un obstacle dangereux .... D

Signalisation 09

En marche normale, je suis bien placé :

- OUI .... A
- NON .... B

Signalisation 10

Ce signal annonce :

- un danger temporaire ..... A
- un danger permanent ..... B
- un rétrécissement de la chaussée C

Bonnes réponses :

1 : A • 2 : A • 3 : BC • 4 : AC • 5 : AC • 6 : A • 7 : BC • Ɛ : ABC • S9 : B • 10 : AC

2

Notions théoriques et pratiques

« JE SUIS CERTAIN D'AVOIR LU QU'IL FALLAIT DÉBRAYER ! »

DANS CETTE PARTIE…

La plupart des notions théoriques et pratiques que nous allons traiter font l'objet de *questions écrites** dans les tests d'entraînement et les séries d'examen.

Ces notions concerneront essentiellement :

- » le conducteur (état physique, installation, documents indispensables, accidents…) ;
- » le véhicule (chargement, pneumatiques, suspensions, moteur, remorques…).

Pour conduire une voiture efficacement et sans danger, il importe de connaître les capacités de l'homme à se déplacer dans un véhicule, mais aussi ses limites, car lorsqu'elles sont dépassées, c'est souvent l'accident. Des connaissances élémentaires portant sur les caractéristiques et le fonctionnement du véhicule sont également nécessaires pour que le conducteur sache ce qui se passe quand il appuie sur une pédale ou manipule une commande.

**questions ne nécessitant pas l'observation d'une photo*.

Chapitre 4

État physique

DANS CE CHAPITRE :

- » **Vue**
- » **Vigilance**
- » **Fatigue**
- » **Alcool**
- » **Drogues**
- » **Autres intoxications**

Pour conduire en sécurité et agir avec efficacité dans toutes les situations de circulation, le conducteur doit être en parfaite condition physique. Nous verrons que cette dernière peut être considérablement altérée par la fatigue, la distraction, ou l'absorption de substances (alcool, drogues, médicaments...).

Vue

90% des informations utiles pour la conduite sont fournies par les yeux.

Une bonne vue permet de distinguer des détails importants, de mieux estimer les distances et les vitesses et de prendre les décisions assez tôt.

Une bonne vision dépend :

- de l'acuité visuelle de loin, qui permet de voir avec précision ;
- du champ visuel, qui permet de voir large ;

mais aussi

- de la perception des contrastes ;
- de l'expérience de la conduite, qui détermine la vitesse à laquelle est lue l'information.

Acuité visuelle

Pour conduire une voiture ou une moto, mon acuité visuelle, après correction éventuelle, doit être au moins de 5/10 pour les deux yeux (mesurée avec les deux yeux ouverts).

Un conducteur dont l'acuité visuelle sur l'un des deux yeux est inférieure à 1/10, doit avoir une acuité d'au moins 5/10 sur l'autre œil.

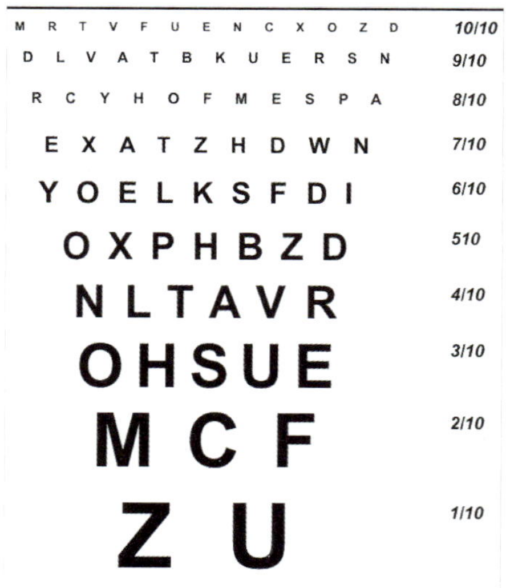

Verres correcteurs

Si mon acuité visuelle est insuffisante, je n'ai pas le droit de conduire sans lunettes correctrices. L'obligation de porter des verres correcteurs est mentionnée sur le permis de conduire.

Je peux utiliser des lentilles ou verres de contact, à condition d'avoir avec moi des lunettes correctrices ou d'autres lentilles de rechange.

Les verres teintés (lunettes de soleil) sont déconseillés la nuit.

Vigilance

Un conducteur doit être en mesure de réagir rapidement face à toute situation. Les activités non liées à la conduite entraînent une baisse de concentration et donc un allongement du temps de réaction.

Distractions

Pour maintenir le contrôle de mon véhicule, je dois rester concentré sur ma conduite et garder mes deux mains sur le volant. Prendre un CD, allumer une cigarette, manger un sandwich ou tenir un téléphone sont des gestes qui allongent le temps de réaction et peuvent provoquer de dangereux écarts de trajectoires, notamment si je quitte la route des yeux.

Le temps de réaction est également allongé si je suis concentré sur une tâche extérieure à la conduite (regard porté sur une affiche, conversation téléphonique, même avec un kit « mains libres »...). Les soucis, le stress et les émotions déconcentrent le conducteur ; ils ont donc une influence sur le temps de réaction et la fatigue.

Téléphone portable

Le conducteur occupé par une conversation téléphonique maintient un regard fixe qui l'empêche de bien voir les dangers venant de côté, et inconsciemment, il regarde moins dans ses rétroviseurs. Une conversation téléphonique réduit de 30% les informations enregistrées par le cerveau, et de 50% les mouvements des yeux. Téléphoner en conduisant multiplie par 3 le risque d'accident mortel.

Il est interdit :

- **de tenir un téléphone en conduisant ;**
- **de porter à l'oreille un dispositif susceptible d'émettre un son (oreillette(s), casque audio...).**

ATTENTION !

L'utilisation d'un kit « mains libres » sans fil, de technologie Bluetooth, intégré au véhicule est tolérée, mais reste dangereuse car l'attention du conducteur reste captée par la conversation téléphonique. Suite à un accident, la responsabilité du conducteur sera retenue s'il est prouvé qu'il téléphonait. Près d'1 accident corporel sur 10 est lié à l'utilisation du téléphone.

Discussion avec un passager

Discuter avec son passager est moins dangereux que téléphoner. En effet, le passager vit la route avec le conducteur et, s'il voit que les conditions de circulation se compliquent, il s'arrêtera de parler. Il peut aussi lui-même avertir le conducteur d'un danger qu'il perçoit, ce qui n'est pas le cas d'une personne qui se trouve au bout du fil.

La radio

Écouter la radio est moins dangereux que de téléphoner. Quand la conduite est monotone, le fonctionnement de la radio permet de maintenir une certaine activité du cerveau nécessaire à la vigilance. Mais la radio ne doit être écoutée ni trop fort ni avec des écouteurs ou un casque sur les oreilles, car cela empêche d'entendre les éventuels avertissements donnés par les autres usagers. En circulation, le port sur l'oreille d'un dispositif susceptible d'émettre un son est interdit, sauf pour les personnes malentendantes qui utilisent un appareil destiné à améliorer l'audition.

Vidéo

Regarder un film en conduisant est extrêmement dangereux. Non seulement la vigilance du conducteur est réduite, mais il risque aussi de perdre le contrôle de son véhicule, car son regard n'est pas totalement centré sur la route.

Excepté le GPS, il est interdit de placer un appareil muni d'un écran (TV, DVD, console de jeux) dans le champ de vision du conducteur. On ne peut pas regarder un film en même temps que la route !

Lecture et composition de textos

L'écriture d'un SMS oblige le conducteur à quitter la route des yeux pendant 5 secondes en moyenne. Écrire un texto en conduisant multiplie par 23 le risque d'accident.

Monotonie de la conduite

Quand la conduite est monotone, la vigilance baisse, le temps de réaction est allongé, la somnolence vient plus vite et s'intensifie, risquant de conduire à l'assoupissement.

Sur autoroute, la conduite est monotone la nuit, et le jour lorsque le trafic est faible. Dans ces conditions :

- » je fais des pauses plus fréquemment ;
- » j'allume la radio ;
- » je discute avec mes passagers.

Trajets connus

65 % des accidents de la circulation se produisent à moins de 15 km du domicile. La parfaite connaissance d'un parcours emprunté quotidiennement entraîne des automatismes dus à l'habitude et, en conséquence, une baisse de la vigilance. Cette connaissance du trajet donne également une confiance excessive en soi qui peut inciter à rouler plus vite. Tout va bien jusqu'à l'apparition d'un événement inattendu et inhabituel. Quelques graviers là où il n'y en avait pas auparavant, un usager qui se trouve à un endroit où l'on n'était pas habitué à en rencontrer, et c'est l'accident.

Fatigue et somnolence

La fatigue

La fatigue se caractérise par la difficulté à rester concentré.

La conduite d'un véhicule est une activité fatigante, car elle mobilise toute notre attention. La fatigue entraîne inévitablement une baisse des capacités du conducteur et de sa vigilance. Après 2 heures de conduite, le temps de réaction est multiplié par 2.

Les conducteurs débutants fatiguent plus vite, car, en raison d'automatismes qu'ils n'ont pas entièrement acquis, ils doivent fournir un effort de concentration plus soutenu.

La somnolence

La somnolence se caractérise par la difficulté à rester éveillé. C'est le stade avancé de la fatigue, où intervient le risque d'assoupissement.

Elle entraîne également des périodes de micro-sommeil, pendant lesquelles le conducteur est totalement absent. Ces périodes, extrêmement dangereuses, durent de 1 à 4 secondes.

La somnolence est la première cause de mortalité sur autoroute, où elle intervient dans 1 accident mortel sur 4.

La moitié de ces accidents mortels se produisent dans les 2 tranches horaires suivantes :

- entre 5h et 8h (21%) ;

  et
- entre 14h et 17h (28%).

La somnolence multiplie par 8 le risque d'accident.

Causes de la fatigue

L'environnement

Nuit, lumière excessive du soleil, chaleur, brouillard, pluie, monotonie d'un trajet, trafic dense, vitesse, nombre important d'informations à traiter...

Le conducteur

Trop ou pas assez mangé, stress, soucis, énervements, maladie, alcool, tabac, drogue, manque de sommeil, rhume, migraine...

Le véhicule

Bruit, inconfort (dû à une mauvaise installation)...

Effets de la fatigue

La fatigue :

- » augmente le temps de réaction ;
- » diminue l'acuité visuelle et la vision latérale ;
- » provoque une mauvaise coordination des mouvements ;
- » diminue l'appréciation des vitesses ;
- » rend le conducteur nerveux et anxieux ;
- » entraîne une somnolence qui peut conduire à l'endormissement.

Signes de fatigue

- raideurs de la nuque ;
- douleurs dans le dos ;
- impression d'être mal assis ;
- regard fixe ;
- fourmillements dans les jambes.

Signes de somnolence

- paupières lourdes et picotement des yeux ;
- bâillements répétés ;
- brefs passages à vide de la conscience (micro-sommeil) ;
- difficultés à maintenir la trajectoire et une vitesse constante.

Solutions

Il est recommandé de :

- préparer le voyage, et me reposer avant ;
- faire une pause de 15 minutes minimum au moins toutes les 2 heures, et dès qu'un signe de fatigue apparaît ;
- boire régulièrement de l'eau ;
- manger léger et équilibré (éviter les aliments trop gras ou trop sucrés) ;
- utiliser la climatisation et les systèmes d'aération ;
- passer fréquemment le volant à mon passager.

QUE FAIRE PENDANT LES PAUSES ?

Je profite des pauses pour me détendre, marcher, faire des mouvements.

Si je somnole, je dois me reposer. Je peux consommer deux cafés avant la sieste ; comme la caféine agit seulement au bout de 15 à 20 minutes, je pourrai m'endormir, et retrouver toutes mes capacités au réveil.

Si mon état physique m'interdit la caféine, j'attends 30 minutes après la sieste pour reprendre la route.

À éviter

J'évite de :

- partir après une journée de travail sans m'être reposé ;
- conduire à des heures où j'ai l'habitude de dormir ;
- fixer une heure d'arrivée, ce qui m'inciterait à négliger les pauses et à rouler plus vite ;
- maintenir mon regard figé sur la trajectoire.

ATTENTION !

Je ne peux pas lutter contre le sommeil. Il sera toujours plus fort que moi.

Rouler plus de 6 à 8 heures dans une journée entraîne inévitablement une perte de vigilance.

Croire que rouler plus vite maintient éveillé est une erreur : la vitesse fatigue, car elle oblige à traiter plus d'informations en un minimum de temps.

Alcool

Un conducteur qui a consommé de l'alcool est un conducteur fortement diminué. L'alcool agit sur l'organisme et réduit les capacités du conducteur bien avant que le taux de 0,5 g/l soit atteint.

Effets

Les effets de l'alcool ne s'additionnent pas mais se multiplient.

La consommation d'alcool agit sur :

les gestes :

- mal coordonnés ;
- moins précis ;
- moins rapides ;

la vision :

- réduction du champ visuel (on voit moins bien sur les côtés) ;
- mauvaise estimation des distances et des vitesses ;
- mauvaise perception des contrastes ;
- plus grande sensibilité à l'éblouissement ;

les autres fonctions :

- allongement du temps de réaction ;
- troubles de l'audition ;
- diminution des capacités de choix et de raisonnement ;
- baisse de la vigilance ;
- augmentation du risque d'assoupissement ;

les attitudes :

- sous-estimation du danger entraînant une plus grande prise de risque ;
- surestimation de ses capacités alors que l'on est fortement diminué ;
- agressivité.

Alcool et médicaments

Certains médicaments augmentent considérablement les effets de l'alcool (somnifères, tranquillisants...), et réciproquement, l'alcool peut augmenter de façon considérable les effets néfastes de certains médicaments.

Alcool et ivresse

L'alcool est dangereux bien avant que le stade d'ivresse soit atteint.
Avec un taux d'alcool (ou alcoolémie) de 0,8 g par litre de sang, la personne a le plus souvent un comportement social tout à fait normal. Pourtant, avec ce taux d'alcool, elle est très diminuée puisque le risque d'être tué dans un accident est déjà multiplié par 10.

Absorption et élimination

L'alcool consommé traverse le tube digestif et se propage dans le sang pour atteindre le cerveau et le système nerveux. Il est éliminé essentiellement par le foie (à 95%).

L'alcoolémie atteint son maximum environ une heure après l'absorption lorsque l'alcool est consommé au cours d'un repas, mais plus rapidement (30 minutes après l'absorption) lorsqu'on est à jeun.

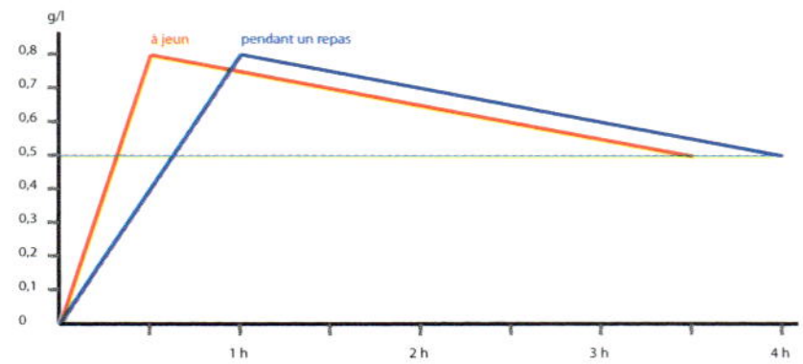

Après avoir atteint son maximum, le taux d'alcool baisse lentement, en moyenne de 0,10 à 0,15 g/litre de sang environ par heure. Mais cette vitesse d'élimination peut varier d'un individu à l'autre. Deux heures sont nécessaires pour éliminer un verre.

ATTENTION !

Contrairement aux idées reçues, il n'existe aucune recette pour éliminer l'alcool plus rapidement ; ni une boisson énergisante, ni le café salé, ni une cuillerée d'huile, ni un mélange avec de l'eau ne le permet. Pour éliminer l'alcool, une seule chose est efficace : attendre.

Dosage

Les verres servis dans les cafés et restaurants contiennent environ 10 g d'alcool pur.

Un verre de bière à 5° 25 cl	Un verre de vin à 12° 10 cl	Un verre de whisky-soda ou de cognac à 40° 3 cl	Un verre de pastis à 45° 2 cl (+ eau)

ATTENTION !

Quand les boissons alcoolisées sont servies à domicile, les doses d'alcool, variables selon la taille des verres, peuvent être beaucoup plus importantes.

En moyenne, un verre fait monter l'alcoolémie de 0,2 à 0,25 g/l de sang. Mais ce chiffre peut être nettement plus élevé chez une femme, une personne mince, un jeune ou une personne âgée. En outre, l'état de santé, l'alimentation, le tabagisme ou le stress peuvent augmenter le taux d'alcool pour une consommation identique.

En règle générale :

- 2 verres suffisent pour atteindre un taux d'alcool de 0,5 g/l de sang ;
- 1 seul verre suffit pour dépasser un taux d'alcool de 0,2 g/l de sang.

Mesure de l'alcoolémie

L'alcoolémie est la quantité d'alcool présente dans 1 litre de sang. Elle se mesure :

- en grammes d'alcool par litre de sang (prise de sang) ;

  ou

- en milligrammes d'alcool par litre d'air expiré (éthylomètre).

0,2 g/l de sang = 0,10 mg/l d'air expiré
0,5 g/l de sang = 0,25 mg/l d'air expiré
0,8 g/l de sang = 0,40 mg/l d'air expiré

Dépistage

Systématique

EN SAVOIR PLUS

Un dépistage d'alcoolémie est réalisé obligatoirement par les forces de l'ordre en cas d'implication dans un accident corporel ou d'infraction susceptible d'entraîner une suspension du permis.

Fréquent

Un dépistage d'alcoolémie est fréquemment réalisé suite à un accident matériel, ou à une infraction au code de la route.

Aléatoire

À tout moment, les forces de l'ordre peuvent m'arrêter pour procéder au dépistage de l'alcoolémie, même en l'absence d'accident ou d'infraction.

Elles utilisent :

Un éthylotest chimique

Il est constitué d'un ballon dans lequel le conducteur souffle. L'alcool contenu dans l'air expiré traverse un tube qui contient un réactif de couleur jaune. Ce produit devient vert au contact de l'alcool. Si ce changement de couleur atteint le repère, le test est positif.

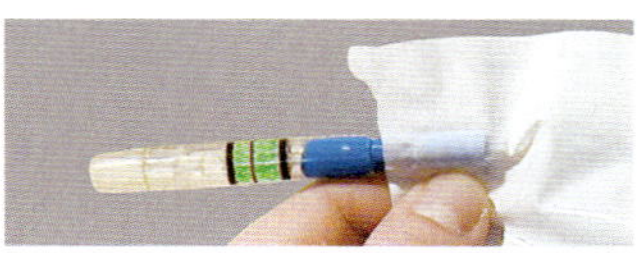

Positif

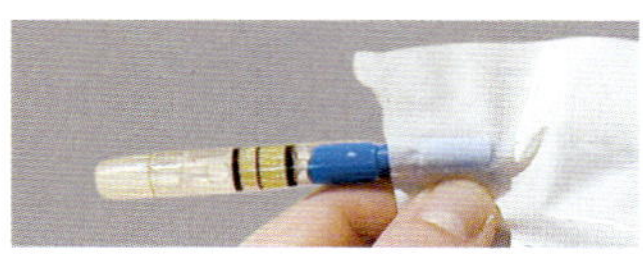

Négatif

ou

Un éthylotest électronique

C'est un appareil digital plus sophistiqué que l'éthylotest chimique. Il donne un résultat chiffré, mais pas suffisamment précis pour avoir valeur légale.

Mesure exacte

Éthylomètre

Dans le cas d'un dépistage positif, la mesure exacte (exprimée en mg/l d'air expiré) de l'alcoolémie est aussitôt effectuée par un éthylomètre. Cet appareil donne une mesure immédiate et précise du taux d'alcool par analyse de l'air expiré.

Prise de sang

Si le conducteur est dans l'incapacité de souffler dans l'éthylomètre (par exemple à cause de blessures), une analyse de sang est effectuée. Comme l'éthylomètre, elle donne une mesure précise et incontestable.

EN SAVOIR PLUS

L'éthylomètre ou la prise de sang sont également utilisés si le conducteur refuse de subir le dépistage ou est en état d'ivresse manifeste.

ATTENTION !

Je dois être en mesure de présenter à tout contrôle, un éthylotest (chimique ou électronique), en état de fonctionnement, homologué par la norme NF.

Sanctions

Dès que l'alcoolémie atteint 0,5 g/litre de sang (0,2 g/l pour un conducteur novice* ou un conducteur de transport en commun), il est interdit de conduire.

* Conducteur novice = conducteur titulaire :
- du permis depuis moins de 3 ans (moins de 2 ans s'il a suivi un apprentissage anticipé de la conduite) ;
- d'un nouveau permis datant de moins de 3 ans, s'il a dû repasser l'examen après une annulation ou une invalidation du permis.

Entre 0,5 g/l de sang (0,25 mg/l d'air expiré) et moins de 0,8 g/l de sang (0,4 mg/l d'air expiré) : contravention.

Amende forfaitaire de 135 euros, suspension du permis, retrait de 6 points sur le permis, immobilisation du véhicule.

Pour un conducteur novice* ou un conducteur de transport en commun, la contravention est constituée, avec les mêmes sanctions, dès que le taux d'alcool atteint 0,2 g/l de sang (0,1 mg/l d'air expiré).

À partir de 0,8 g/l de sang (0,4 mg/l d'air expiré) : délit.

Amende de 4 500 euros, emprisonnement pouvant aller jusqu'à deux ans, rétention immédiate du permis, suspension, voire annulation du permis, retrait de 6 points sur le permis, travail d'intérêt général non rémunéré, peine de « jours-amende », immobilisation du véhicule, confiscation du véhicule dans certains cas, interdiction de conduire certains véhicules ne nécessitant pas de permis, obligation de suivre un stage payant.

ATTENTION !

En cas d'accident, l'assureur n'indemnisera pas un conducteur s'il conduisait en état d'alcoolémie.

ATTENTION !

Pour ne pas qu'une sortie (discothèque, mariage...) se termine par un drame :

- je ne bois pas d'alcool ;

  ou
- je me fais ramener par un conducteur qui n'a pas consommé de boisson alcoolisée ;

  ou
- je prends un véhicule de transport en commun (ou appelle un taxi) ;

  ou
- je dors sur place.

ATTENTION !

Avant une soirée entre amis, il faut désigner un conducteur qui ne boira pas, et pourra ainsi ramener ses passagers sans risque.

Drogues

Aucune drogue n'est inoffensive ; les capacités d'un conducteur qui a consommé des stupéfiants sont fortement diminuées, et cette situation est d'autant plus dangereuse qu'il n'en a pas conscience.

Effets

Les drogues agissent sur le cerveau, et modifient son activité. Elles entraînent des effets psychomoteurs très dangereux pour la conduite.

Le cannabis :

- perturbe le contrôle de la trajectoire et la coordination des gestes ;
- allonge le temps de réaction et de décision ;
- diminue l'attention, la vigilance et la mémoire immédiate ;
- modifie l'appréciation des distances ;
- modifie l'appréciation du risque.

Conduire sous l'effet du cannabis multiplie par 1,8 le risque d'être responsable d'un accident mortel.

La polyconsommation est l'association de plusieurs substances psycho-actives (alcool + drogue ; alcool + médicaments ; médicaments + drogue...). Les effets de ces substances consommées en même temps ne s'additionnent pas : ils se multiplient.

Le mélange alcool + cannabis est particulièrement dangereux, même si les deux produits n'ont été consommés qu'en petite quantité. Le conducteur positif au cannabis et à l'alcool multiplie par 14 le risque d'être responsable d'un accident mortel.

EN SAVOIR PLUS

Le THC (tétrahydrocannabinol), qui est la principale molécule active du cannabis, est responsable des effets sur le système nerveux. Plus le joint est dosé (ou plus le cannabis est consommé), plus la présence de THC est importante, et donc plus les risques sur la route augmentent.

Dépistage et vérification

Systématique

Tout conducteur impliqué dans un accident corporel est soumis à un dépistage des stupéfiants (drogues).

Fréquent

Je peux être soumis à un dépistage de drogue en cas d'accident matériel, d'infraction au code de la route, ou s'il existe une raison de soupçonner que je consomme des stupéfiants.

Aléatoire

À tout moment, les forces de l'ordre peuvent m'arrêter pour procéder à un dépistage de stupéfiant, même en l'absence d'accident, d'infraction, ou de raison de soupçonner que je consomme de la drogue.

Modalités

Le dépistage est réalisé au moyen d'une analyse d'urine ou d'un test salivaire. S'il est positif, une prise de sang ou une analyse salivaire déterminera de façon incontestable la présence ou non de drogue.

ATTENTION !

La conduite sous l'emprise de drogues (cannabis, ecstasy) est un délit qui expose aux mêmes sanctions que la conduite avec un taux d'alcool supérieur ou égal à 0,8 g/l de sang. Mais si le conducteur contrôlé positif aux stupéfiants présente également une alcoolémie supérieur ou égale à 0,5 g/l de sang (0,2 g/l de sang s'il est conducteur débutant ou s'il conduit un transport en commun), la peine d'amende peut atteindre 9 000 euros et la durée de l'emprisonnement peut être portée à 3 ans.

ATTENTION !

En matière de stupéfiants (cannabis, cocaïne, héroïne, ecstasy), il n'existe aucune limite autorisée. La simple présence de traces de stupéfiants caractérise l'infraction.

Autres intoxications

L'alcool et la drogue sont à l'origine de nombreux accidents, mais il ne faut pas pour autant oublier le rôle que peuvent jouer d'autres substances (médicaments, tabac...) dans les drames sur la route.

Médicaments

La consommation de somnifères ou de tranquillisants est incompatible avec la conduite. Mais un grand nombre de médicaments à usage courant (même délivrés sans ordonnance) présentent aussi un danger. La plupart entraînent une baisse de vigilance et une augmentation du temps de réaction, mais certaines substances peuvent aussi provoquer de l'ivresse, des problèmes de vision, des hallucinations, et même des vertiges.

Un simple sirop contre la toux augmente le temps de réaction et les risques de somnolence.

Certains médicaments peuvent devenir dangereux s'ils sont consommés avec de l'alcool, de la drogue ou d'autres médicaments.

Sur les boîtes de médicaments pouvant être dangereux pour la conduite figure l'un des pictogrammes suivants. Les médicaments signalés ainsi risquent d'entraîner de la somnolence et une baisse de la vigilance.

SOYEZ PRUDENT

Ne pas conduire sans avoir lu la notice.

SOYEZ TRÈS PRUDENT

Ne pas conduire sans l'avis d'un professionnel de santé.

ATTENTION DANGER : NE PAS CONDUIRE

Pour la reprise de la conduite, demandez l'avis d'un médecin.

ATTENTION !

Les médicaments comportant ces pictogrammes ne sont pas tous délivrés sur ordonnance.

Tabac

Fumer en conduisant est dangereux, non seulement à cause des gestes qui interfèrent avec la conduite, mais aussi en raison de l'intoxication qui augmente le temps de réaction, diminue les capacités visuelles et accélère la fatigue.

Il est donc préférable de s'arrêter pour fumer à l'extérieur et de demander aux passagers de s'abstenir de fumer.

Chapitre 5

Documents obligatoires du conducteur

DANS CE CHAPITRE :

- » **Permis de conduire**
- » **Certificat d'immatriculation (carte grise)**
- » **Certificat et attestation d'assurance**
- » **Macaron de contrôle technique**
- » **Pour la conduite d'une motocyclette légère ou d'un tricycle**
- » **Perte et vol des documents**

Pour prouver que le véhicule et le conducteur répondent à certaines règles, ce dernier doit être en mesure de présenter plusieurs documents à toute réquisition.

Permis de conduire

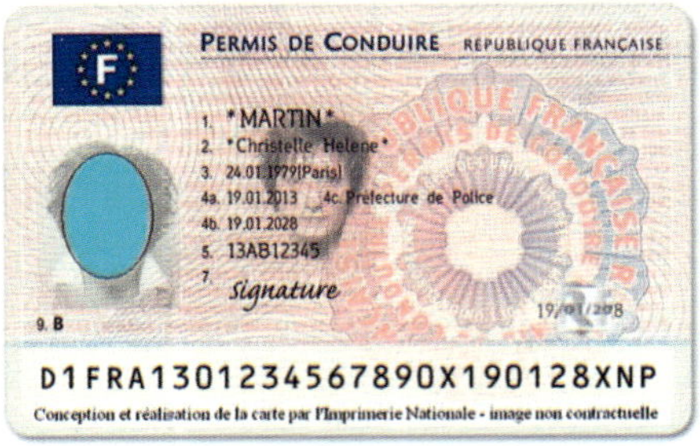

Pour prendre le volant, je dois toujours avoir avec moi l'original du permis de conduire.

Obtenu dans un état de l'Union européenne, il est valable dans l'espace économique européen, sous réserve que la personne soit âgée de 18 ans. La durée de validité du permis de conduire les véhicules légers est de 15 ans.

Certificat d'immatriculation (carte grise)

La carte grise est la carte d'identité du véhicule délivrée par la préfecture.

Elle est également obligatoire pour toute remorque dont le PTAC excède 500 kg.

Je dois toujours avoir avec moi l'original de la carte grise. Je déclare à la préfecture tout changement de domicile dans le mois qui suit mon déménagement.

ATTENTION !

La plaque d'immatriculation reste la même pendant toute la durée de vie des véhicules. Seul le numéro du département peut être changé, mais ce n'est pas une obligation.

EN SAVOIR PLUS

Pour les véhicules de location uniquement, une photocopie de la carte grise peut être reconnue.

Certificat et attestation d'assurance

Je dois :

- être en mesure de présenter à tout contrôle mon attestation d'assurance ;
- apposer le certificat d'assurance (vignette assurance) sur la partie inférieure droite du pare-brise.

Macaron de contrôle technique

Un macaron, placé sur la partie inférieure droite du pare-brise, atteste du passage de mon véhicule au contrôle technique et de sa date de validité.

Pour la conduite d'une motocyclette légère ou d'un tricycle

Si je conduis une motocyclette légère ou un tricycle à moteur de plus de 50 cm^3, je dois, en plus du permis B, présenter l'attestation de formation, ou la justification de pratique de la conduite de ce type de véhicule.

Perte et vol des documents

En cas de perte ou de vol de mes documents, je dois, le plus tôt possible, faire une déclaration à la gendarmerie ou au commissariat.

Les autorités me remettront aussitôt un récépissé qui tient lieu de :

- » permis de conduire pendant 2 mois ;
- » carte grise pendant 1 mois.

EN SAVOIR PLUS

L'oubli d'un document obligatoire est sanctionné par une amende forfaitaire de 11 euros (35 euros pour le certificat et l'attestation d'assurance). En outre, le papier manquant doit être présenté dans les cinq jours à la police ou gendarmerie, faute de quoi, l'amende sera portée à 135 euros.

Chapitre 6

Installation dans le véhicule

DANS CE CHAPITRE :

» **Installation du conducteur**

» **Installation des passagers**

» **Dispositifs de retenue**

L'installation dans le véhicule est le premier acte de conduite, à ne pas négliger. Le conducteur doit prendre soin de bien s'installer, mais aussi de s'assurer que ses passagers sont en sécurité.

Installation du conducteur

Être bien installé, c'est :

» voir la route sans être gêné par les passagers ou les bagages ;

» agir rapidement et efficacement sur le volant et les pédales ;

» se fatiguer le moins possible.

Pour m'installer, je fais les réglages dans l'ordre suivant :

1 Siège
2 Dossier et volant
3 Appuie-tête
4 Rétroviseurs

Réglage du siège

» Je m'assois au fond du siège.

» Je le règle de façon à appuyer à fond sur la pédale d'embrayage en ayant la jambe légèrement fléchie. Le dessous de la cuisse doit être en contact avec le siège.

» En appuyant sur une pédale, mon talon doit pouvoir rester en contact avec le plancher.

» Après avoir réglé le siège, je m'assure qu'il est bien bloqué.

Réglage du dossier et du volant

» En mettant la paume de la main sur le dessus du volant, sans décoller les épaules, mes bras doivent être tendus.

» Mon dos doit être collé au dossier.

Réglage de l'appuie-tête

Je règle l'appuie-tête de sorte que le sommet de la tête soit aligné avec le sommet de l'appuie-tête.

Réglage des rétroviseurs

Pour un réglage efficace des rétroviseurs, je reste installé, le dos contre le dossier de façon à ne bouger que la tête.

Dans le haut du rétroviseur intérieur, je dois voir le haut de la vitre arrière sans bouger la tête.

Les rétroviseurs extérieurs : je dois voir la poignée de la portière arrière dans le coin en bas à droite du rétroviseur gauche et dans le coin en bas à gauche du rétroviseur droit, sans bouger le corps.

Ceinture de sécurité

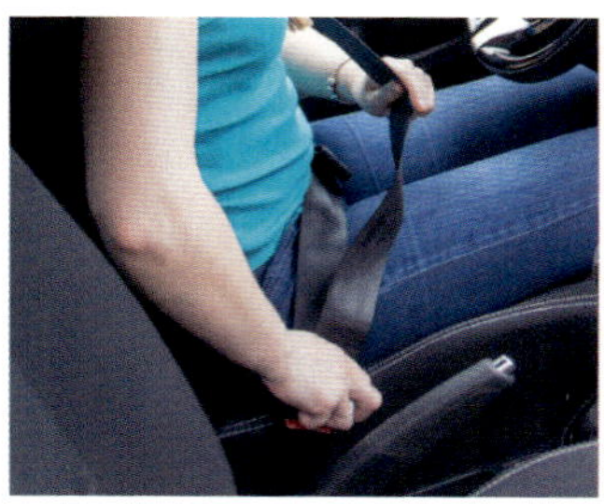

Je dois boucler ma ceinture de sécurité avant de mettre le moteur en marche. Pour éviter que les parties vitales du corps soient exposées, la sangle thoracique doit tenir l'épaule alors que la sangle abdominale doit être sur le haut des cuisses.

La ceinture doit être suffisamment tendue pour bien tenir le corps et ne doit pas être vrillée.

ATTENTION !

Ne jamais chercher à détendre artificiellement la ceinture (par exemple avec une pince à linge) ; elle ne jouerait plus normalement son rôle de retenue.

Angles morts

Un angle mort est une partie de l'environnement du véhicule que le conducteur qui regarde vers l'avant ne peut voir ni directement, ni dans ses rétroviseurs.

Le danger représenté par les angles morts est d'autant plus important que ce que je ne vois pas est très près de moi.

Même en tournant la tête, il est impossible de voir un élément de petite taille (borne, chien, enfant...) depuis l'intérieur de la voiture, s'il est trop proche (derrière, devant le capot, sur les côtés).

Je fais le tour de la voiture avant de m'installer.

Les rétroviseurs ne permettent pas de tout voir derrière moi.

S'ils sont proches, les usagers qui arrivent derrière sur la voie d'à côté ne seront pas visibles dans les rétroviseurs. Avant de démarrer ou de changer de voie :

» je regarde en vision directe en complément du contrôle dans les rétroviseurs avant tout changement de voie ;

» je règle bien les rétroviseurs.

L'angle mort est très important du côté droit si je ne possède pas de rétroviseur extérieur droit.

Les montants de la carrosserie peuvent créer des angles morts, notamment dans les intersections en Y.

Je décale latéralement la tête lorsque le montant peut me cacher quelque chose d'important.

Installation des passagers

Je ne dois pas transporter plus de passagers qu'il n'existe de places assises. Le nombre de places assises (conducteur compris) est indiqué sur la carte grise. Les passagers doivent également être bien installés et attachés.

Adultes

Je m'assure que les passagers ne gênent pas mes mouvements ni la visibilité.

Les passagers peuvent être très utiles pour réaliser certaines tâches que le conducteur ne peut faire lui-même : téléphoner, sortir la monnaie, lire la carte routière pour indiquer la route...

Enfants

Je m'assure que les enfants de moins de 10 ans sont retenus par un dispositif homologué adapté à leur taille.
Reportez-vous à « Installation des enfants » page 118

Transport à l'arrière ou à l'avant

Les enfants de moins de 10 ans doivent être installés à l'arrière sauf lorsque :

- le véhicule ne comporte pas de siège arrière ;
- le véhicule n'est pas équipé de ceinture de sécurité à l'arrière ;
- les sièges arrière du véhicule sont momentanément inutilisables ;
- les sièges arrière du véhicule sont tous occupés par des enfants de moins de 10 ans, à condition que chaque enfant soit retenu par un dispositif.

Pendant le trajet

Avant un long trajet :

- prévoir des activités pour les enfants transportés afin qu'ils ne s'ennuient pas et ne distraient pas le conducteur ;
- leur préparer de quoi manger et boire ;
- prévoir des pauses plus fréquentes et plus longues.

Animaux

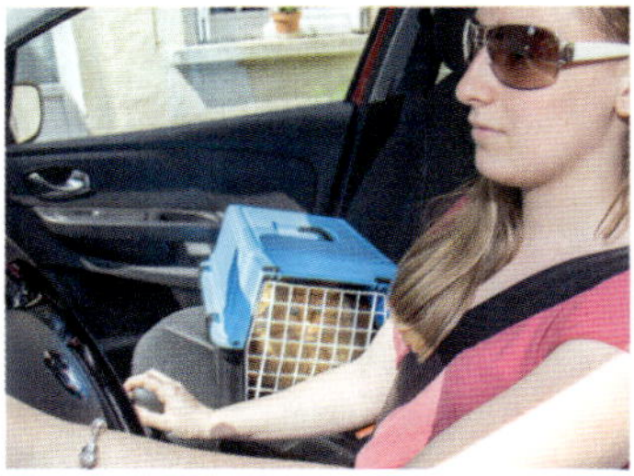

Un animal qui voyage en voiture peut avoir une réaction imprévue, risquant de constituer une gêne ou même un danger pour la conduite.

Il est conseillé de placer l'animal dans une cage ou de l'isoler par une barrière.

Dispositifs de retenue

L'utilisation de dispositifs de retenue (ceinture de sécurité, dispositifs pour enfants) est obligatoire, car elle joue un rôle essentiel contre les blessures graves et mortelles en cas de choc.

Ceinture de sécurité

Règle

Le port de la ceinture de sécurité est obligatoire pour le conducteur comme pour les passagers, à l'avant et à l'arrière, en toutes circonstances. Si un passager de moins de 18 ans n'est pas attaché, le conducteur paiera lui-même l'amende.

Certaines personnes peuvent être exemptées du port de la ceinture pour raison médicale. Elles doivent dans ce cas posséder un certificat d'exemption, délivré par la commission médicale départementale.

Rôle de la ceinture de sécurité

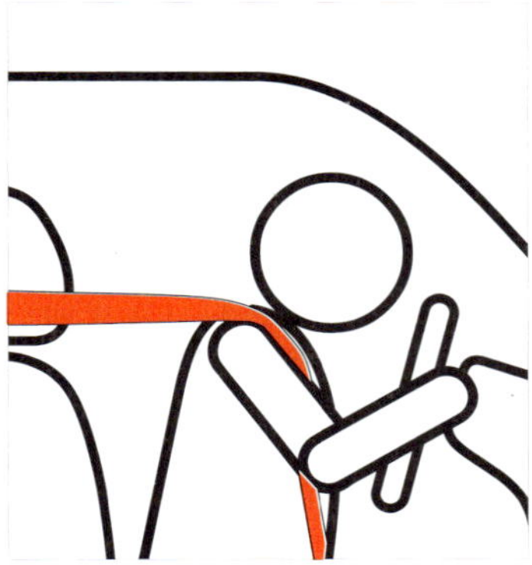

Lors d'un choc, la ceinture de sécurité retient le conducteur et les passagers.
En cas de collision, alors que la voiture s'arrête brutalement contre un obstacle, les occupants non attachés par la ceinture continuent à se déplacer à la même vitesse et viennent heurter le pare-brise, le volant ou l'airbag. Ils peuvent aussi être éjectés.

Les passagers non ceinturés risquent de se transformer en projectiles mortels pour les autres occupants.

Attaché, je divise par 3 le risque d'être tué en cas d'accident.

Airbag

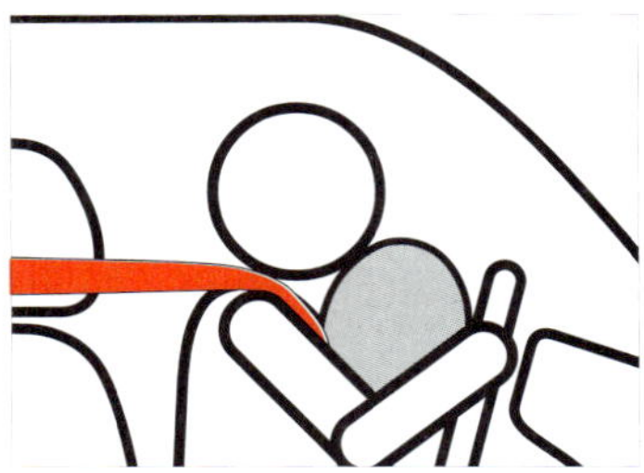

L'airbag (ou coussin gonflable, ou sac gonflable) est une protection supplémentaire contre les chocs.

Aujourd'hui, de nombreux véhicules sont équipés d'airbags latéraux qui se déploient sur les côtés des sièges pour protéger les occupants en cas de choc latéral violent.

Situé au centre du volant et dans la planche de bord, l'airbag frontal évite le heurt du volant avec la tête du conducteur et le heurt du tableau de bord avec la tête du passager avant. En cas de choc violent, il se gonfle très vite (en 30 millièmes de seconde environ). Ainsi, il améliore de 20 à 25 % l'efficacité de la ceinture.

L'airbag ne dispense pas du port de la ceinture. Aucun objet ne doit se trouver entre l'airbag et la personne installée.

Danger de l'airbag pour les enfants

ATTENTION !

Il est interdit d'installer un enfant à l'avant sur un siège « dos à la route » si cette place est équipée d'un airbag frontal en état de fonctionnement. Je ne peux le faire qu'après avoir désactivé cet airbag passager.

Installation des enfants

Les enfants de moins de 10 ans doivent voyager dans des dispositifs homologués avec la norme ECE-44/04 ou I-Size.

Les nouveaux dispositifs de retenue pour enfants répondent à la réglementation I-size. Ils ne sont plus classés par groupe de poids mais selon la taille de l'enfant. Celui-ci doit être installé dos à la route jusqu'à l'âge de 15 mois, dans un siège équipé des attaches Isofix. Ces sièges procurent une meilleure protection au niveau de la tête et du cou grâce à des critères de performances en choc frontal et latéral plus sévères. Ils limitent notamment les risques de mauvaise installation.

L'application de cette réglementation est prévue en 3 phases :

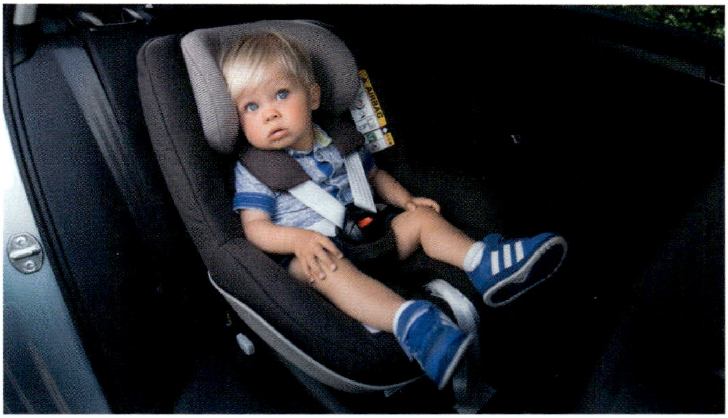

- phase 1 : en vigueur depuis le 9 juillet 2013 ; elle concerne les sièges à harnais équipés d'attaches Isofix pour les enfants mesurant moins de 105 cm.
- phase 2 : entrée en vigueur prévue fin 2017/début 2018 ; elle concernera les sièges de type rehausseurs dépourvus de harnais, pour enfants de plus de 105 cm, et qui s'installent avec des attaches Isofix ou la ceinture de sécurité.
- phase 3 : pas de date fixée ; elle concernera les sièges que l'on attache uniquement avec une ceinture de sécurité.

Un siège homologué I-Size (R129) comporte une étiquette orange sur laquelle est indiqué «I-Size» et la classification du siège par la taille.

Ces sièges ne peuvent s'installer que dans des véhicules équipés du système Isofix. Celui-ci est prévu sur tous les modèles neufs vendus depuis février 2011, aux 2 sièges arrières.

ATTENTION !

Pour faire voyager un enfant dos à la route à l'avant, il est nécessaire d'utiliser un siège qui se fixe avec la ceinture de sécurité, car par construction, il n'y a pas de système Isofix sur les sièges avant.

Les sièges homologués à la norme précédente ECE 44-04 peuvent être utilisés sur tous les véhicules non équipés du système de fixation Isofix.

Exemptions

Sont exemptés de ces dispositifs de retenue les enfants :

- dont la morphologie est adaptée au port de la ceinture de sécurité ;
- munis d'un certificat médical d'exemption ;
- transportés dans un taxi ou un véhicule de transport en commun.

SÉCURITÉ ENFANTS

J'actionne le dispositif sécurité enfants sur chaque portière. Dans ce cas, celle-ci peut s'ouvrir uniquement depuis l'extérieur.

Monter et descendre du véhicule

Monter dans le véhicule

Avant de monter dans le véhicule, j'en fais le tour pour vérifier si :

- les pneus sont en bon état ;
- l'éclairage et la signalisation fonctionnent bien ;
- aucun usager ou objet ne se trouve dans l'angle mort.

Avant d'ouvrir la portière, je me retourne pour m'assurer que je ne gêne personne.

VERROUILLAGE AUTOMATIQUE DES PORTIÈRES

Le verrouillage automatique des portières évite l'intrusion d'une personne dans le véhicule. Les portières peuvent dans ce cas s'ouvrir uniquement depuis l'intérieur.

Descendre du véhicule

Avant d'ouvrir la portière :

- je serre le frein de parcage ;
- j'éteins les feux (si nécessaire) ;

- je coupe le moteur ;
- si la route est en pente, je laisse mes roues braquées côté trottoir pour que le véhicule reste bloqué en cas de défaillance du frein de parcage ;
- je vérifie derrière pour m'assurer qu'aucun usager n'arrive, en regardant dans le rétroviseur extérieur et en vision directe, et j'invite mes passagers à prendre les mêmes précautions.

J'ouvre la portière gauche avec la main droite, et j'invite mon passager à ouvrir la portière droite avec la main gauche. Ainsi, il est plus facile de se retourner pour contrôler derrière.

Je n'oublie pas de fermer à clé toutes les portières, y compris le coffre. J'évite de laisser à l'intérieur des objets de valeur, qui pourraient attirer des cambrioleurs.

Chapitre 7

Permis de conduire

DANS CE CHAPITRE :

- **Formation et examen du permis de conduire**
- **Permis B**
- **Permis à points**
- **Retrait de permis**

En 1899 fut créé le certificat de capacité, nécessaire pour la conduite d'un véhicule ; c'est en 1922 que ce dernier prit l'appellation de « permis de conduire ». À cette période, conduire était un luxe. Aujourd'hui, le permis est devenu un outil d'insertion sociale et professionnelle indispensable.

Mais « avoir le permis » ne signifie pas « être infaillible » ; c'est par la suite l'expérience qui permettra au conducteur d'acquérir plus d'assurance et de faire face à toutes les situations de conduite.

Formation et examen du permis de conduire

Je ne dois jamais conduire un véhicule si je ne suis pas titulaire de la catégorie de permis correspondante.

Formation traditionnelle

La formation du conducteur doit se faire selon un programme de formation. Pour apprendre à conduire, je dois posséder un livret d'apprentissage, et être en mesure de présenter un formulaire de demande de permis de conduire, ou un récépissé de dépôt de cette demande, datant de moins de 2 mois. Le livret peut être retiré en cas d'infraction susceptible d'entraîner une suspension du permis.

Le moniteur dispose d'une fiche de suivi sur laquelle il note les progressions que je retrace sur mon livret d'apprentissage. Le livret et la fiche de suivi permettent de mesurer les progrès réalisés et ceux qui restent à accomplir, car on voit quels objectifs ont été atteints.

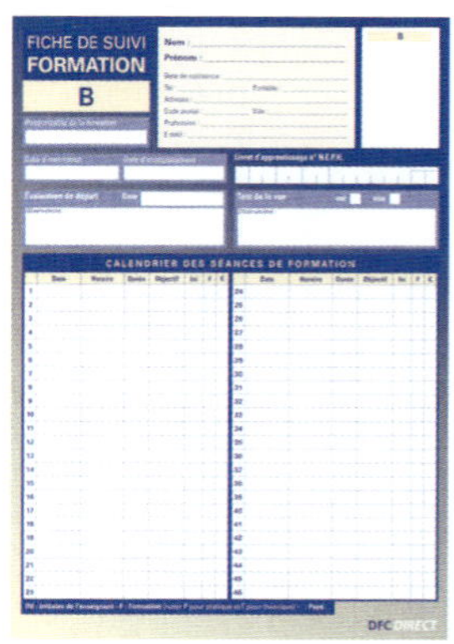

Je dois suivre en auto-école une formation comportant au moins vingt heures de conduite. Ces vingt heures sont un minimum obligatoire. Dans la plupart des cas, le nombre de leçons nécessaires est plus important (35 heures en moyenne).

Ce nombre dépend notamment des capacités d'assimilation de l'apprenti, de sa motivation, de sa concentration, du stress...

Apprentissage anticipé de la conduite

L'apprentissage anticipé de la conduite est accessible dès 15 ans. Ce type de formation, qui permet au jeune conducteur d'accumuler une certaine expérience avant l'obtention du permis de conduire, offre les avantages suivants :

- une augmentation des chances d'obtenir le permis dès la première présentation ;
- une diminution du risque d'accident ;
- une réduction de la surprime « jeune conducteur » dès la première année ;
- la durée de la période probatoire est réduite à deux ans.

Deux phases

Cet apprentissage comprend deux phases :

- une formation initiale en auto-école semblable à celle qui est pratiquée pour un apprentissage traditionnel ;
- une période de conduite accompagnée de un an minimum pendant laquelle l'apprenti conducteur doit parcourir au moins 3 000 km avec son accompagnateur. Cette période est ponctuée par deux rendez-vous pédagogiques réunissant l'élève, l'accompagnateur et le moniteur. Ces rendez-vous comprennent une partie en circulation et une partie en salle.

Conduite supervisée

La conduite supervisée est une autre forme de conduite accompagnée, plus courte que l'apprentissage anticipé de la conduite.

Elle permet, à partir de 18 ans, de conduire avec un accompagnateur, avant le passage de l'examen pratique ou après un échec à cette épreuve.

Cet apprentissage comprend également deux phases :

- une formation initiale en auto-école semblable à celle qui est pratiquée pour un apprentissage traditionnel ;
- une période de conduite accompagnée, soumise à aucune obligation de durée ou de distance minimale.

Pour l'apprentissage anticipé de la conduite et la conduite supervisée

Un rendez-vous préalable, sous forme d'une séquence de conduite avec au moins un accompagnateur, doit avoir lieu avant la phase de conduite accompagnée.

Il permet de réaliser le « passage de relais » entre le formateur et l'accompagnateur.

Au cours de cette séquence, ce dernier pourra prendre conscience du niveau de conduite de l'apprenti conducteur.

L'élève peut avoir plusieurs accompagnateurs. Pour être accompagnateur, il faut être titulaire du permis depuis au moins 5 ans, sans interruption et avoir l'accord de l'assureur.

ATTENTION !

Avant de débuter les leçons, l'auto-école doit donner rendez-vous à l'élève pour faire une évaluation, permettant de déterminer une durée probable de formation.

Examen

L'examen du permis B comprend une épreuve théorique (code) et une épreuve pratique (conduite).

ATTENTION !

L'âge minimum est de :

- 17 ans pour passer l'épreuve théorique (15 ans pour les personnes qui suivent un apprentissage anticipé de la conduite) ;
- 18 ans pour passer l'examen pratique. Les personnes qui suivent un apprentissage anticipé de la conduite, peuvent passer l'épreuve pratique dès 17 ans 1/2, mais leur permis sera valide seulement quand elles auront atteint l'âge de 18 ans.

ATTENTION !

Pour se présenter au permis de conduire, toute personne née après le 31 décembre 1987 doit être titulaire de l'ASSR 2 (attestation scolaire de sécurité routière de 2e niveau) ou de l'ASR (attestation de sécurité routière).

Épreuve théorique

L'épreuve théorique du permis de conduire se déroule en salle. Elle a été l'objet d'une réforme importante. Les nouveaux questionnaires, plus difficiles, sont désormais davantage axés sur la sécurité et le partage de la route avec les autres usagers.

Elle est organisée par des opérateurs privés, pour lesquels chaque candidat doit acquitter le montant de 30 euros par examen. Elle se présente sous la forme d'un QCM de 40 questions dont la plupart se rapportent à une photo prise à bord d'une voiture, en situation de conduite. Chaque candidat répond à un questionnaire différent, à l'aide d'une tablette qui lui est remise au début de l'épreuve.

Elle porte sur les 10 thèmes suivants :

- Dispositions légales (L)
- Le conducteur (C)
- La route (R)
- Les autres usagers (U)
- Réglementation générale et divers (D)
- Premiers secours (PS)
- Quitter le véhicule (P)
- Éléments mécaniques et autres équipements (M)
- Équipements de sécurité des véhicules (S)
- Ecomobilité (E)

EN SAVOIR PLUS

Aujourd'hui, je réserve ma place sur un site Internet. Je pourrai passer l'ETG dans un délai minimum de 24 heures. Je garde le bénéfice de l'examen théorique pour 5 épreuves pratiques, pendant 5 ans. Les candidats déjà titulaires d'un permis garderont le bénéfice de l'examen théorique pendant 5 ans.

Si par exemple je m'inscris au permis moto et que j'ai obtenu le permis voiture il y a moins de 5 ans, je n'aurai pas à repasser le Code.

Épreuve pratique

Pour passer l'examen pratique, je dois être reçu à l'épreuve théorique. Cette seconde épreuve, d'une durée de 32 mn, se déroule à bord d'un véhicule, où un inspecteur examine ma conduite. L'examen pratique comprend :

- des questions orales et des vérifications intérieures et extérieures (ex. : « Contrôlez l'état de tous les balais d'essuie-glace ») ;

» conduite en circulation ;

» deux manœuvres dont une au moins en marche arrière.

En cas d'échec à l'examen pratique, je dois attendre au moins 1 semaine avant de me représenter.

Permis B

La catégorie B du permis n'autorise pas la conduite de tous les véhicules, et peut être soumise à certaines conditions (notamment d'ordre médical).

Avec le permis B, je peux conduire :

Une voiture particulière

Elle ne comporte pas plus de neuf places (le conducteur + 8 passagers) et son PTAC ne dépasse pas 3,5 tonnes.

Une camionnette

Une camionnette est un véhicule de transport de marchandises dont le PTAC ne dépasse pas 3,5 tonnes. C'est le genre de véhicule que je peux louer pour faire un déménagement.

Une voiture automatique

Je peux également conduire une voiture automatique avec le permis B. En revanche, le permis B passé sur un véhicule automatique permet uniquement la conduite des véhicules automatiques.

Un quadricycle à moteur

Un tricycle à moteur

Je peux conduire, en France uniquement, tous les tricycles à moteur, si mon permis B date d'au moins 2 ans, à condition d'avoir suivi une formation d'au moins 7 heures. Toutefois, ces deux conditions ne sont pas obligatoires si une attestation de l'assureur justifie la pratique de conduite de ce type de véhicule entre le 1er janvier 2006 et le 31 décembre 2010.

Une motocyclette légère

Je peux conduire, en France uniquement, une moto dont la cylindrée n'excède pas 125 cm^3 et la puissance 11 kW (15 CV), si mon permis B date d'au moins 2 ans, à condition d'avoir suivi une formation d'au moins 7 heures. Toutefois, la formation n'est pas obligatoire si une attestation de l'assureur justifie la pratique de conduite de ce type de véhicule entre le 1er janvier 2006 et le 31 décembre 2010. Les titulaires d'un permis B obtenu avant le 1er mars 1980 peuvent conduire un tricycle à moteur ou une motocyclette légère sans formation spécifique.

Un camping-car

Je peux conduire un camping-car, à condition :

- que le PTAC ne dépasse pas 3,5 tonnes

  et

- qu'il ne comporte pas plus de neuf places assises, conducteur compris.

Visite médicale

Dans certains cas, une visite médicale est obligatoire pour une demande ou un renouvellement du permis de conduire.

Les personnes concernées par cette obligation sont celles qui :

- ne voient que d'un œil ;
- sont malentendantes ;
- sont atteintes d'une affection ou d'un handicap pouvant compromettre la sécurité sur la route (ex : crises d'épilepsie, diabète, maladie cardio-vasculaire...) ;
- sont exemptées du service national ;
- conduisent des taxis, ambulances, véhicules de transports scolaires.

EN SAVOIR PLUS

Le fait de conduire un véhicule sans avoir passé l'examen médical obligatoire périodique, ou sans respecter les restrictions de validité (ex : non-port de lunettes ou de verres de contact, alors que le titre mentionne qu'ils sont obligatoires) est sanctionné par une amende, une suspension possible du permis et un retrait de 3 points.

Permis à points

Le permis à points est caractérisé par :

- sa fragilité, car il perd définitivement sa validité à l'épuisement du nombre de points ;

- la possibilité de regagner des points en suivant un stage de sensibilisation ou en ne commettant pas d'infraction pendant une certaine période.

Le permis de conduire est composé de 12 points (6 points au départ). Ce nombre de points est réduit automatiquement à chaque infraction grave.

Permis probatoire

Il concerne les conducteurs novices, ainsi que tous ceux qui doivent repasser l'examen à la suite d'une annulation ou d'une invalidation du permis.

Le permis est doté au départ d'un capital de 6 points (au lieu de 12).

Pour que ce capital soit porté à 12 points, le conducteur ne devra commettre aucune infraction susceptible d'entraîner un retrait de points pendant une période probatoire de :

- trois ans s'il a suivi un apprentissage traditionnel ou complété par une période de conduite supervisée ;
- deux ans s'il a suivi un apprentissage anticipé de la conduite.

Si le conducteur novice ne commet pas d'infraction, son solde sera majoré de :

- 2 points supplémentaires par année sans infraction s'il a suivi un apprentissage traditionnel ou complété par une période de conduite supervisée ;
- 3 points supplémentaires par année sans infraction s'il a suivi un apprentissage anticipé de la conduite.

En aucun cas, le permis de conduire ne pourra comporter plus de 10 points pendant la période probatoire et plus de 12 points par la suite.

Stage obligatoire

Le conducteur titulaire d'un permis probatoire, auteur d'une infraction ayant donné lieu à un retrait de 3 points ou plus, est tenu de suivre un stage de sensibilisation payant de deux jours, dans les quatre mois qui suivent la réception de la lettre recommandée informant de la perte de points.

Suite à certaines infractions, le juge peut également prononcer, pour tout conducteur, l'obligation de suivre un stage de sensibilisation.

Perte de points

Le procès-verbal précise la perte de points que l'infraction constatée risque d'entraîner. Lorsque le retrait de point(s) est effectif, j'en suis averti par lettre simple.

EN SAVOIR PLUS

Je peux connaître le nombre de points qu'il me reste en demandant à consulter un fichier confidentiel en préfecture (ou sous-préfecture), ou en accédant à un site sécurisé sur Internet. Autrement, seules les autorités administratives et judiciaires peuvent connaître mon nombre de points.

Contravention

Certaines contraventions n'entraînent pas de perte de point : stationnement gênant, usage illicite de l'avertisseur sonore... D'autres, au contraire, peuvent entraîner un retrait de 1 à

6 points : non-port de la ceinture, chevauchement d'une ligne continue, refus de priorité, dépassement dangereux...

Délit

Une condamnation pour un délit (délit de fuite, conduite en état d'ivresse, homicide involontaire...) entraîne une perte de 6 points.

Cumul d'infractions

Le fait de commettre en même temps plusieurs infractions peut entraîner un retrait cumulé de 8 points maximum.

Exemple : si je passe au feu rouge (– 4 points) alors que je circule en état d'ivresse (– 6 points), le cumul simultané des deux infractions entraînera un retrait de 8 points.

Perte totale des points

Lorsqu'il ne reste plus de points, je perds définitivement mon permis ; il est automatiquement invalidé pour toutes les catégories. Si je veux conduire de nouveau, je dois :

- être reconnu apte à la conduite après une visite médicale et un examen psychotechnique effectués à mes frais ;
- me présenter une nouvelle fois aux épreuves du permis de conduire ;
- attendre au moins six mois (un an en cas de nouveau retrait total des points dans les cinq ans suivant le précédent). Je peux faire les démarches et passer l'examen dès que le permis est invalidé, mais je dois impérativement respecter le délai de six mois (ou un an) avant de reprendre le volant.

REPORTEZ-VOUS

Infractions

Reportez-vous pages 484 et 485.

Récupération de points

Pas d'infraction pendant deux ans

La totalité des points est récupérée si je ne perds pas de point pendant deux ans à compter du dernier retrait de point(s). Ce délai est porté à trois ans :

- pour tous les titulaires d'un permis probatoire ;
- si parmi les infractions figure une contravention de 4e classe, de 5e classe ou un délit.

Petites infractions

Si je ne commets qu'une seule infraction qui entraîne la perte d'un seul point, ce dernier sera récupéré au bout de six mois, à condition de ne commettre aucune autre infraction passible d'un retrait de point pendant cette période.

EN SAVOIR PLUS

Les points retirés suite à des contraventions des quatre premières classes sont automatiquement restitués au bout de dix ans.

Stage de sensibilisation

Je peux récupérer une partie des points perdus en suivant un stage (payant) de sensibilisation de deux jours. Un stage est possible tous les ans. Il permet de récupérer 4 points sans que le capital ne dépasse 12 points (ou le nombre maximum de points pendant la période probatoire).

Retrait de permis

Je possède un seul permis de conduire pouvant comporter plusieurs catégories. Toute sanction qui vise le permis l'affecte dans son intégralité. Si je commets une infraction avec une moto, la suspension ou l'annulation concernera autant la catégorie A que la catégorie B et toutes les autres catégories dont j'étais titulaire.

Suspension

Le permis de conduire peut être suspendu. Dans ce cas, il m'est restitué à la fin de la période de suspension.

Annulation

Le permis de conduire peut être annulé. Dans ce cas, il m'est retiré définitivement. Si je veux conduire à nouveau, je dois repasser les épreuves du permis. Pour cela, je devrai attendre la fin de la période d'annulation qui peut être de plusieurs années, et être reconnu apte à la conduite après une visite médicale et un examen psychotechnique effectués à mes frais.

EN SAVOIR PLUS

Les conducteurs qui étaient titulaires du permis de conduire depuis au moins trois ans peuvent être dispensés de l'épreuve pratique, à condition :

- que la durée de l'annulation ou de l'invalidation du permis soit inférieure à un an ;
- que leur demande pour solliciter un nouveau permis soit effectuée dans les 9 mois qui suivent la date à partir de laquelle ils sont autorisés à le faire.

Peines complémentaires

La suspension et l'annulation du permis de conduire sont des peines complémentaires prononcées par le juge. Elles sont totalement indépendantes de la perte de points à laquelle elles peuvent s'ajouter. Un permis de conduire qui comporte encore des points peut donc très bien être suspendu ou annulé à la suite d'une seule infraction grave.

Interdiction de se présenter à l'examen

Lorsque l'auteur d'une infraction n'est pas titulaire du permis de conduire, la suspension ou l'annulation est remplacée par une interdiction de se présenter à l'examen pendant une certaine période.

Rétention

Le permis de conduire est immédiatement retenu par les forces de l'ordre en cas :

- de conduite avec un taux d'alcool dans le sang supérieur ou égal à 0,8g/l de sang ;
- de conduite en état d'ivresse ;
- de conduite sous l'emprise de drogue ;
- de refus de se soumettre aux vérifications concernant l'alcoolémie ou la drogue ;
- de dépassement de 40 km/h ou plus de la vitesse maximale autorisée ;
- d'implication dans un accident mortel s'il y a eu infraction à la vitesse ou à une règle de croisement, de dépassement, d'intersection ou de priorité.

Autres interdictions de conduire

Certaines infractions graves peuvent également entraîner l'interdiction de conduire des véhicules pour lesquels un permis de conduire n'est pas obligatoire (cyclomoteur, voiturette...).

Chapitre 8

Accidents

DANS CE CHAPITRE :

» **Facteurs d'accidents**

» **Statistiques 2015**

» **Accident corporel**

» **Accident matériel**

» **Constat amiable**

» **Assurance**

Un accident de la route est un choc entre un véhicule et un autre élément (usager, arbre, poteau, animal…) qui entraîne des dégâts matériels ou corporels.

92 % des accidents sont le résultat d'une négligence du conducteur (imprudence, inattention, défaillance physique…) et pourraient donc être évités.

Facteurs d'accidents

Pour éviter les accidents de la circulation et les drames qu'ils occasionnent, il est indispensable de savoir comment ils surviennent. Le comportement du conducteur est en cause dans la plupart de ces accidents ; ces derniers sont souvent le résultat d'une accumulation d'erreurs humaines.

- La vitesse excessive est la cause principale dans 32 % des accidents mortels.
- Le facteur «alcool» est présent dans 30 % des accidents mortels.
- 23 % des décès routiers interviennent dans un accident où l'un au moins des conducteurs était sous l'emprise de drogue.
- Le non-port de la ceinture de sécurité aggrave sérieusement les conséquences des accidents. 22 % des automobilistes tués dans les véhicules n'avaient pas (ou mal) attaché leur ceinture.
- La fatigue ou la somnolence, est relevée dans 26 % des accidents mortels sur autoroute.
- 13 % des décès routiers ont pour cause principale un refus de priorité.

ATTENTION !

Dans 9 accidents mortels sur 10, au moins 1 infraction au code de la route est relevée.

Statistiques 2015

Quelques chiffres

En 2015, 56 603 accidents corporels ont fait 3 461 tués et 70 802 blessés dont 26 595 hospitalisés.

Chaque jour, 10 personnes perdent la vie sur les routes françaises. L'arrivée des radars automatiques (en 2003) a entraînée, en 5 ans, une baisse de 11 % de la vitesse moyenne et par conséquent, une diminution de 44 % des tués.

Risques d'accidents

Les usagers

Les motocyclistes représentent 18 % des tués, alors qu'ils ne font que 1,3 % des parcours. Au guidon d'une moto, le risque d'être tué dans un accident est 23 fois plus élevé qu'au volant d'une voiture.

Les accidents impliquant un poids lourd sont à l'origine de 14 % des tués sur la route. Les victimes sont essentiellement des conducteurs de véhicules légers.

L'âge

Les accidents de la circulation sont la première cause de mortalité chez les jeunes de 18 à 24 ans. 2 fois plus impliqués que les autres, ils ne représentent que 8 % de la population, mais 18 % des tués sur la route. Ils sont surreprésentés dans les accidents de nuit les vendredis, samedis et veilles de jours fériés. Les conducteurs novices sont impliqués dans 20 % des accidents corporels. Les personnes âgées ont moins d'accidents, mais les conséquences corporelles qu'elles subissent sont beaucoup plus graves. La moitié des piétons tués sont des personnes âgées de plus de 65 ans.

Agglomération / rase campagne

Les 2/3 des accidents corporels ont lieu en agglomération. Ils font 1/3 des tués. Les accidents sont donc beaucoup plus meurtriers en rase campagne, et particulièrement sur les routes départementales.

Jour / nuit

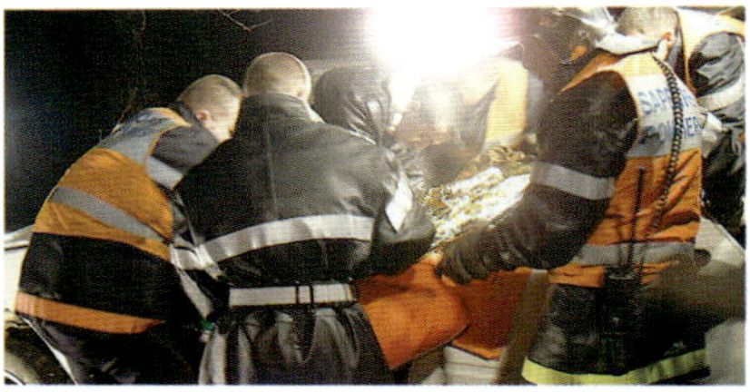

La nuit, c'est moins de 10 % du trafic, mais 1/3 des blessés hospitalisés et près de la moitié des tués. Le risque d'accident mortel est 7 fois plus élevé que le jour.

Trajets connus

Les petits trajets de tous les jours sont les plus dangereux. 80% des accidents mortels surviennent dans le département où réside la personne responsable de l'accident.

Excès de confiance

L'excès de confiance est l'ennemi n°1 du conducteur.

La majorité des accidents mortels se produisent par beau temps, en ligne droite, sans autre usager en cause.

Accident corporel

Lorsque j'arrive le premier sur les lieux d'un accident corporel, je dois :

1. Protéger pour éviter un nouvel accident.
2. Alerter les secours.
3. Secourir les blessés.

En revanche, si les équipes de secours sont déjà sur place, je ne dois pas m'arrêter, car je risquerais de les gêner.

La non-assistance à personne en danger est un délit puni par une amende de 75 000 euros maximum et un emprisonnement dont la durée peut atteindre cinq ans.

Protéger

S'arrêter

Je dois m'arrêter le plus tôt possible, en me garant à un endroit où mon véhicule ne constitue ni un danger ni une gêne pour les autres, et à une certaine distance des véhicules accidentés, afin de ne pas gêner les secours. J'invite mes passagers à se mettre à l'abri, hors de la chaussée, avant le lieu de l'accident.

Baliser les lieux

Je balise les lieux de l'accident (si possible dans les deux sens) en utilisant :

- » les feux de détresse ;
- » un triangle de présignalisation qui doit être placé à 30 mètres environ des véhicules accidentés.

ATTENTION !

Pour être mieux vu, je dois me vêtir du gilet de sécurité rétro-réfléchissant avant de sortir du véhicule. De nuit, si possible, j'utilise une lampe de poche (ou frontale) et j'éclaire les lieux de l'accident avec les phares d'un véhicule garé sur l'accotement, perpendiculairement à la route. L'éclairage intérieur du véhicule permet aussi de mieux le situer.

Protéger les victimes

Je dégage tous les objets qui pourraient écraser les victimes.

Pour limiter les risques d'incendie :

- » je coupe le contact des voitures ;
- » je débranche les batteries si je sais le faire ;
- » je ne fume pas ;
- » je veille à ce que personne ne fume à proximité.

Éteindre un début d'incendie

En cas de début d'incendie, si je possède un extincteur, je dirige le jet vers la base des flammes.

Si je n'ai pas d'extincteur, j'essaie d'étouffer le feu avec de la terre, du sable ou une couverture. Mais surtout, je n'utilise pas d'eau et n'ouvre pas le capot.

Pré-diagnostiquer

Le pré-diagnostic consiste à se rendre compte rapidement de l'état des victimes. Par exemple : 4 victimes dont 2 qui saignent, une en état de choc et une autre qui ne respire plus. Il sera également nécessaire de reconnaître la plaque « explosif » sur un camion par exemple.

Je vérifie :

- » le nombre des victimes
- » si elles sont conscientes ;
- » si elles sont en état de choc ;
- » si elles respirent. Pour cela, j'approche de la bouche pour écouter la respiration, et je pose la main sur la poitrine pour vérifier qu'elle se soulève.

Je vérifie également s'il n'y a pas de risque d'aggravation de l'accident (risque d'incendie, présence d'un véhicule transportant des matières dangereuses...).

Alerter

Composer le numéro pour alerter

Les minutes et les secondes comptent pour sauver la vie d'un être humain.

J'alerte les secours aussi rapidement que possible en composant l'un de ces numéros gratuits :

- » le 17 (police ou gendarmerie) ;

- le 18 (pompiers) ;
- le 15 (SAMU) ;
- le 112 si j'appelle avec un mobile ou si je suis à l'étranger ;
- le 114 pour les personnes sourdes ou malentendantes.

Si je suis à proximité d'un poste d'appel d'urgence, j'appuie sur le bouton SOS pour être directement en contact avec les secours.

Sur autoroute, si je possède un smartphone, j'utilise l'application « SOS autoroute », qui permet d'appeler directement les secours, comme sur un poste d'appel d'urgence.

ECALL

Les véhicules neufs seront bientôt tous équipés de l'appel d'urgence eCall. En cas de choc important, ce système déclenche automatiquement l'alerte, en géolocalisant les lieux de l'accident.

Renseigner les secours

Je renseigne les secours sur :

- la nature de l'accident (collision, choc contre un arbre...) ;
- les véhicules impliqués (nombre, voiture, moto, transport de matières dangereuses avec plaque orange...) ;
- le nombre et l'état des victimes ;
- le lieu de l'accident.

ATTENTION ! Je ne raccroche surtout pas tant que les secours sont encore en ligne, car il peut leur manquer des renseignements essentiels.

Secourir selon ses compétences

Dans tous les cas :

- je couvre le blessé pour qu'il ne prenne pas froid ;
- je lui parle pour qu'il reste conscient, et le rassurer ;
- je lui demande s'il m'entend ou je l'invite à me serrer la main ;
- si le blessé ne respire plus, j'utilise un défibrillateur automatique.

L'APPLICATION MOBILE « DÉFIBRILLATEURS »

Elle géolocalise les défibrillateurs les plus proches. Un défibrillateur automatique peut être utilisé par toute personne.

Si j'ai des notions de secourisme

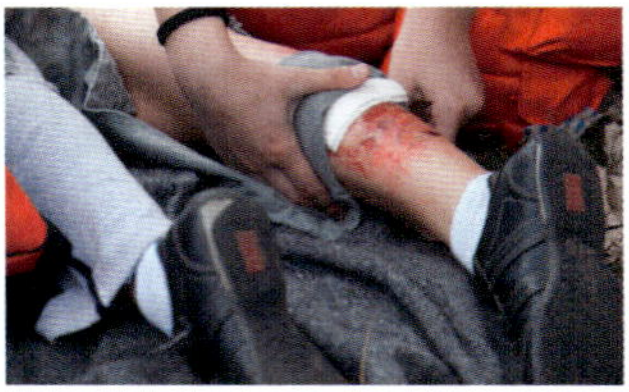

- si un blessé saigne abondamment, je comprime la plaie avec un gros pansement, une serviette ou mon poing ;
- je peux fixer le pansement avec une bande assez fortement serrée ;

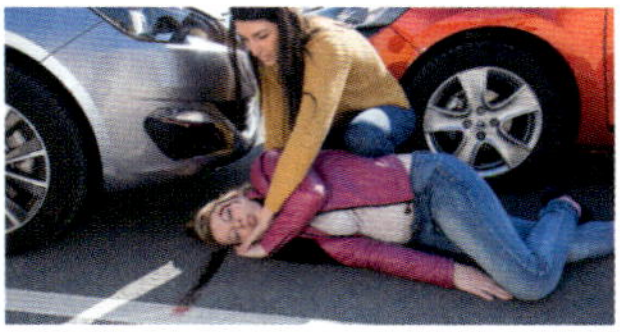

- si la victime est inconsciente, le mieux est de l'allonger sur le côté, avec le genou fléchi, en position latérale de sécurité (à n'effectuer que si je suis détenteur d'un brevet de secouriste) ;
- si la victime ne respire plus, je fais un massage cardiaque et je pratique le bouche à bouche.

Ce qu'il ne faut pas faire

Je ne dois jamais :

- » donner de l'eau ou une quelconque boisson à un blessé ;

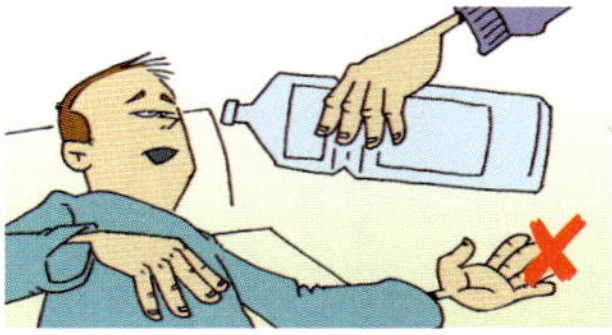

- » retirer le casque d'un conducteur de deux-roues accidenté ;

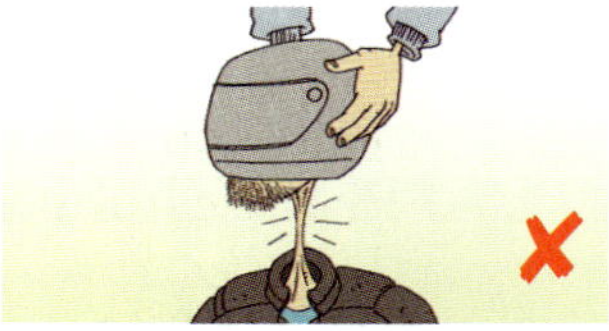

- » transporter un blessé dans mon véhicule ;

- » déplacer un blessé ou le sortir d'un véhicule, sauf si un risque imminent nécessite ce déplacement (incendie par exemple).

Si le déplacement d'un blessé est indispensable en raison d'un de ces risques :

- » j'évite de le tirer par les membres ;
- » j'évite toute torsion de la colonne vertébrale.

Accident matériel

Fort heureusement, les accidents n'ont pas tous des conséquences corporelles. Chaque année, il se produit plus de 2 millions d'accidents matériels qui peuvent parfois peser lourd sur le portefeuille.

S'arrêter et assurer la sécurité

En cas d'accident matériel, je m'arrête à un endroit où je ne représente ni danger ni gêne pour la circulation.
Je reste calme et courtois en me rappelant que personne n'est à l'abri d'une faute.

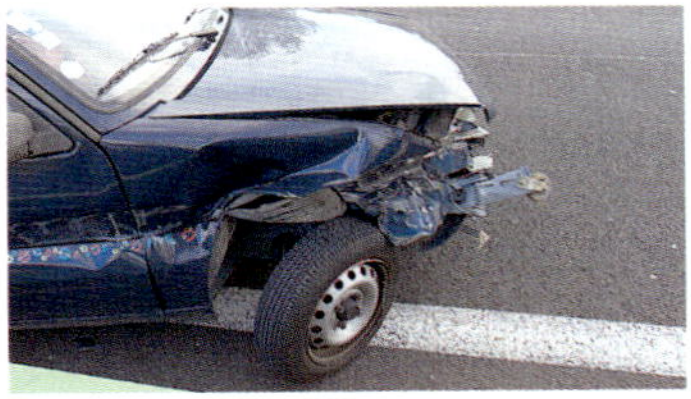

Délit de fuite

Impliqué dans un accident, même simplement matériel, je suis tenu de m'arrêter aussitôt pour communiquer mon identité. Si je ne le fais pas, je commets un délit de fuite qui est une faute très grave et lourdement sanctionnée.

Témoignage

Témoigner, c'est faire preuve de civisme. Les témoignages peuvent être d'une grande importance pour connaître les circonstances d'un accident.

Si je suis témoin d'un accident matériel, je dois laisser mes coordonnées aux personnes impliquées. Si je suis témoin d'un accident corporel, je dois rester à la disposition des forces de l'ordre qui me demanderont de décrire les circonstances de l'accident.

Constat amiable

Le constat amiable, valable dans l'ensemble de la communauté européenne, sert à déterminer les responsabilités des conducteurs suite à un accident matériel.
Il est conseillé d'avoir au moins un exemplaire en permanence dans son véhicule.

Comment le remplir ?

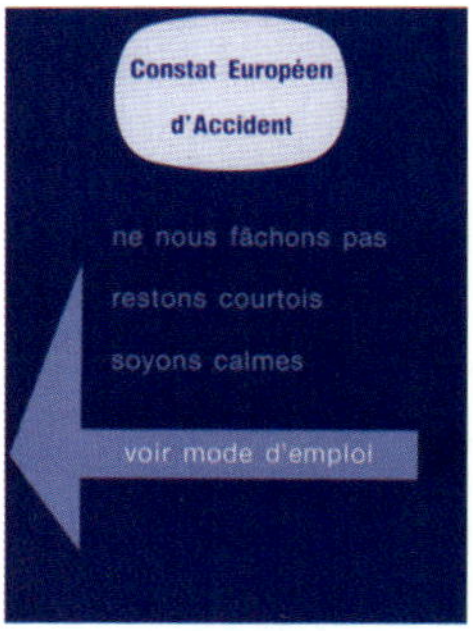

Je prends mon temps afin de le remplir le plus exactement possible. Une erreur m'engage et peut me donner à tort des responsabilités. La part de responsabilités se base uniquement sur le recto du constat.Le verso n'est pas pris en compte pour établir les responsabilités. Je vérifie attentivement la partie remplie par l'autre conducteur.

Quand le constat est signé, je dispose de cinq jours ouvrés pour le faire parvenir à mon assureur (48 heures en cas de vol).

Je ne dois plus rien inscrire sur le recto du constat à partir du moment où les deux feuillets sont séparés.

E-CONSTAT

Sur mon smartphone, je peux remplir un constat grâce à l'application « e-constat ». Les champs sont les mêmes que sur le constat en format papier.

Pièges à éviter

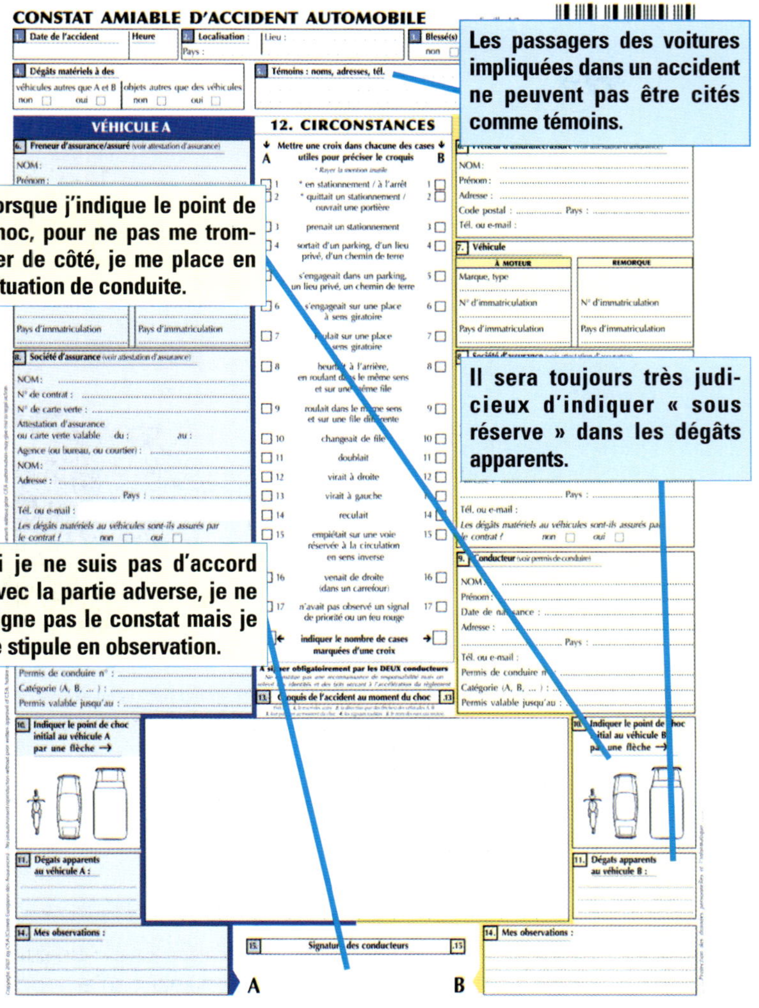

Si la partie adverse ne veut pas remplir de constat, je note sa plaque d'immatriculation, j'essaie de trouver des témoins et je porte plainte (auprès de la police ou de la gendarmerie).

Même s'il y a des blessés et que la police s'est déplacée, il est conseillé de remplir un constat. Le traitement du sinistre ne sera ainsi pas retardé.

Circonstances

S'il se produit une collision sur un parking, les règles du code de la route s'appliquent. Contrairement aux idées reçues, les responsabilités ne sont pas forcément partagées (50/50).

Si, par exemple, je recule et percute un véhicule, je suis entièrement fautif.

Si j'ai ouvert la portière et que quelqu'un me percute, je suis en tort.

Si je me fais percuter en stationnement irrégulier, les torts seront partagés.

Généralement, en cas de collision, je serai en tort si je coche les cases 2, 3, 4, 5, 6, 8, 10, 13, 14, 15, 17.

Si je change de file (case 10) et que quelqu'un qui était en train de me dépasser (case 11) me percute, les torts sont partagés.

12. CIRCONSTANCES

↓ A	Mettre une croix dans chacune des cases utiles pour préciser le croquis ** Rayer la mention inutile*	↓ B
☐ 1	* en stationnement / à l'arrêt	1 ☐
☐ 2	* quittait un stationnement / ouvrait une portière	2 ☐
☐ 3	prenait un stationnement	3 ☐
☐ 4	sortait d'un parking, d'un lieu privé, d'un chemin de terre	4 ☐
☐ 5	s'engageait dans un parking, un lieu privé, un chemin de terre	5 ☐
☐ 6	s'engageait sur une place à sens giratoire	6 ☐
☐ 7	roulait sur une place à sens giratoire	7 ☐
☐ 8	heurtait à l'arrière, en roulant dans le même sens et sur une même file	8 ☐
☐ 9	roulait dans le même sens et sur une file différente	9 ☐
☐ 10	changeait de file	10 ☐
☐ 11	doublait	11 ☐
☐ 12	virait à droite	12 ☐
☐ 13	virait à gauche	13 ☐
☐ 14	reculait	14 ☐
☐ 15	empiétait sur une voie réservée à la circulation en sens inverse	15 ☐
☐ 16	venait de droite (dans un carrefour)	16 ☐
☐ 17	n'avait pas observé un signal	17 ☐

Si la personne qui m'a percuté a commis l'une des infractions suivantes, elle devra cocher la case 17 :

- franchissement de ligne continue ou d'un barrage de police ;
- chevauchement de ligne continue ;
- circulation sur zébra ;
- circulation sur trottoir ;
- non-respect de signaux de priorité ;
- non-respect de sens interdit ou d'interdiction de dépasser.

Assurance

Être assuré, c'est éviter d'avoir à payer des sommes considérables en cas d'accident.

Il est important de savoir :

- que tout conducteur doit être assuré ;
- que l'assurance obligatoire ne rembourse pas tous les dommages ;
- qu'une franchise peut être appliquée.

Assurance obligatoire

Dommages couverts

L'assurance « Responsabilité civile » est l'assurance obligatoire pour la conduite de tout véhicule à moteur.

Elle permet d'indemniser les dommages matériels et corporels que je peux occasionner aux autres, y compris à mes passagers.

Dommages non couverts

En cas de sinistre engageant ma responsabilité, l'assurance obligatoire ne couvre pas les dommages occasionnés :

- à mon véhicule ;
- à moi-même ;
- aux objets transportés dans mon véhicule.

ATTENTION !

Conduire sans permis valable, c'est conduire sans assurance ; en cas d'accident, les conséquences financières peuvent être très lourdes.

Garanties facultatives

Dommages-collision

Cette garantie, appelée aussi tiers-collision, couvre les dommages subis par mon véhicule suite à une collision avec un autre véhicule, un piéton ou un animal identifié.

Dommages tous accidents

Cette assurance appelée « tous risques » couvre les dommages subis par mon véhicule, quelles que soient les circonstances de l'accident, sauf dans certains cas (alcoolémie, drogue, non-port de la ceinture...).

Elle couvre également les dommages qui résultent d'un acte de vandalisme.

Autres garanties

Je peux souscrire d'autres garanties facultatives :

- « vol-incendie » qui fonctionne en cas de détérioration ou de disparition du véhicule ;
- « bris de glace » qui fonctionne en cas de bris du pare-brise ou des autres vitres (les bris des optiques ne sont pas toujours pris en charge) ;
- « défense-recours » qui permet dans certains cas d'assurer ma défense devant les tribunaux.

Garantie du conducteur

L'assurance « tous risques » et les garanties facultatives énumérées précédemment ne permettent pas l'indemnisation de mes propres dommages corporels.

Pour cela, je dois souscrire une « garantie du conducteur ». Cette garantie facultative est recommandée en raison des conséquences parfois très lourdes des blessures corporelles sur la vie privée ou l'activité professionnelle.

Franchise

La franchise prévue dans un contrat d'assurance est une somme restant à la charge de l'assuré en cas de sinistre. Il est donc conseillé de comparer les propositions de contrats, de voir quelles sont les garanties soumises à cette franchise et à combien elle s'élève.

Chapitre 9

Le chargement du véhicule

DANS CE CHAPITRE :

» **Bagages**

» **Chargement dépassant à l'extérieur**

Le chargement du véhicule ayant une influence notamment sur le confort, la tenue de route et la consommation de carburant, le respect de certaines règles est indispensable.

ATTENTION !

Le chargement ne doit pas entraver les mouvements du conducteur ni masquer la visibilité.

Bagages

Je charge de préférence les bagages dans le coffre.

Si je dois charger des objets à l'intérieur de la voiture :

» j'évite de poser des objets sur la plage arrière. Ils seraient transformés en projectiles pour les occupants avant, en cas de freinage brusque.

- j'essaie de les fixer et de les ranger le plus bas possible, pour maintenir une bonne tenue de route.

Si je charge les bagages sur une galerie de toit, je dois bien les arrimer.

Si mon véhicule est trop chargé :

- la direction est moins sûre ;
- la distance de freinage est allongée ;
- les suspensions s'écrasent ;
- le moteur peine ;
- la consommation de carburant augmente.

En cas de charge importante, je pense à :

- augmenter la pression des pneus (voir notice) ;
- régler la hauteur des feux ;
- ralentir plus tôt, en raison de l'allongement de la distance de freinage.

Dépassant à l'extérieur

En longueur

Le chargement :

- » ne doit jamais dépasser l'avant du véhicule ;
- » ne doit jamais dépasser de plus de 3 mètres à l'arrière.

S'il dépasse de plus d'1 mètre, il doit être signalé à l'extrémité par un dispositif réfléchissant homologué, complété par un feu rouge. Ce dernier doit être allumé la nuit, pour être visible à au moins 150 m par temps clair.

En largeur

La largeur d'une voiture ou d'une camionnette, chargement compris, ne doit jamais dépasser 2,55 mètres, même si ce chargement est fixé sur le toit.

En hauteur

Aucune limitation de hauteur n'est imposée, mais je dois m'assurer en permanence que la hauteur libre est suffisante, et respecter la signalisation d'interdiction si mon véhicule chargé dépasse la hauteur indiquée.

Exemple de péage à hauteur limité.

Chapitre 10

Pneumatiques et suspensions

DANS CE CHAPITRE :

- » **Pneumatiques**
- » **Suspensions**

Les pneumatiques et suspensions sont des éléments déterminants pour la tenue de route du véhicule. Il est donc primordial de connaître leurs spécificités et les règles concernant leur utilisation.

Pneumatiques

Les pneumatiques constituent la seule liaison directe entre le véhicule et le sol. Leur usage et leur entretien sont donc essentiels pour la sécurité.

Adhérence

L'adhérence dépend essentiellement des pneumatiques. Elle varie également en fonction de l'état de la chaussée et des conditions climatiques.

Un revêtement uni, dur et rugueux composé d'asphalte ou de goudron permet la meilleure adhérence. Mais cette dernière est :

- réduite de moitié sur sol humide ;
- divisée par 4 sur la neige ;
- quasiment nulle sur du verglas.

Structure

La structure est la façon dont la carcasse du pneu est conçue.

Différents types

Il existe deux types de structure : diagonale et radiale.

Aujourd'hui, la plupart des voitures sont équipées de pneus à structure radiale.

Montage

Pour ne pas compromettre dangereusement la tenue de route, je dois monter des pneus :

- de même structure sur les quatre roues ;
- de marque, type et caractéristiques identiques sur un même essieu.

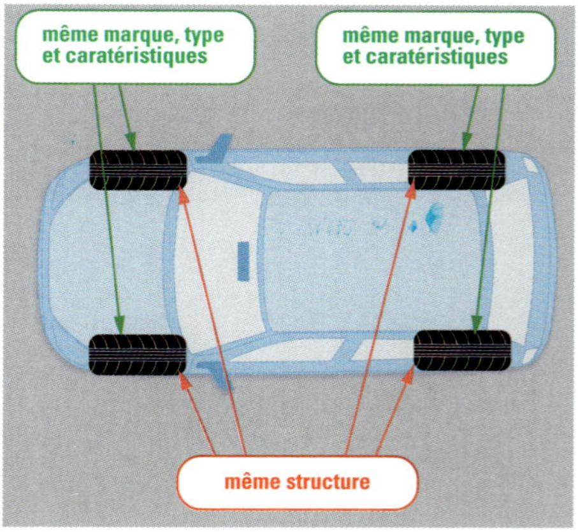

Flancs

Les flancs sont les parties latérales du pneu. Ils sont très fragiles.
Sur les flancs figurent des informations importantes sur la conception du pneu.

ATTENTION !

L'indication « tubeless » signifie que le pneu est sans chambre à air.

Bande de roulement

La bande de roulement est la partie du pneu en contact avec le sol.

Sculptures

L'adhérence des pneumatiques est assurée par des sculptures. Il ne doit pas y avoir plus d'un point où la profondeur des rainures est inférieure à 1,6 mm.

Ces sculptures permettent d'évacuer les éléments qui peuvent s'interposer entre le pneu et la chaussée : l'eau, la neige, les gravillons, la boue...

Indicateurs d'usure

Des bosses sont disposées au fond des rainures principales. Lorsque ces bosses sont atteintes par l'usure, la profondeur des sculptures n'est plus que d'1,6 mm. Je dois alors changer le pneu.

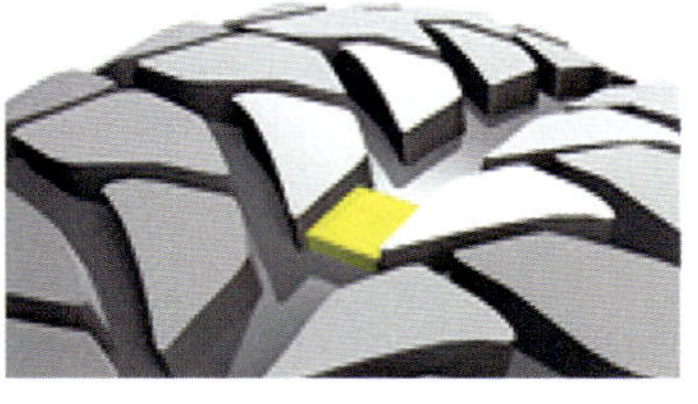

Le symbole de la marque, un triangle ou la mention « TWI », figure sur le flanc du pneu, à chaque endroit où se trouve un indicateur d'usure.

ATTENTION !

L'usure inégale d'un pneu correctement gonflé est le signe d'une anomalie (ex. : défaut de parallélisme).

ATTENTION !

Pour une meilleure tenue de route, il est conseillé de monter les pneus neufs à l'arrière.

À surveiller

Aucune toile ne doit apparaître ni en surface ni au fond des sculptures.
Les flancs ne doivent comporter aucune déchirure. Elle risquerait d'entraîner à terme l'éclatement du pneu.

Pour éviter ultérieurement un éclatement du pneu, je dois :

- éviter de monter sur les trottoirs ou le faire à vitesse très réduite ;
- faire examiner mon pneu après tout choc important contre une bordure ou un trottoir.

Gonflage

L'éclatement d'un pneu se produit le plus souvent parce qu'il n'est pas assez gonflé. Le sous-gonflage entraîne également une moins bonne tenue de route, une usure plus rapide, irrégulière, et une augmentation de la consommation de carburant.

Je dois vérifier régulièrement la pression de mes pneus à froid, c'est-à-dire quand la voiture n'a pas roulé. Si les pneus sont chauds, j'augmente la pression de 0,3 bar (300 g) par rapport à celle recommandée par le constructeur.

La pression des pneus est indiquée sur la notice d'utilisation du véhicule et à l'intérieur de la portière gauche.

J'augmente la pression de 0,2 à 0,3 bars (200 à 300 g) :

- » si le véhicule est chargé ;
- » si je fais un long trajet ;
- » si je circule sur autoroute.

EN SAVOIR PLUS

Les aires de service autoroutières sont souvent équipées de stations de gonflage gratuit.

Crevaison

La roue de secours :

- » peut être équipée d'un pneu différent, à condition que son utilisation soit provisoire et la vitesse réduite.
- » doit être équipée d'un pneu dont la profondeur des sculptures est de 1,6 mm au moins.
- » doit être équipée d'un pneu bien gonflé, ce que je vérifie régulièrement.

REPORTEZ-VOUS

Pneumatiques en hiver

Reportez-vous pages 289 et 290.

Suspensions

Les suspensions, et en particulier les amortisseurs, permettent aux pneus de rester « collés » à la route, même lorsque le véhicule est secoué par des trous ou des bosses.

Si mes amortisseurs sont en mauvais état :

- » la tenue de route de mon véhicule sera moins bonne ;
- » les distances de freinage seront allongées ;
- » les pneus s'useront plus vite.

Je dois donc faire vérifier mes amortisseurs au moins tous les 30 000 km.

Chapitre 11

Freinage

DANS CE CHAPITRE :

- » **Système de freinage**
- » **Utilisation des freins**
- » **Dysfonctionnements**

Pour s'arrêter, c'est-à-dire pour éliminer l'énergie cinétique emmagasinée par l'élan du véhicule, il est nécessaire de freiner. Pour utiliser rationnellement les freins, il faut connaître les principes élémentaires de leur fonctionnement, les défaillances du système et leurs graves conséquences sur la sécurité.

Système de freinage

Une voiture comporte deux freins totalement autonomes : le frein principal et le frein à main.

Frein principal

Le frein principal est celui que j'utilise lorsque j'appuie sur la pédale de frein.

Fonctionnement

Le frein principal agit sur les quatre roues.
Lorsque j'appuie sur la pédale, je pousse un piston dans un maître-cylindre qui contient un liquide spécial. Ce liquide doit être changé tous les 20 000 km.

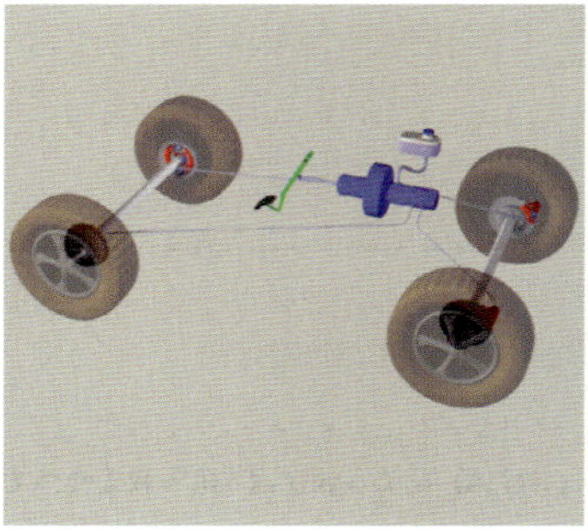

Frein à disque

Dans un frein à disque, sous la pression du liquide, deux plaquettes pincent un disque solidaire de la roue.
Aujourd'hui, toutes les voitures sont équipées de freins à disque à l'avant.

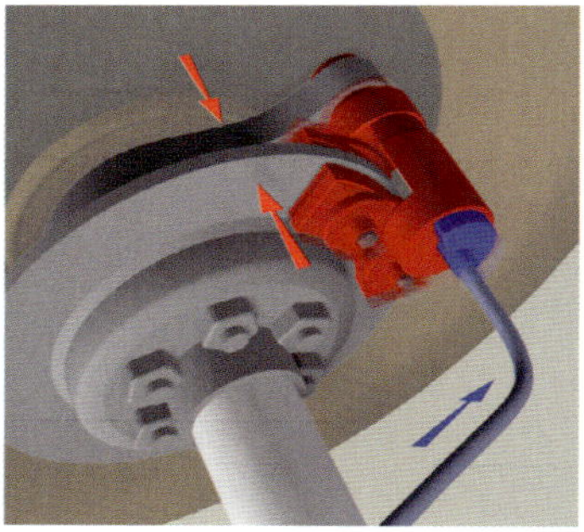

Frein à tambour

Dans un frein à tambour, sous la pression du liquide, deux mâchoires s'écartent pour frotter sur le tambour solidaire de la roue.

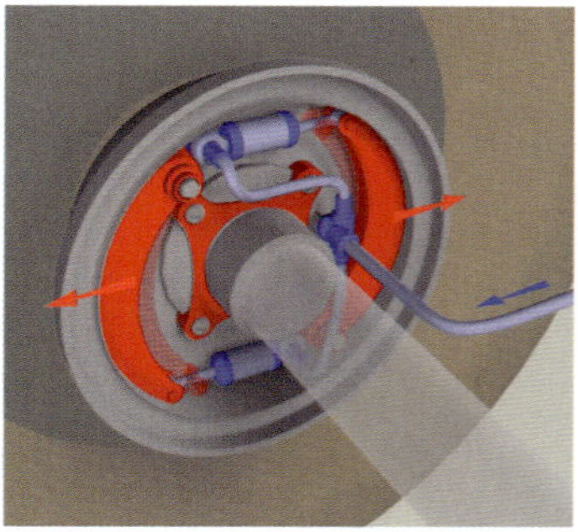

Frein de parcage (frein à main)

Il permet de maintenir le véhicule immobilisé pendant mon absence. Il n'agit que sur les deux roues d'un seul essieu (en général les roues arrière).

Le frein à main permet également de ralentir ou d'arrêter le véhicule en cas de défaillance du frein principal.

Il ne doit servir de frein de secours qu'en cas de nécessité absolue, car il est moins efficace que le frein principal, et le risque de tête-à-queue est important en cas de mauvais dosage du freinage.

Utilisation des freins

Il ne suffit pas d'avoir de bons freins ; encore faut-il savoir s'en servir efficacement.

Dans les descentes

Frein principal

Si je freine de façon continue, les freins risquent de s'échauffer et de ne plus répondre. Je freine donc par pressions intermittentes, même si ceci m'oblige à freiner plus fort. Le relâchement de la pédale de frein entre deux pressions laisse le temps à la chaleur de se dissiper.

Frein moteur

Le frein moteur ralentit le véhicule quand je lâche l'accélérateur ou quand je rétrograde. Dans les descentes, je me sers du frein moteur en complément du frein principal qui sera donc moins sollicité. Il permet au moteur de retenir et donc de ralentir le véhicule. Pour l'utiliser efficacement :

- je lâche l'accélérateur ;
- je rétrograde en utilisant les rapports de vitesse inférieurs (troisième, seconde...).

ATTENTION !

L'utilisation du frein moteur doit être privilégiée, le frein principal permettant :

- d'amplifier le ralentissement chaque fois que c'est nécessaire ;
- d'adapter la vitesse au régime du moteur lors des rétrogradages ;
- de retenir le véhicule lors du débrayage, celui-ci étant privé du frein moteur.

Freinage d'urgence

Pression de freinage

Face à une situation d'urgence, le mieux est d'appuyer le plus fort possible sur la pédale de frein, sans bloquer les roues, car le blocage des roues :

- peut entraîner un dérapage et une perte de contrôle du véhicule ;
- augmente la distance de freinage.

Si les roues se bloquent, il est nécessaire de :

- lâcher la pédale de frein ;
- freiner fort à nouveau dès que les roues se remettent à tourner.

Si mon véhicule est équipé d'ABS (antiblocage système), je freine à fond sans relâcher la pression.

ABS

Reportez-vous page 180.

Dysfonctionnements

Certains dysfonctionnements peuvent réduire l'efficacité des freins et même priver totalement de freinage.

Échauffement (fading)

Si je freine sans interruption, notamment dans une longue descente, les freins s'échauffent. Les surfaces en contact glissent l'une sur l'autre et les freins ne répondent plus.

Humidité

Lorsque je sors d'un endroit inondé ou d'une station de lavage, mes freins, humides, risquent de ne plus répondre.

Pour être certain qu'ils fonctionneront au prochain freinage, je les assèche en freinant par petites pressions répétées.

Air dans le circuit

La présence d'air dans le circuit de freinage, due principalement à une fuite, risque de me priver de freins.

Fuites

Je dois vérifier régulièrement le niveau du liquide de frein dans le réservoir.
Une baisse importante de ce niveau est probablement le signe d'une fuite. Dans ce cas, je fais vérifier immédiatement le système de freinage par un spécialiste.

Usure

La garniture, matière abrasive des plaquettes, s'use et diminue d'épaisseur. Je dois donc changer régulièrement les plaquettes.

Chapitre 12

Moteur et transmission

DANS CE CHAPITRE :

» **Fonctionnement du moteur**

» **Lubrification**

» **Refroidissement**

» **Embrayage**

» **Boîte de vitesses**

Quelques notions très succinctes sur le fonctionnement du moteur sont utiles pour l'utiliser efficacement en conduite et ne pas négliger son entretien, primordial pour maintenir le véhicule en bon état.

Le système de transmission transmet la puissance du moteur aux roues motrices. Il comprend, entre autres, l'embrayage et la boîte de vitesses.

Fonctionnement

Le moteur fonctionne grâce à un mélange gazeux constitué d'air et de carburant. Pour démarrer, le véhicule a besoin de l'électricité stockée dans la batterie.

Lorsque je tourne la clé de contact à fond, je fais fonctionner un petit moteur électrique : c'est le démarreur. Il met le moteur en marche.

Lubrification

Le moteur a besoin d'être lubrifié pour éviter les frottements et donc les détériorations.

Niveau d'huile

Je vérifie régulièrement le niveau d'huile. Il est préférable de le faire « à froid » (moteur arrêté depuis plusieurs minutes), sur un sol plat, et d'essuyer la jauge à huile auparavant. Le niveau doit être impérativement situé entre le repère minimum et maximum ; il faut qu'il soit le plus proche possible du maximum.

Si je dois compléter, j'utilise une huile du même type.

Pression d'huile

Si le voyant rouge de pression d'huile s'allume, je m'arrête le plus tôt possible.

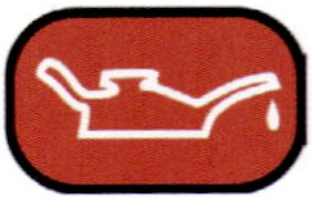

Refroidissement

Le refroidissement du moteur est assuré par :

- un circuit qui contient un liquide

  et

- de l'air.

Je vérifie régulièrement le niveau du liquide de refroidissement pour m'assurer qu'il n'y a pas de fuite.

En cas de baisse importante du niveau, je fais vérifier le système par un spécialiste.

ATTENTION !

Je ne dois jamais ouvrir le bouchon du réservoir lorsque le moteur est chaud : risque de graves brûlures.

Température de l'eau

Si le voyant rouge de température d'eau s'allume, je m'arrête le plus tôt possible.

Embrayage

L'embrayage assure la liaison et la séparation du moteur avec la boîte de vitesses.

Les trois positions

Débrayer

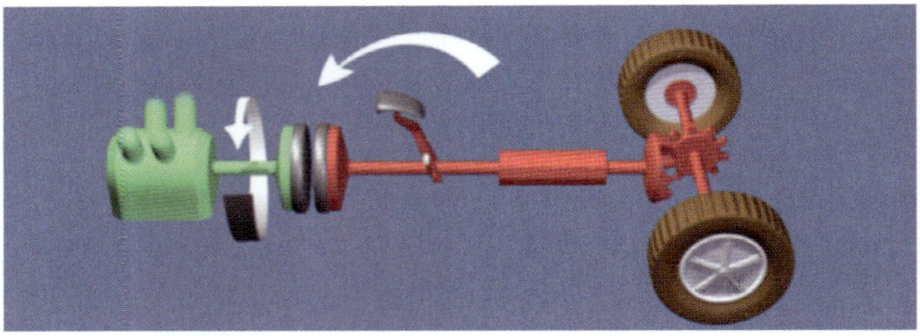

Lorsque j'appuie sur la pédale d'embrayage, le moteur se sépare de la boîte de vitesses. Je suis en roue libre. Le moteur ne peut pas faire avancer la voiture.

Patiner

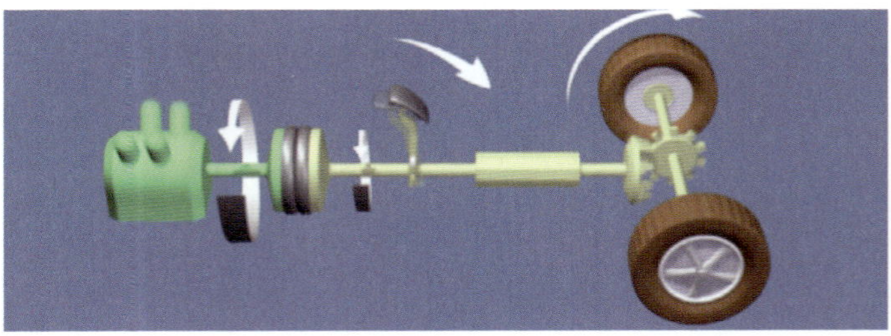

Lorsque je lâche la pédale d'embrayage, à un certain niveau, le moteur entraîne progressivement les roues. La voiture commence à avancer.

Embrayer

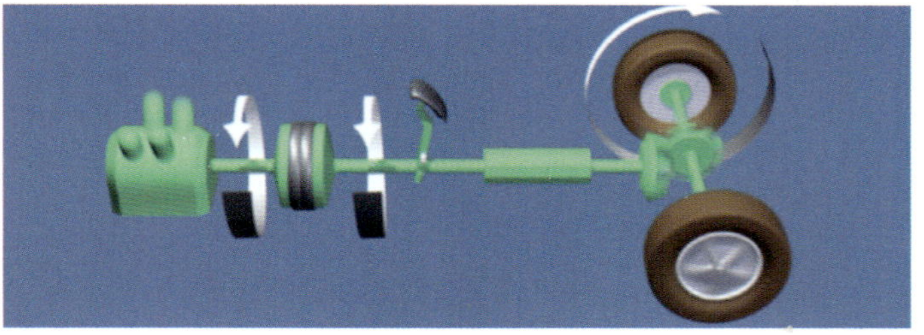

Lorsque la pédale d'embrayage est lâchée, le moteur entraîne les roues. La voiture avance donc normalement.

Boîte de vitesses

La boîte de vitesses permet :

- d'adapter la force du moteur à l'allure ;
- d'inverser le mouvement (marche arrière).

Lorsque je suis au point mort, le moteur n'entraîne pas les roues : je suis en roue libre. La première permet de lancer le véhicule. Lorsque je monte les vitesses (deuxième, troisième, quatrième...), la puissance du moteur diminue au profit de la vitesse.

BOÎTE DE VITESSES AUTOMATIQUE

Sur un véhicule à boîte automatique, je n'ai besoin ni de débrayer, ni de passer les vitesses. Sur ces véhicules, la position P correspond au frein de parcage.

» Pour démarrer ou couper le moteur, il faut être sur la position P.

» Pour retirer la position P, il faut appuyer sur la pédale de frein.

Chapitre 13

Aides à la conduite

DANS CE CHAPITRE :

- **ABS**
- **ESP**
- **Antipatinage**
- **AFU**
- **GPS**
- **Régulateur de vitesse**
- **Limiteur de vitesse**
- **Radar de recul**
- **Caméra de recul**
- **Aide au stationnement**

La technologie évolue au fil des années. Ainsi, le conducteur bénéficie de l'assistance d'aides qui permettent d'éviter ou de corriger certaines erreurs.

Mais rien ne peut remplacer le conducteur, et ces accessoires de sécurité, aussi sophistiqués soient-ils, ne seront efficaces pour la sécurité que si le conducteur est vigilant et qu'il évite de prendre des risques.

ABS

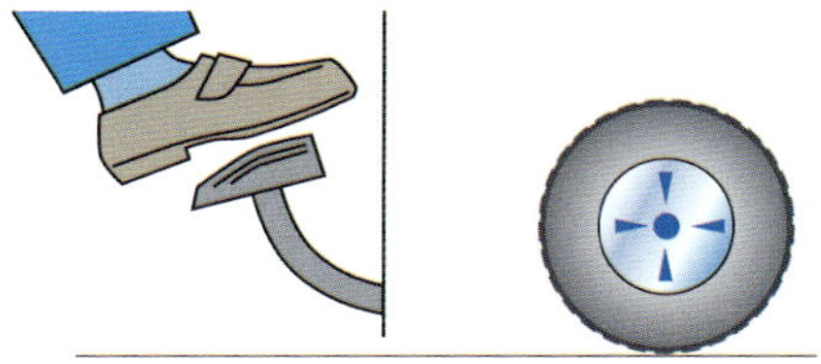

L'ABS empêche le blocage des roues lorsque je freine (par réduction automatique de l'intensité du freinage). Il permet, par la même occasion, d'éviter un obstacle en freinant, grâce au maintien du contrôle de la direction.

En revanche, l'ABS :

- ne diminue pas significativement la distance de freinage ;
- ne m'empêche pas de déraper si j'aborde un virage trop vite ;
- ne me permet jamais de freiner aussi efficacement sur sol humide que sur sol sec.

ESP

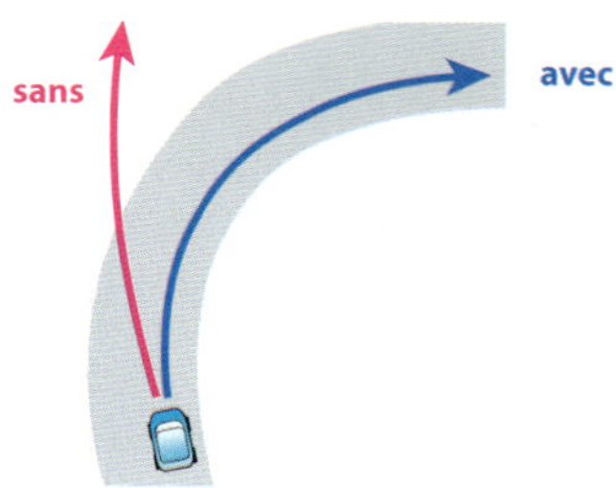

L'ESP (Electronic Stability Program) corrige la trajectoire en agissant sur le système de freinage et l'arrivée des gaz. Ce système permet donc de rattraper certaines fautes de conduite et d'éviter la perte de contrôle du véhicule, notamment dans les virages ou lors de changements brutaux de trajectoire (ex. : « coups de volant » dus à la panique).

Antipatinage

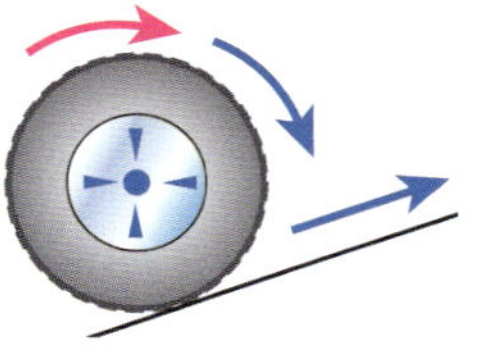

Le système ASR (antipatinage) empêche les roues motrices de patiner au démarrage et à l'accélération lorsque la chaussée est glissante. Ce système est très utile, notamment pour démarrer après un arrêt en côte, sur une chaussée enneigée ou verglacée.

AFU

L'AFU est l'aide au freinage d'urgence. Comme, généralement, la plupart des conducteurs dont le véhicule est équipé d'ABS ne freinent pas assez fort lors de situations d'urgence, l'AFU le fait à leur place. Il fonctionne quand le conducteur actionne la pédale de frein avec une certaine rapidité, en amplifiant au maximum la pression, et donc l'efficacité du freinage. L'AFU est obligatoirement lié à la présence d'un système d'anti blocage des roues (ABS).

GPS

Le GPS (ou aide à la navigation) localise, sur une carte, l'endroit où se trouve la voiture. Grâce à un guidage visuel et sonore qui indique la direction à suivre, il fait gagner du temps. Le GPS recalcule automatiquement le trajet si je me suis trompé de direction, évitant ainsi stress et fatigue. Par la même, il réduit les distances et permet donc des économies d'énergie et une diminution de la pollution. Il faut régler le GPS à l'arrêt et se méfier des sens interdits dans lesquels le GPS pourrait me guider.

Régulateur de vitesse

Le régulateur de vitesse a pour rôle de stabiliser l'allure, sans action sur le frein ni sur l'accélérateur. Le conducteur règle la vitesse à laquelle il veut rouler. Le régulateur ne fonctionne que sur les rapports de vitesse supérieurs. Il se désactive dès que le conducteur actionne la pédale de frein ou d'embrayage. Ce système permet de réduire la consommation de carburant et de mieux se concentrer sur la route. Il est efficace sur terrain plat et sur les routes et autoroutes peu fréquentées, où il est possible de maintenir une vitesse régulière. Il n'est pas adapté à la conduite en agglomération ou sur une route sinueuse.

RÉGULATEUR ADAPTATIF (OU INTELLIGENT)

Ce régulateur est couplé à un système de maintien des intervalles de sécurité. À l'approche d'un véhicule, il ralentit la voiture pour respecter le temps de sécurité sélectionné par le conducteur.

Limiteur de vitesse

Le limiteur de vitesse permet au conducteur de régler la vitesse limite qu'il ne veut pas dépasser. S'il tente d'aller au-delà de la vitesse programmée, la pédale d'accélérateur devient inactive. Mais, un fort appui sur la pédale d'accélération permet de dépasser momentanément cette vitesse en cas de besoin. Contrairement au régulateur, le limiteur de vitesse peut être utilisé efficacement dans toutes les situations, sur tous les types de réseaux, que le trafic soit faible ou dense.

Radar de recul

Le radar de recul permet d'avertir de la proximité d'un obstacle qui peut être caché dans l'angle mort, grâce à un signal sonore.

Caméra de recul

Une caméra de recul permet de voir ce qui est caché par l'angle mort, à l'arrière. Elle s'allume dès que la marche arrière est enclenchée.

> Le radar et la caméra de recul ne dispensent pas de regarder dans les rétroviseurs et en vision directe.

Aide au stationnement automatique

Ce système :

- » détecte les places disponibles ;
- » tourne le volant à la place du conducteur, qui se contente de gérer les pédales.

Il cesse son action si la vitesse est trop élevée, ou si le conducteur tourne le volant.

Chapitre 14
Contrôle technique

DANS CE CHAPITRE :

- » **Périodicité**
- » **Vente d'un véhicule**
- » **Modalités**

Le contrôle technique, obligatoire depuis 1992, permet d'éviter la circulation de véhicules qui présentent des défauts compromettant dangereusement la sécurité ou qui polluent trop. Il constitue entre autres une certaine garantie pour l'acheteur d'une voiture de plus de quatre ans.

Périodicité

Les véhicules neufs doivent subir un premier contrôle technique dans un délai de quatre ans après leur première mise en circulation. *Ce contrôle doit être effectué dans les 6 mois qui précèdent ce délai de 4 ans.*

Ensuite, un contrôle technique périodique devra être effectué au moins tous les deux ans.

Contrôle antipollution des camionnettes

EN SAVOIR PLUS

Entre le 10e et le 12e mois suivant chaque contrôle technique, les véhicules utilitaires légers (camionnettes...) doivent faire l'objet d'un contrôle technique complémentaire portant sur les émissions polluantes. Les camionnettes doivent donc passer tous les ans dans un centre de contrôle technique.

> C'est le titulaire de la carte grise du véhicule qui doit lui-même prendre l'initiative de présenter son véhicule au contrôle technique dans les délais.

Modalités

Lors du contrôle, effectué sans démontage, 116 points sont vérifiés. À la fin du contrôle technique, un timbre est apposé sur la carte grise. Il indique le résultat du contrôle et la date de validité.

EN SAVOIR PLUS

La lettre mentionnée sera :

- » A = accepté (pas de contre-visite) ou
- » R = refusé (véhicule ne pouvant pas rouler) ou
- » S = sécurité (contre-visite obligatoire).

Le contrôleur appose une vignette sur le pare-brise si mon véhicule est conforme. La vignette et le timbre indiquent la date avant laquelle le véhicule devra repasser un nouveau contrôle technique ; mais légalement, seule l'indication sur la carte grise ou une attestation du centre de contrôle constituent une preuve du passage de la visite. Si le véhicule n'est pas conforme, je dois passer une contre-visite dans un délai de deux mois.

La plupart des pièces contrôlées sont soumises à une contre-visite en cas de défaillance (éclairage et signalisation, freins, pneus, suspensions, châssis, pollution...).

Vente d'un véhicule

Avant toute vente, un véhicule de plus de quatre ans doit subir un contrôle technique, sauf si ce dernier a été fait dans les six mois qui précèdent la vente. Ce contrôle est à la charge du vendeur.

Chapitre 15

Caravane et remorque

DANS CE CHAPITRE :

- **Permis BE**
- **Équipements**
- **Règles**
- **Conduite**

La conduite d'un véhicule qui tracte une remorque ou une caravane nécessite des connaissances pratiques et le respect de certaines règles de circulation.

Un ensemble véhicule + remorque ne se conduit pas comme un véhicule seul. Des contraintes, notamment liées au poids et aux dimensions obligent à conduire de façon différente et à prendre constamment certaines précautions.

Permis BE et formation obligatoire

Pour tracter une remorque, dont le PTAC dépasse 750 kg, il faut :

» passer le permis BE, si la somme des PTAC (véhicule + remorque) dépasse 4 250 kg ;

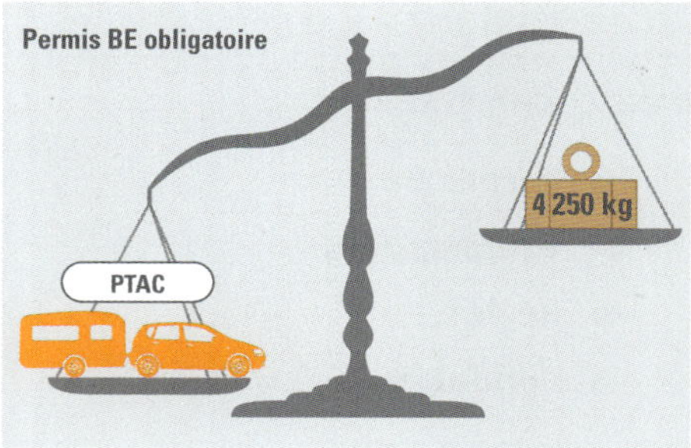

» suivre une formation d'au moins 7 heures, si la somme des PTAC (véhicule + remorque) est supérieure à 3 500 kg, mais ne dépasse pas 4 250 kg.

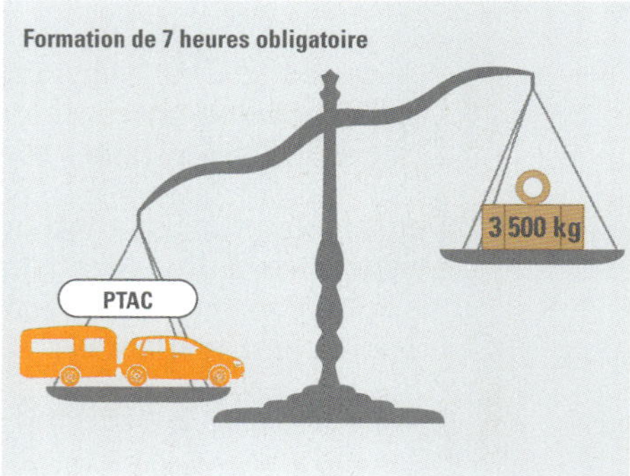

Épreuves

Pour obtenir le permis BE, il faut passer un examen théorique (sauf si le « code » a été obtenu depuis moins de cinq ans) et un examen pratique qui comporte une partie sur piste et une partie sur route.

Les personnes qui ont obtenu le permis BE sans examen, avant le 1er mars 1999, le conservent sous réserve de validité (examen médical périodique).

Équipements

Les caravanes et remorques doivent comporter certains équipements spécifiques.

Documents obligatoires

Si le PTAC de la remorque dépasse 500 kg, je dois avoir :

- la carte grise de la remorque ;
- l'attestation d'assurance de la remorque.

Éclairage et signalisation

Une remorque doit être équipée de deux feux rouges à l'arrière.

Elle doit aussi être équipée de clignotants et de feux stop si son PTAC est supérieur à 500 kg ou si cette remorque masque les clignotants et feux stop du véhicule tracteur.

Plaque d'immatriculation

Elle est identique à celle du véhicule tracteur si le PTAC de la remorque ne dépasse pas 500 kg. Elle correspond au numéro de la carte grise si la remorque dépasse 500 kg de PTAC.

Rétroviseurs

Un rétroviseur extérieur à droite est obligatoire si la remorque :

- » est plus large que le véhicule tracteur ;
- » masque la visibilité dans le rétroviseur intérieur.

Il est recommandé d'utiliser des rétroviseurs extérieurs spéciaux.

Freins

Une remorque doit être équipée de freins si son PTAC dépasse 750 kg ou la moitié du poids à vide du véhicule tracteur.

Une remorque dont le PTAC dépasse 750 kg doit être équipée :

- » d'un frein de parcage ;
- » d'un frein de route qui assure le freinage simultané du véhicule et de la remorque ;
- » d'un système d'arrêt automatique de la remorque en cas de rupture de l'attelage.

Une attache secondaire est obligatoire si la remorque n'est pas équipée de frein ou d'un système d'arrêt automatique en cas de rupture d'attelage.

Règles

Les contraintes spécifiques au remorquage et les dangers qu'il occasionne nécessitent le respect de règles particulières.

Transport de personnes

ATTENTION !

Pour des raisons évidentes de sécurité (habitacle non protégé en cas de choc), il est interdit de transporter des personnes dans une caravane ou une remorque.

Distances de sécurité

Hors agglomération, si l'ensemble que je conduis mesure plus de 7 mètres de long et que je circule derrière un véhicule (ou ensemble de véhicules) dont la longueur dépasse 7 mètres ou dont le PTAC excède 3,5 tonnes, je dois laisser un intervalle de sécurité d'au moins 50 mètres derrière lui.

Circulation sur chaussées à plus de deux voies

Sur une chaussée comportant trois voies ou plus, si l'ensemble voiture + caravane mesure plus de 7 mètres de long, je ne pourrai utiliser que les deux voies de droite.

REPORTEZ-VOUS

Croisement ou dépassement difficile

Quand la largeur de la chaussée ne permet pas le croisement ou le dépassement avec facilité, je dois laisser passer les véhicules de dimensions inférieures. *Reportez-vous page 371.*

REPORTEZ-VOUS

Croisement impossible sur route de montagne

Sur les routes de montagne, si le croisement se révèle impossible, la manœuvre de marche arrière devra être effectuée par le véhicule sans remorque. *Reportez-vous page 371.*

Conduite

Le comportement du véhicule change de façon importante lorsqu'il tracte une remorque.

Freinage

La caravane pousse le véhicule et réduit l'efficacité du freinage. La distance de freinage est donc allongée, surtout en descente.
Je ralentis mon allure et j'augmente mes distances de sécurité.

Vent

Les caravanes sont très sensibles au vent latéral en raison de leur hauteur.

Je redouble de vigilance :

- » dans les endroits exposés au vent ;
- » lors du passage d'une zone exposée à une zone abritée (et inversement) ;
- » lors du croisement ou du dépassement de camions.

Virages

En raison de son poids, de sa hauteur et de la position de ses roues, une remorque a une tenue de route nettement moins bonne qu'une voiture.
J'aborde les virages beaucoup moins vite que si je circulais sans remorque.

Marche arrière

Pour faire une marche arrière avec une remorque :

- » je tourne le volant dans le sens contraire de la direction où je veux engager la remorque ;
- » j'actionne le volant par petits mouvements en anticipant sur les trajectoires de la remorque.

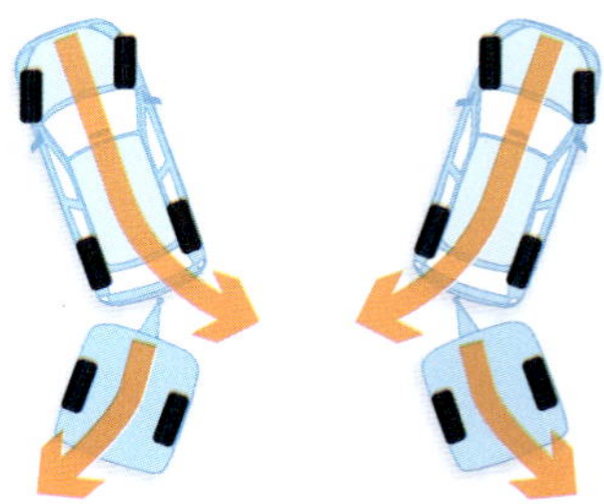

Dimensions

Lorsque je tracte une caravane ou conduis un camping-car, je dois, en raison des dimensions :

- tenir compte de la hauteur et la largeur, notamment dans les parkings et passages souterrains ;
- tenir compte du manque de visibilité lorsque je recule.

Pour conduire un camping-car, je dois en connaître la hauteur et respecter la signalisation. En marche arrière, je fais très attention en raison de la visibilité réduite.

En outre, je vérifie si mes passagers sont installés en sécurité et couverts par l'assurance.

Vitesse

La vitesse est limitée à 90 km/h pour les ensembles de véhicules dont le PTRA est supérieur à 3,5 tonnes.

Cette limitation peut concerner certains véhicules légers qui tractent une remorque.

Exercices

Notions théoriques et pratiques 01

Téléphoner en conduisant :

- augmente le temps de réaction

OUI .... A

NON .... B

- multiplie le risque d'accident

OUI C

NON .... D

Notions théoriques et pratiques 02

Le temps de réaction est allongé par la consommation :

- d'eau .... A
- d'alcool .... B
- de drogue C

Notions théoriques et pratiques 03

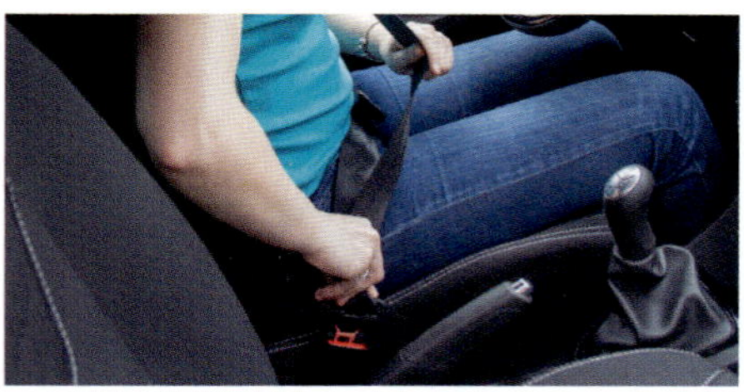

Le défaut de port de la ceinture de sécurité est la 3e cause de mortalité sur la route :

OUI .... A

NON .... B

Notions théoriques et pratiques 04

Pour un conducteur qui a suivi un apprentissage avec conduite supervisée, la durée de la période probatoire est de :

- 1 an.. A
- 2 ans...................................... B
- 3 ans...................................... C

Notions théoriques et pratiques 05

Mon véhicule est en panne, en sortie de virage. Je pose le triangle de présignalisation :

- près de mon véhicule...... A

ou

- avant l'entrée du virage.................................. B

Notions théoriques et pratiques 06

Cette voiture est correctement chargée :

OUI.. A

NON... B

Notions théoriques et pratiques 07

Le sous-gonflage d'un pneumatique entraîne :

- une accélération de son usure .... A
- une meilleure tenue de route .... B
- une surconsommation de carburant C
- un risque d'éclatement... D

Notions théoriques et pratiques 08

L'ABS :

- diminue fortement la distance de freinage......... A
- évite le blocage des roues .... B
- permet d'éviter un obstacle en freinant C

Notions théoriques et pratiques 09

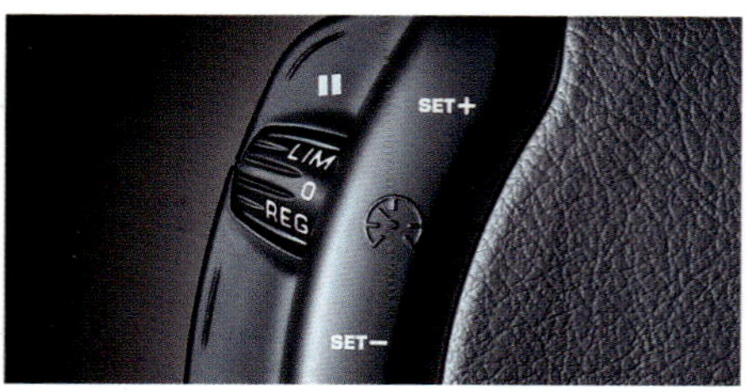

En agglomération, je peux utiliser avec efficacité :

- le régulateur de vitesse .. A
- le limiteur de vitesse .... B
- le GPS.................................. C

Bonnes réponses :

1 : AC • 2 : BC • 3 : A • 4 : C • 5 : B • 6 : B • 7 : ACD • 8 : BC • 9 : C

3

Écomobilité

« SI VOUS VOULEZ, ON FAIT DES ABONNEMENTS... »

DANS CETTE PARTIE...

En économisant du carburant, on limite aussi la pollution.

Conduite économique et lutte contre la pollution impliquant généralement les mêmes comportements seront conjointement traitées dans cette partie où nous évoquerons l'influence :

- du véhicule ;
- de la conduite ;
- de l'air conditionné ;
- du choix du mode de transport.

Réduire la consommation de carburant, c'est élargir notre budget pour des activités autres que la conduite, mais aussi préserver notre planète et éviter le gaspillage des ressources dont elle nous permet de profiter.

Chapitre 16

Véhicule

DANS CE CHAPITRE :

- » **Lutte contre la pollution**
- » **Choix du véhicule**
- » **Entretien du véhicule**
- » **Aérodynamisme**

Pour limiter la consommation de carburant et la pollution, le choix du véhicule et son entretien sont prépondérants, mais il ne faut pas non plus jeter les produits ou accessoires hors d'usage à n'importe quel endroit.

Lutte contre la pollution

En raison des changements climatiques et des effets de la pollution automobile sur l'environnement et notre santé, la lutte contre la pollution doit devenir une priorité pour tout conducteur.

Gaz polluants

Les voitures qui fonctionnent à l'essence (super sans plomb) émettent du CO_2, gaz à effet de serre polluant, responsable des dérèglements climatiques.

Les voitures diesel rejettent moins de CO_2, mais elles émettent de l'oxyde d'azote et des particules nocives pour la santé. Les filtres à particules réduisent celles-ci de 95 %.

Les motos polluent autant que les voitures et font en moyenne 2 fois plus de bruit.

UN GESTE POUR LA PLANÈTE

La clim contient également un fluide frigorigène, très polluant pour l'atmosphère. Il faut réduire son utilisation.

Produits polluants

Les rejets sauvages (huile, batterie, pneus...) polluent le sol et les eaux.

Une batterie contient du plomb et de l'acide sulfurique qui sont des produits dangereux et très polluants.

L'huile usagée est très nocive pour les nappes phréatiques et l'eau que nous consommons. Un litre d'huile peut polluer tout un étang, anéantissant la faune et la flore.

Contrôles

Mon véhicule ne doit pas émettre de fumées ou de gaz toxiques, corrosifs ou odorants.

La teneur des gaz d'échappement en CO (monoxyde de carbone) d'un moteur à essence, au ralenti, ne doit pas dépasser :

- 3,5 % sur un véhicule ancien (sans catalyseur) ;
- 0,3 % sur un véhicule actuel (équipé de catalyseur).

Sur les véhicules diesel, c'est l'opacité des fumées qui est mesurée.

EN SAVOIR PLUS

Les forces de l'ordre peuvent à tout moment contrôler les gaz d'échappement du véhicule.

Dans certains garages équipés d'analyseurs de gaz, je peux faire vérifier mon système antipollution ; si mon véhicule est conforme, une carte blanche m'est délivrée.

Comportement à adopter

Pour la tranquillité des riverains et la sauvegarde de l'environnement, je dois :

- arrêter le moteur chaque fois que je stationne ;
- maintenir le pot d'échappement en bon état ;
- utiliser le moteur à des régimes modérés.

L'huile de vidange et les batteries doivent être déposées dans des déchetteries équipées pour le recyclage. Les pneus usés doivent être repris par les garagistes.

Choix du véhicule

La lutte contre la pollution et les économies de carburant commencent par l'achat du véhicule. D'une voiture à l'autre, la différence de consommation peut être importante.

Étiquette

Un véhicule neuf exposé pour être vendu doit être accompagné d'une étiquette indiquant notamment sa consommation de carburant et ses émissions de CO_2, exprimées en grammes par kilomètre.

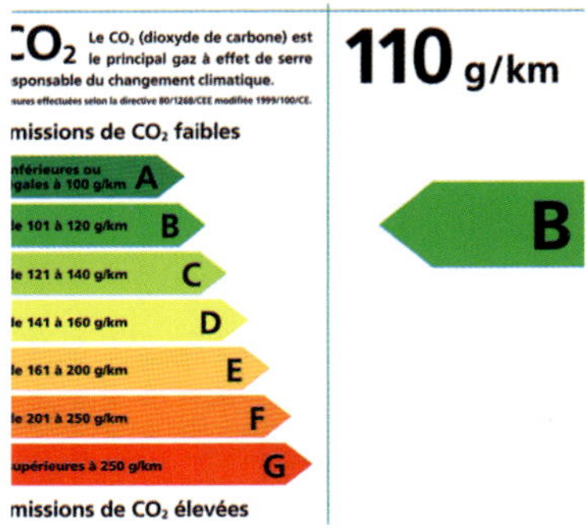

Cette étiquette comporte sept classes de couleurs différentes signalées chacune par une lettre allant de A à G, le A correspond aux véhicules les plus propres, le G aux plus polluants.

Le taux d'émission de CO_2 est également mentionné sur la carte grise des véhicules actuels.

Bonus/Malus

Les acheteurs des véhicules les moins polluants bénéficient d'un bonus sous forme d'une réduction du prix. Au contraire, les acheteurs des véhicules les plus polluants doivent payer un malus (écotaxe).

Véhicules les moins polluants

Les véhicules les moins polluants et les moins gourmands sont :

- les véhicules au GPL (gaz de pétrole liquéfié). Le GPL est un mélange de butane et de propane ;
- les véhicules au GNV (gaz naturel véhicule). Le GNV est un carburant au gaz naturel qui n'est pas explosif ni inflammable ;

- les véhicules électriques. Ils sont propulsés par un moteur électrique alimenté par une batterie. Il faut environ 4 à 8 heures pour recharger la batterie d'un véhicule électrique ;
- les véhicules hybrides. Ils sont équipés d'un moteur thermique et d'un moteur électrique. Le véhicule fonctionne avec l'un ou l'autre suivant les conditions de circulation ;
- certains véhicules peuvent déjà fonctionner avec des biocarburants, à base d'huile de colza ou de tournesol.

EN SAVOIR PLUS

Renseignez-vous sur le site http://www.oliomobile.org/.

Voitures recyclables

En 2015, 95 % des pièces des voitures devront être recyclées. Aujourd'hui déjà, la plupart des pièces des véhicules sont réutilisées pour la construction d'autres éléments.

Entretien du véhicule

Bien entretenir son véhicule, c'est aussi réduire la consommation de carburant et la pollution.

Pneumatiques

EN SAVOIR PLUS

Le sous-gonflage des pneus augmente la consommation de carburant.

Les pneus « basse consommation » permettent jusqu'à 5 % d'économie.

Filtre à air

Un encrassement du filtre à air entraîne une surconsommation de carburant d'environ 3 %. Il s'encrasse beaucoup plus vite dans les agglomérations et endroits poussiéreux (travaux par exemple).

Allumage

Le mauvais état de l'allumage, et en particulier des bougies, est une cause de surconsommation de carburant. Je les change tous les 15 000 km.

Huile

Je fais régulièrement les vidanges nécessaires pour remplacer l'huile, car l'huile neuve lubrifie, refroidit et protège mieux le moteur que l'huile ancienne. Fonctionnant mieux, il consomme moins.

Plein de carburant

Je choisis de préférence un carburant sans souffre. Je fais le plein le matin ou le soir quand la température est fraîche, car l'essence génère moins de vapeurs d'hydrocarbures qu'en milieu de journée, lorsqu'il fait plus chaud.

Contrôle technique

Le contrôle technique périodique qui a lieu tous les deux ans comprend un contrôle antipollution, dont les défaillances entraînent l'obligation d'une contre-visite.

REPORTEZ-VOUS

Reportez-vous pages 185 et 186

Aérodynamisme

La résistance de l'air s'opposant à la progression du véhicule est une cause essentielle de surconsommation de carburant.

Chargement

Plus le véhicule est chargé, plus la consommation de carburant est importante.

Chargement à l'intérieur

- J'évite de laisser des objets inutiles dans mon véhicule.
- Je centre mon chargement.
- Je charge les bagages le plus bas possible.

Chargement à l'extérieur

- Si je charge mes bagages sur le toit, la résistance à l'air sera très importante. Par conséquent, je préfère une malle aérodynamique.
- Je ne laisse pas une galerie vide sur le toit ; elle augmenterait la consommation de carburant d'environ 10 % à 120 km/h. Si la galerie est chargée, la surconsommation peut atteindre 20 %. Pour les mêmes raisons, je démonte tout coffre de toit ou toute barre de toit vide.
- Je transporte de préférence un vélo à l'arrière plutôt que sur le toit.
- J'évite de transporter des bagages trop lourds qui font cabrer l'avant en écrasant l'arrière du véhicule.

Vitres

J'évite dans la mesure du possible de rouler avec les vitres baissées ou le toit ouvert.

Chapitre 17

Conduite

DANS CE CHAPITRE :

- **Style de conduite**
- **Notions diverses**

L'application de certaines notions et règles de conduite est nécessaire pour économiser du carburant. « Conduire à l'économie », c'est faire un geste pour la planète.

Style de conduite

Le style de conduite fait toute la différence entre un conducteur économe et un conducteur gaspilleur.

Vitesse

La consommation de carburant augmente plus vite que la vitesse.

La résistance de l'air est pratiquement 2 fois plus importante à 130 km/h qu'à 90 km/h. En conséquence, si la consommation moyenne d'un véhicule est de 5 litres aux 100 km à 90 km/h, elle sera de 8 litres aux 100 km à 130 km/h. Rouler à 120 au lieu de 130 km/h sur une distance de 500 km, permettrait d'économiser environ 5 l de carburant.

En diminuant ma vitesse de pointe, j'économise du carburant tout en réduisant très peu la vitesse moyenne.

Démarrage à froid

Faire chauffer le moteur à l'arrêt est une pratique inutile, qui augmente la pollution et la consommation.

Lorsqu'il est froid, je roule à allure modérée sans pousser les vitesses pendant les 4 premiers kilomètres.

J'arrête le moteur en cas d'immobilisation supérieure à 1 min (ex. : embouteillage, attente dans une station-service), mais pas en cas d'arrêt de courte durée (ex. : feu rouge) car je consommerais davantage en faisant fonctionner le démarreur qui est un très gros consommateur d'énergie.

Les accélérations et freinages brusques augmentent de façon importante la consommation de carburant et la pollution.

Sur un même parcours, l'écart de consommation entre un conducteur calme et un conducteur nerveux peut atteindre 40 %.

Pour éviter une conduite brutale, j'anticipe :

- en respectant mes distances de sécurité ;
- en observant attentivement la configuration des lieux et le comportement des autres usagers ;
- en ralentissant de façon progressive (je lâche l'accélérateur le plus tôt possible).

Rétrograder est parfois nécessaire pour ralentir le véhicule, grâce au frein moteur. Mais ce n'est pas systématique : si je rétrograde jusqu'en 3e sans repasser la 2e, j'économise du carburant.

Les arrêts et les redémarrages augmentent la consommation et la pollution. Quand j'approche d'un endroit où je dois céder le passage, je ralentis plus tôt afin de ne pas être obligé de m'arrêter.

Il faut éviter de pousser les vitesses à un régime trop élevé, ce qui entraîne une surconsommation de carburant pouvant atteindre 20 %.

EN SAVOIR PLUS

Le régime maximum de changement de rapport est de 2 500 tours/min pour les véhicules à essence et de 2 000 tours/min pour les véhicules diesel. Pour m'assurer que le moteur est sur le bon régime, j'écoute son bruit et observe le compte-tours si mon véhicule en est équipé.

Le mieux est de maintenir une vitesse constante en utilisant le rapport de vitesse le plus élevé. Dans des conditions normales, en 5e, à 90 km/h, le moteur force peu, et la consommation est moins élevée qu'en 4e.

Arrêt prolongé

En cas d'arrêt de plus d'1 mn (embouteillage, feu qui vient de passer au rouge...), je coupe le moteur.

Lors de travaux, le feu rouge temporaire est de plus en plus souvent complété par un minuteur, qui permet de savoir quand il va repasser au vert.

Notions diverses

Adopter une conduite économique, c'est aussi utiliser rationnellement certains équipements, et savoir ce qu'il ne faut pas faire.

Petits trajets

Dans tous les cas, c'est lors des 4 premiers kilomètres que le véhicule pollue le plus et consomme le plus de carburant. Pour les petits trajets, il est donc préférable de se déplacer à pied, à bicyclette, ou d'utiliser les transports en commun.

EN SAVOIR PLUS

Les petits trajets urbains sont ceux qui entraînent la plus grosse consommation ; la voiture consomme 50 % de plus au premier kilomètre et 25 % de plus au deuxième que lorsqu'elle est chaude. Le moteur s'use beaucoup plus vite quand il est froid.

Équipements

L'ordinateur de bord permet de vérifier en permanence ma consommation de carburant.

Pour faire des économies, j'utilise les équipements permettant de maîtriser ma consommation (ordinateur de bord, régulateur de vitesse, limiteur de vitesse, aide à la navigation).

Tous les accessoires électriques (radio, essuie-glaces, feux...) augmentent la consommation de carburant. Les utiliser raisonnablement, uniquement lorsque c'est nécessaire.

Les feux diurnes permettent d'être mieux vu la journée tout en consommant moins de carburant que les feux de croisement.

À ne pas faire

ATTENTION !

Je ne dois jamais descendre une pente au point mort : le moteur n'étant plus relié aux roues, je serais privé du frein moteur.

Je ne dois surtout jamais descendre une pente moteur coupé : je serais également privé du frein moteur, mais en plus, les freins et la direction risqueraient de ne plus fonctionner.

Chapitre 18

Climatisation

DANS CE CHAPITRE :

» **Inconvénients**

» **Comment utiliser et entretenir la clim ?**

L'air conditionné produit par la climatisation rafraîchit l'habitacle d'un véhicule, mais permet aussi d'abaisser le taux d'humidité et d'éliminer la fumée, la poussière et les odeurs.

La climatisation permet, grâce à l'air sec qu'elle produit, une meilleure visibilité en toutes circonstances en chassant rapidement la buée ou le givre sur les vitres. Mais surtout, elle maintient le conducteur dans une atmosphère constante et agréable qui limite le stress et la fatigue au volant. Mais la clim (appellation courante de l'air conditionné) présente des inconvénients.

Inconvénients

L'air conditionné permet plus de confort et de sécurité, mais augmente la consommation de carburant et pollue l'atmosphère.

Surconsommation de carburant

En agglomération, la climatisation augmente en moyenne la consommation de carburant de 31 à 35 %. Sur route, cette surconsommation est d'environ 16 à 20 %.

EN SAVOIR PLUS

Sur une année, les véhicules équipés en air conditionné consomment en moyenne 5 % de plus de carburant que les autres véhicules.

La consommation augmente d'autant plus que la température extérieure est élevée, et la température de l'air conditionné réglée bas.

La fonction « désembuage » de l'air conditionné par temps humide, utile grâce à un air sec entraînant une évacuation rapide de la buée, entraîne aussi une augmentation de la consommation.

Pollution de l'atmosphère

L'air conditionné augmente les émissions des gaz à effet de serre responsables du réchauffement de la planète en raison :

» de la surconsommation de carburant, et donc des rejets de CO_2 ;

» des rejets de fluide frigorigène, même quand elle ne fonctionne pas. Ce fluide est un gaz à fort potentiel d'effet de serre (1 300 fois plus puissant que le CO_2).

EN SAVOIR PLUS

La clim est responsable d'une augmentation de 10 à 15 % des rejets annuels de gaz à effet de serre d'un véhicule.

Comment utiliser et entretenir la clim ?

Pour trouver le bon équilibre entre le confort et la sécurité qu'offre la clim, il faut l'utiliser efficacement et éviter tout gaspillage inutile.

Dans ce sous-chapitre, les connaissances utiles seront traitées sous la forme d'un questionnaire où la réponse « vrai » ou « faux » sera justifiée par des explications.

1. J'ouvre les vitres avant d'enclencher le système d'air conditionné :

VRAI

J'ouvre les vitres avant d'enclencher le système d'air conditionné pour évacuer le maximum de chaleur.

2. Je laisse les vitres ouvertes quand la clim fonctionne :

FAUX

Dès que la climatisation fonctionne, je ferme les vitres pour ne plus que la chaleur rentre.

3. Je règle la clim automatique à une température inférieure de 10° C à la température extérieure :

FAUX

Je règle la température à 4 ou 5° C de moins que la température extérieure pour éviter une surconsommation et un coup de froid.

4. **Quand il ne fait pas trop chaud, je désactive la clim automatique :**

VRAI

Je désactive la clim automatique (si le véhicule en est équipé) quand il ne fait pas trop chaud afin qu'elle ne fonctionne pas inutilement.

5. **En désactivant la clim automatique, j'économise du carburant :**

VRAI

En désactivant la clim automatique, j'économise automatiquement du carburant, car son fonctionnement consomme et pollue l'atmosphère.

6. **Par temps très chaud, j'active la commande de recyclage de l'air :**

VRAI

Par temps très chaud, j'active la commande « recyclage » pour récupérer l'air frais de la clim.

7. **Je stationne de préférence à un endroit exposé au soleil :**

FAUX

Quand la température extérieure est élevée, je stationne de préférence à l'ombre pour rafraîchir l'habitacle.

8. **Je change régulièrement le filtre à air et le filtre à pollen :**

VRAI

Je change régulièrement (suivant les préconisations du carnet d'entretien) les filtres à air et à pollen (le cas échéant).

9. **Si la climatisation ne produit plus assez de froid, je fais contrôler le système par un spécialiste :**

VRAI

Si la climatisation ne produit plus assez de froid, je fais contrôler le système par un spécialiste, cela pouvant être occasionné par une fuite du fluide frigorigène.

10. **Quand mon véhicule équipé de « clim » est en fin de vie, je le conduis directement à la casse :**

FAUX

Lorsque mon véhicule est en fin de vie, je fais récupérer par un professionnel le fluide frigorigène restant dans la boucle de climatisation, ce qui évitera de le laisser s'échapper dans l'atmosphère.

Chapitre 19

Choix du mode de transport

DANS CE CHAPITRE :

- **Modes de transport économiques et écologiques**
- **Combinaison de plusieurs modes de transport**
- **Infrastructures**

Préserver l'environnement, c'est également choisir le mode de transport adéquat. Bien que la voiture reste adaptée à certains déplacements, il ne faut pas l'utiliser systématiquement. Il faut choisir le mode de transport le moins polluant.

Modes de transport économiques et écologiques

Utiliser les transports en commun, c'est :

- préserver l'environnement ;
- réduire l'engorgement du trafic.

Les principaux modes de transport en commun sont l'autobus, le tramway, le métro et le train. Ils permettent de voyager détendu, de se reposer, de réaliser des tâches impossibles à faire au volant d'une voiture (lecture, ordinateur, sms…) et d'éviter les accidents.

Pour les petits trajets, la marche à pied et le vélo présentent des avantages importants :

- faible coût ;
- pas de pollution ;
- pas de consommation de carburant ;
- réduction du risque d'obésité et de maladie cardio-vasculaire.

Si l'école est proche du domicile, il est préférable d'accompagner l'enfant à pied, ce qui l'habituera dès le plus jeune âge aux modes de transport « doux ». En agglomération, pour faire 2 km, il faut en moyenne 5 mn en voiture et 8 mn à vélo. Mais à vélo, on ne perd pas de temps pour chercher une place de stationnement.

Covoiturage

Le covoiturage est un procédé de plus en plus répandu, qui consiste à utiliser une seule voiture pour transporter plusieurs personnes se rendant au même endroit. Il permet une réduction des dépenses, de la consommation de carburant et de la pollution de l'atmosphère.
Des sites Internet permettent de mettre en relation des personnes qui souhaitent effectuer le même trajet.

Autopartage

L'autopartage (qui se développe dans les grandes villes) permet, moyennant un abonnement, de disposer d'un véhicule en libre service pour de petits trajets : c'est une location de voiture de très courte durée.

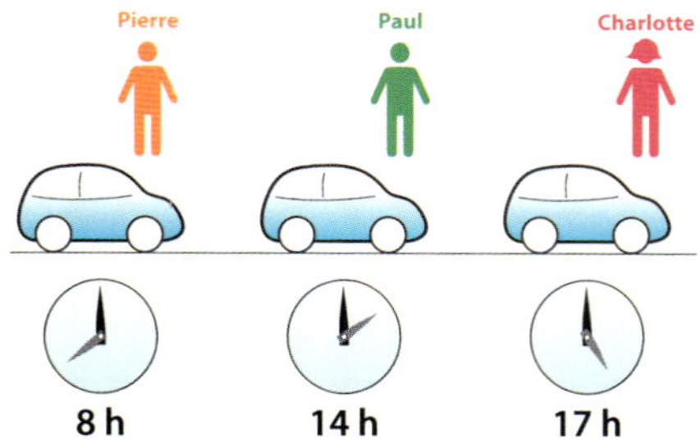

Parking où des places sont réservées aux véhicules bénéficiant du label «autopartage»

Arrêt et stationnement réservés aux véhicules bénéficiant du label «autopartage»

Station d'autopartage

Intermodalité

L'intermodalité est la combinaison de plusieurs modes de transport.

Pour rendre un voyage plus économique tout en restant pratique, je peux avoir recours à la combinaison de plusieurs modes de transport pour un seul trajet :

- vélo + transport en commun ;
- voiture + transport en commun ;
- voiture + parking + vélo-station ;
- train + auto ;
- train + vélo ;
- train + location de voiture.

Les parcs relais, aménagés dans la périphérie des grandes villes, facilitent l'intermodalité.

Infrastructures

Un « parc relais » est un parking situé à proximité d'un point de départ de transport en commun (bus, tramway, train, métro…), qui permet d'assurer la liaison vers différents réseaux de transports publics. Aménagés dans la périphérie des grandes villes, les «parc relais» facilitent l'intermodalité.

Une voie verte est une voie réservée aux piétons et usagers non motorisés (piétons, cyclistes, rollers, personnes à mobilité réduite, cavaliers…).

Un vélo-route est un itinéraire cyclable à moyenne ou longue distance, jalonné et sécurisé.

Exercices

Écomobilité 01

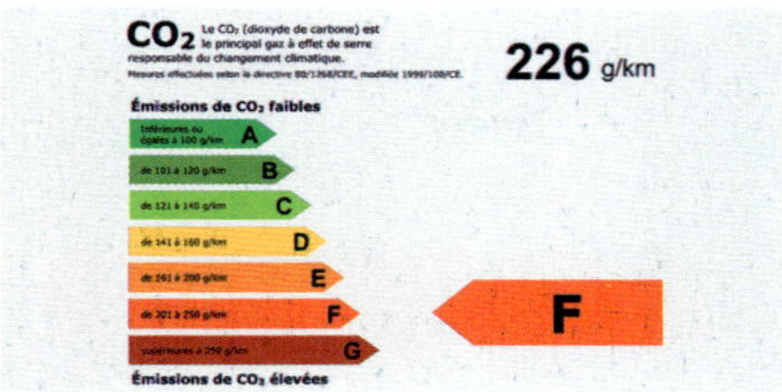

L'étiquette-énergie, qui accompagne un véhicule en vente, permet de connaître :

- sa consommation de carburant .... A
- son taux de rejet de gaz carbonique .... B
- sa puissance C

Écomobilité 02

Sur un même trajet, la différence de consommation entre un conducteur calme et un conducteur nerveux peut atteindre 40 % :

OUI .... A

NON .... B

Écomobilité 03

Une galerie de toit vide entraîne une augmentation :

- de la consommation de carburant
  OUI .... A
  NON .... B
- de la pollution atmosphérique
  OUI C
  NON .... D

Écomobilité 04

La climatisation par air conditionné augmente :

- le risque de fatigue.......... A
- la pollution atmosphérique ....B
- la consommation de carburant............................ C

Écomobilité 05

Le covoiturage permet de diminuer :

- la consommation de carburant............................ A
- la pollution atmosphérique ....B
- le temps de parcours....... C

Bonnes réponses :

1 : AB • 2 : A • 3 : AC • 4 : BC • 5 : AB

4

Règles de circulation

« TU VAS VOIR, PAR ICI C'EST PLUS COURT... »

DANS CETTE PARTIE...

Nous allons traiter essentiellement des règles informelles et formelles relatives à la conduite.

Parmi les règles informelles, des lois physiques (vitesse, distance de freinage, force centrifuge...) et physiologiques (temps de réaction), incontournables, doivent absolument être connues par toute personne désirant conduire un véhicule.

Les règles formelles sont prévues par les textes législatifs et réglementaires (limitations de vitesse, position sur la chaussée, changements de direction...).

Le conducteur à bord de son véhicule se déplaçant dans un environnement, nous allons aussi étudier les dangers occasionnés par ce dernier (agglomération, intempéries...).

Les règles du code de la route s'appliquent sur toutes les voies publiques, mais aussi sur les parkings et les voies privées ouvertes à la circulation publique.

Chapitre 20

Vitesse

DANS CE CHAPITRE :

» **Limitations de vitesse**

» **Différentiel de vitesse**

» **Signalisation**

» **Maîtrise de la vitesse**

» **Conséquences de la vitesse**

» **Radars automatiques**

Pour comprendre l'importance du respect des limitations imposées par les règles et la nécessité d'adapter l'allure aux circonstances, des notions sur les effets de la vitesse et ses conséquences sont indispensables.

Limitations de vitesse

Il importe de connaître parfaitement les limitations de vitesse imposées en fonction du type de réseau. Si tous les conducteurs les respectaient, environ 900 vies seraient sauvées chaque année.

Règle générale

La vitesse est limitée :

En agglomération :

à 50 km/h.

Hors agglomération :

à 110 km/h sur les routes à deux chaussées séparées par un terre-plein central ;

à 90 km/h sur les routes à double sens.

Sur les autoroutes :

à 130 km/h.

Intempéries

Pluie et autres précipitations

Par temps de pluie, neige ou grêle, la limitation de vitesse est abaissée :

- à 110 km/h sur les autoroutes limitées à 130 km/h ;
- à 100 km/h sur les autoroutes limitées à 110 km/h et sur les routes à deux chaussées séparées par un terre-plein central ;
- à 80 km/h sur les routes normales.

Brouillard

Lorsque la visibilité est inférieure à 50 mètres (brouillard, fumée...), la vitesse est limitée à 50 km/h sur route comme sur autoroute.

Conducteur débutant

Avant de rouler à la même vitesse que les autres, les conducteurs débutants ont besoin d'acquérir de l'expérience.

Leur limitation de vitesse, par tous temps, est la même que celle des conducteurs expérimentés par temps de pluie. En conséquence, un conducteur débutant doit apposer pendant la période probatoire, à l'arrière gauche de son véhicule, un disque blanc comportant la lettre A écrite en rouge.

Dans la mesure du possible, ce disque ne doit pas être collé sur la vitre arrière.

Vitesse minimale

Je ne dois pas rouler sans raison valable à une vitesse anormalement lente. Toutefois, si je suis contraint de le faire, en raison par exemple d'un ennui mécanique, je dois actionner mes feux de détresse et serrer à droite.

Sur la voie la plus à gauche d'une autoroute, dans des conditions normales de circulation, je dois rouler au moins à 80 km/h.

Différentiel de vitesse

Le différentiel de vitesse ou « différence de vitesse » est l'écart entre la vitesse la plus élevée et la vitesse la plus lente des usagers qui partagent le même espace.

Au-delà de 40 km/h de différence de vitesse, en cas d'accident, le choc n'épargne plus les personnes même ceinturées. Lorsque l'espace partagé inclut des usagers vulnérables, notamment des piétons, la différence de vitesse devrait être abaissée à 20 km/h.

Signalisation

Respect de la signalisation

Je dois respecter les limitations de vitesse imposées par la signalisation, mais aussi ralentir à la vue :

d'un panneau de danger

J'adapte mon allure en fonction de la nature et de l'importance du danger.

de feux tricolores

Le feu vert peut passer au jaune.

d'un feu jaune clignotant

Un feu jaune clignotant annonce un danger. Il signifie « prudence, ralentir ». Ayant pour objet d'attirer l'attention sur un point particulièrement dangereux, il impose une prudence renforcée.

Temporaire

À défilement

Implantation des panneaux

Les usagers de la route ne comprennent pas toujours l'utilité de certains panneaux, notamment ceux de limitation de vitesse. Ils ne sont pourtant pas implantés par hasard.

REPORTEZ-VOUS

Ils sont fréquemment placés à l'approche de points singuliers, afin de limiter la différence de vitesse entre les usagers qui fréquentent les lieux, pour qu'elle n'excède pas 40 km/h. *Reportez-vous page 239.*

Certaines limitations de vitesse peuvent être implantées afin d'élargir le champ visuel du conducteur, comme c'est le cas à l'approche de péages dont la limitation de vitesse à 50 km/h est implantée bien avant ce dernier. Elle oblige les conducteurs à ralentir suffisamment tôt pour voir plus facilement des usagers qui changent de file.

Les points singuliers

Lorsque le déroulement de la route est interrompu par son dénivelé, sa courbure, son manque de visibilité ou par les usagers différents qui partagent l'espace, cela constitue une rupture où le danger est accru, que l'on appelle « point singulier ».

Par exemple, un sommet de côte limité à 70 km/h à cause, d'une part, du manque de visibilité et, d'autre part, des tracteurs agricoles qui empruntent cette route. Ces derniers circulant en moyenne à 30 km/h ; en limitant la vitesse à 70 km/h, la différence de vitesse n'excède pas 40 km/h.

Maîtrise de la vitesse

Les vitesses maximales autorisées ne peuvent être atteintes que dans des conditions optimales de circulation (bonnes conditions atmosphériques, trafic fluide...).

Je dois rester constamment maître de ma vitesse et l'adapter en fonction :

- de l'état de la chaussée, du véhicule et du conducteur (état physique, moral...) ;
- des conditions atmosphériques ;
- des difficultés de la circulation ;
- des obstacles prévisibles.

Je dois ralentir notamment lorsque :

La chaussée est glissante.
Feuilles mortes, pluie, neige, verglas, boue, gravillons...

J'approche d'un virage.
J'adapte ma vitesse à la visibilité et à l'importance du virage.

J'approche d'un sommet de côte.
Ne voyant pas loin devant moi, je risque d'être surpris par un obstacle imprévu.

J'aborde une descente rapide.
En descente, la distance de freinage est allongée.

La route est bordée d'habitations.
S'il y a des habitations, il y a aussi des personnes qui vivent et se déplacent.

J'aborde une intersection sans visibilité.
En arrivant trop vite, je n'aurai pas le temps de voir déboucher un véhicule.

La route est étroite.
Le croisement d'un véhicule sera délicat.

Je vais croiser ou dépasser des piétons ou des cyclistes.
Je surveille particulièrement les enfants, les personnes âgées et les handicapés.

Je vais passer à côté d'un autobus arrêté, pendant la montée ou la descente des passagers.
Je risque d'être surpris par des passagers qui traversent la chaussée à proximité de l'autobus.

La chaussée est en mauvais état (déformée, bombée).
La tenue de route est moins bonne.

Je passe des feux de route aux feux de croisement.
La visibilité est brusquement réduite.

Je vais croiser ou dépasser un animal.

Il est très difficile de prévoir leurs réactions.

La route n'est pas entièrement dégagée.

Obstacle sur la chaussée, travaux, véhicule en panne…

Conséquences de la vitesse

En augmentant la vitesse d'1 %, le conducteur augmente de 4 % le risque d'accident mortel !

Les conséquences de la vitesse sont multiples (augmentation du risque et de la gravité des accidents, surconsommation de carburant, pollution, bruit, usure prématurée du moteur…), mais ici, nous allons étudier les plus graves, c'est-à-dire les conséquences sur la sécurité.

Principe

L'énergie cinétique est l'énergie d'un corps en mouvement : celle qu'emmagasine un véhicule qui roule. Pour freiner ou s'arrêter, il faut s'en débarrasser.

En raison de l'énergie cinétique, les conséquences de la vitesse augmentent beaucoup plus vite que la vitesse elle-même.

Si je roule 2 fois plus vite :

- » la distance de freinage,
- » la gravité des blessures en cas de choc,
- » la force centrifuge en virage,

sont multipliées par 4.

Si je roule 3 fois plus vite :

- la distance de freinage,
- la gravité des blessures en cas de choc,
- la force centrifuge en virage,

sont multipliées par 9.

Effets de la vitesse

La vitesse augmente à la fois le risque d'avoir un accident et les conséquences corporelles en cas de choc. Une diminution de 10 % de la vitesse entraîne une baisse :

- de 10 % des accidents légers ;
- de 20 % des accidents graves ;
- de 40 % des accidents mortels.

EN SAVOIR PLUS

La différence entre 50 et 60 km/h, c'est la différence entre un piéton évité de justesse et ce même piéton heurté à 42 km/h.

Une augmentation de la vitesse :

- rétrécit le champ visuel ;
- oblige le conducteur à assimiler un grand nombre d'informations en un temps trop court ;
- amplifie la fatigue en raison des efforts qu'elle nécessite ;
- allonge la distance d'arrêt ;
- rend le véhicule moins maniable ;
- accentue le risque de dérapage.

EN SAVOIR PLUS

Même en étant bien protégé par la ceinture et l'airbag, le corps humain ne peut pas résister à un choc à grande vitesse : une décélération trop brutale et trop importante entraîne des lésions irréversibles des organes internes vitaux.

Sur un parcours autoroutier de 100 km, un conducteur qui roule à une vitesse stabilisée de 130 km/h ne gagnera que 4 minutes par rapport à celui qui roule à 120 km/h. Mais, en réalité, ce gain de temps est moins important, car les conditions de circulation ne permettent pas de rester à vitesse stabilisée sur la totalité d'un parcours.

Radars automatiques

Les radars automatiques ont permis une prise de conscience de la notion de vitesse. Même là où ils ne sont pas implantés, les conducteurs roulent moins vite.

Ces panneaux annoncent une zone où la vitesse est contrôlée par un ou plusieurs radars automatiques.

Emplacements et objectif

Il a été décidé d'implanter des radars fixes, automatiques, en priorité aux endroits :

» où le risque d'accident est connu ;

» où la vitesse des conducteurs est inadaptée ;

» où les contrôles sont difficiles à réaliser par les forces de l'ordre.

Des radars tronçons permettent de contrôler la vitesse moyenne sur une certaine distance.

Les radars pédagogiques indiquent directement la vitesse à laquelle je roule.

ATTENTION !

Les forces de l'ordre peuvent procéder à des contrôles par radars mobiles ou lunettes laser à tout moment et à tout endroit.

Comment contester une contravention ?

Pour contester une contravention, il faut renvoyer le formulaire de requête en exonération, joint à celle-ci par lettre recommandée, ou faire une requête par internet. Il est toutefois obligatoire de payer une consignation dans l'attente de la suite donnée à la contestation, sauf :

» si mon véhicule a été volé ou détruit avant la date de l'infraction ;

» si j'établis la preuve qu'une autre personne conduisait mon véhicule.

Cette consignation qui sert de caution ne sera remboursée que si la contravention est classée sans suite ou si le juge prononce une relaxe.

Avant d'envisager une contestation, je peux réclamer la photo qui concerne ma contravention.

Chapitre 21

Maîtrise du véhicule

DANS CE CHAPITRE :

- » **Temps de réaction**
- » **Distance de freinage**
- » **Distance d'arrêt**
- » **Distance de sécurité**
- » **Virages**
- » **Manœuvres**

Pour maîtriser un véhicule, il faut connaître les limites dans les capacités du conducteur (temps de réaction), mais aussi dans les possibilités du véhicule, et notamment les contraintes imposées par les lois physiques.

Temps de réaction

Le temps de réaction est le temps qui s'écoule entre la découverte d'une situation et l'action qui y répond.

Aucun conducteur ne peut réagir instantanément, mais pour que ce temps soit le plus court possible, il doit être concentré sur sa conduite et en possession de toutes ses capacités physiques.

Différentes phases

Lorsqu'une voiture freine devant moi :

1. **Mon œil aperçoit la lumière rouge du feu stop qui s'allume.**

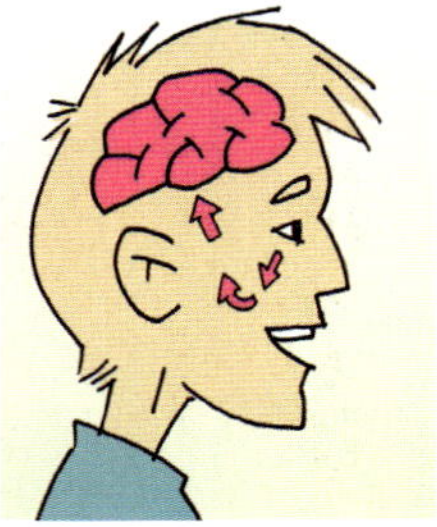

2. **Le nerf optique transmet l'information au cerveau.**

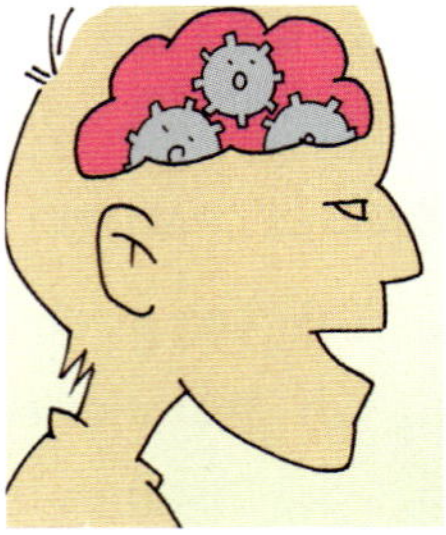

3. **Le cerveau identifie et analyse cette information.**

4. **Le cerveau donne l'ordre de freiner et transmet l'information aux nerfs moteurs.**

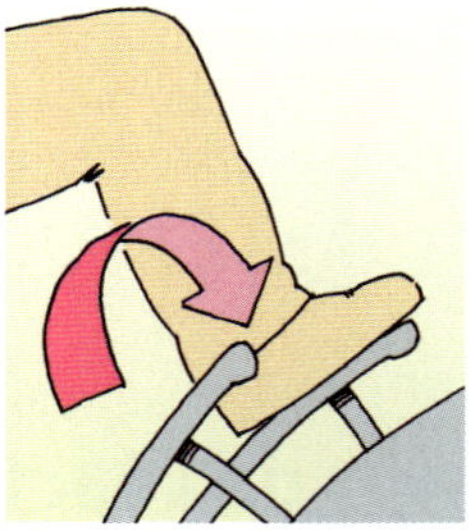

5. **Mon pied droit lâche l'accélérateur pour freiner.**

Durée

Le temps de réaction commence à l'instant où je vois les feux stop de la voiture devant moi s'allumer et s'achève au moment où je lâche l'accélérateur. Pendant le temps de réaction, la voiture continue de rouler à la même vitesse.

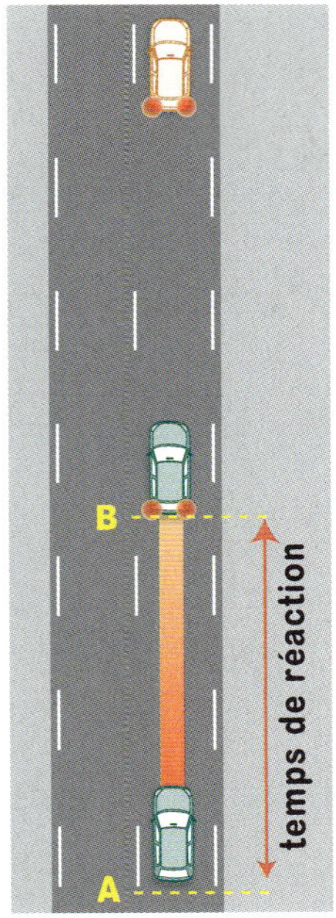

Conseil : faites le test du temps de réaction avec un ami.

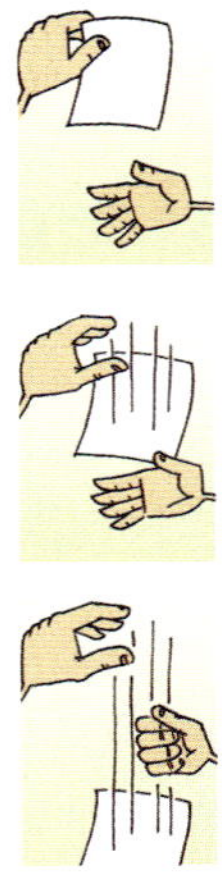

La durée du temps de réaction est en moyenne d'1 seconde pour un conducteur en bonne condition physique. Mais elle varie en fonction de l'état et de la concentration de ce dernier, pouvant atteindre 2 ou 3 secondes, voir plus.

Elle est est allongée par :

- la fatigue ;
- l'alcool, la drogue et la prise de médicaments ;
- une conversation au téléphone ;
- l'inattention et le stress ;
- une situation complexe ou inattendue.

Calcul approximatif

Je peux calculer approximativement la distance parcourue en une seconde en multipliant le chiffre des dizaines de la vitesse par 3.

Exemple :

- à 50 km/h : 5 x 3 = 15 m
- à 90 km/h : 9 x 3 = 27 m
- à 130 km/h : 13 x 3 = 39 m

Cela signifie que, dans des conditions normales, à 90 km/h, entre l'instant où je perçois l'obstacle et l'instant où je commence à ralentir, je parcours 27 mètres sans réagir !

Distance de freinage

La distance de freinage est la distance que mon véhicule parcourt entre l'instant où je commence à freiner et l'instant où il s'arrête.

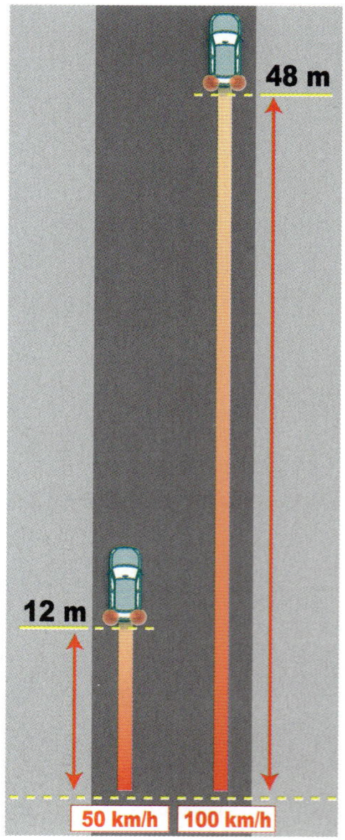

Principe du freinage

Freiner, c'est éliminer l'énergie cinétique (c'est-à-dire l'élan) que le véhicule a emmagasinée avec la vitesse.

Comme l'énergie cinétique est proportionnelle au carré de la vitesse, la distance de freinage augmente beaucoup plus vite que la vitesse.

Quand la vitesse double, la distance de freinage quadruple.

Quand la vitesse est multipliée par 3, la distance de freinage est multipliée par 9.

À titre d'exemple, la distance de freinage ne sera pas 2 fois, mais 4 fois plus longue à 100 km/h qu'à 50 km/h.

Elle ne sera pas 3 fois, mais 9 fois plus longue à 90 km/h qu'à 30 km/h.

Facteurs qui influencent la distance de freinage

La distance de freinage varie selon :

- la vitesse du véhicule ;
- l'état de la chaussée et l'adhérence (revêtement, pluie, neige, gravillons...) ;
- l'état du véhicule (freins, pneus, suspensions...) ;
- le poids du véhicule (poids et chargement) ;
- l'environnement (descente, montée...).

Blocage des roues

Principe

Quand les roues se bloquent, elles arrêtent de tourner et les pneus frottent sur le sol. Je ne peux plus agir sur la direction. Je perds le contrôle de mon véhicule.
Plus l'adhérence est faible, plus les roues se bloquent facilement. C'est la raison pour laquelle la distance de freinage est doublée sur chaussée humide.

Influence sur la distance de freinage

Le blocage des roues augmente la distance de freinage puisque le frottement des pneus sur la chaussée dissipe moins d'énergie cinétique que celui des plaquettes sur les disques de frein.

Que faire en cas de blocage des roues ?

En cas de blocage des roues, pour retrouver mon pouvoir directionnel, je réduis la pression sur la pédale de frein afin que les roues tournent à nouveau.

Il sera nécessaire de débrayer en même temps afin d'éviter un calage du moteur qui amplifierait le blocage des roues. Je peux freiner à nouveau dès que les roues se remettent à tourner.

REPORTEZ-VOUS

Rôle de l'ABS

Reportez-vous page « Aides à la conduite » pages 179 et suivantes.

Distance d'arrêt

La distance d'arrêt comprend : la distance parcourue pendant le temps de réaction + la distance de freinage.

Elle commence à la découverte de l'obstacle et s'achève à l'arrêt complet du véhicule.

Les facteurs liés à l'état physique du conducteur, à l'adhérence et à l'état du véhicule, qui augmentent le temps de réaction ou la distance de freinage, augmentent également la distance d'arrêt.

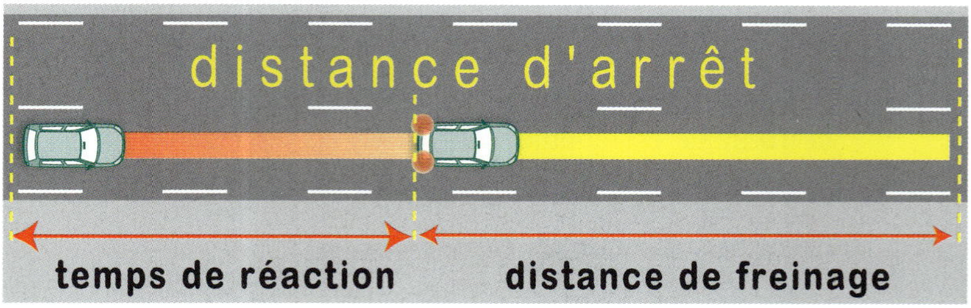

Calcul

Sur chaussée sèche

En multipliant le chiffre des dizaines de la vitesse par lui-même, j'obtiens approximativement la distance nécessaire pour arrêter le véhicule sur une route sèche.

Distance d'arrêt à :

- 50 km/h : 5 x 5 = 25 m
- 90 km/h : 9 x 9 = 81 m
- 130 km/h : 13 x 13 = 169 m

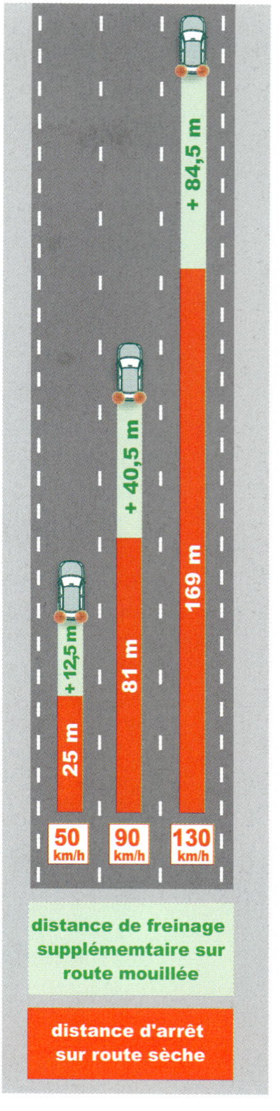

Sur chaussée humide

En multipliant par 1,5 la distance d'arrêt sur sol sec, j'obtiens approximativement la distance nécessaire pour arrêter le véhicule sur route humide.

Distance d'arrêt à :

- 50 km/h :
  25 + 12,5 = 37,5 m
- 90 km/h :
  81 + 40,5 = 121,5 m
- 130 km/h :
  169 + 84,5 = 253,5 m

Intervalle de sécurité

Il est difficile d'estimer le nombre de mètres qui me séparent du véhicule qui me précède. Il est plus simple d'évaluer cet intervalle en temps plutôt qu'en distance.

Cet intervalle permet à chaque conducteur de conserver un temps nécessaire de sécurité afin d'éviter une collision.

J'ai l'obligation de respecter un espace inter-véhiculaire de deux secondes. Ainsi, j'aurai le temps de traiter l'information perçue et de décider de mon action (temps de réaction estimé à 1 seconde + 1 seconde de marge de sécurité).

Respecter un intervalle de sécurité, c'est aussi :

- » mieux voir au-delà du véhicule qui me précède ;
- » mieux anticiper, ce qui permet de conduire plus en souplesse et d'économiser du carburant.

Évaluer le temps de sécurité

Pour connaître de façon approximative le temps inter-véhiculaire à respecter, il existe un moyen très simple. J'attends que l'usager qui me précède passe à coté d'un point de repère (un arbre, un panneau...).

À ce moment, je prononce deux fois « un hippopotame ». Si j'ai le temps de le dire avant d'arriver à ce même point de repère, mon intervalle de sécurité est suffisant.

Si ne n'ai pas le temps de prononcer deux fois « un hippopotame » en entier, mon espace est trop court.

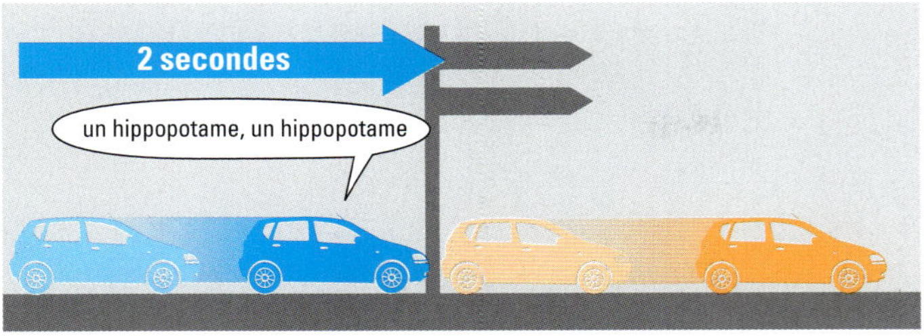

Je peux employer la même méthode pour évaluer l'espace-temps avec le véhicule qui me suit : si je peux prononcer 2 fois « un hippopotame » entre le moment où je passe devant le repère choisi et celui où le véhicule qui me suit l'atteint, alors le temps de sécurité est suffisant. Si ce n'est pas le cas, j'augmente l'intervalle qui me sépare du véhicule qui me précède afin de disposer de plus de temps pour freiner.

Lorsque je suis un véhicule qui me masque la visibilité, par exemple un poids lourd, je laisse un intervalle correspondant à la distance d'arrêt.

Sur autoroute

Sur autoroute, en raison de la monotonie de la conduite, le temps de réaction est souvent plus long qu'ailleurs.

Il est par conséquent nécessaire d'augmenter la distance de sécurité lorsque je suis un autre véhicule. Je peux évaluer cette distance en prenant comme repère les lignes de la bande d'arrêt d'urgence. Les dimensions correspondent à 39 mètres de ligne pour 13 mètres d'espace entre chaque ligne.

À 130 km/h, je dois laisser au moins deux lignes (soit 91 mètres) entre mon véhicule et celui qui me précède.

Les virages

Dans les virages, le risque d'accident augmente car l'adhérence et la visibilité sont réduites.

Dangers

Force centrifuge

La force centrifuge qui s'exerce dans les virages éloigne le véhicule du centre et tend à le faire continuer tout droit.
Elle déporte le véhicule vers l'extérieur du virage.
Elle quadruple lorsque la vitesse double, car elle est proportionnelle au carré de la vitesse.

Dérapages

Si j'aborde un virage trop vite, je risque de déraper et de perdre le contrôle de mon véhicule. La force centrifuge l'emporte alors sur l'adhérence. Les roues, qui n'accrochent plus à la route, glissent latéralement. Ce risque augmente si les pneus sont usés ou insuffisamment gonflés, si les amortisseurs sont en mauvais état ou si des bagages lourds sont chargés trop haut (sur le toit).

Réduction de la visibilité

Dans la plupart des virages, la visibilité est réduite. Je ne vois pas ce qui se passe de l'autre côté.

Comportement à adopter

Adaptation de l'allure

Je ralentis avant le virage, et j'adapte ma vitesse à l'importance de la courbe (rayon, chaussée relevée, en dévers...) et à la visibilité.

Pour ralentir, il serait dangereux d'attendre d'être dans le virage.

Je réduis l'allure avant de l'aborder afin de rouler à vitesse stabilisée dans le virage. La vitesse devra être adaptée au rayon et au profil du virage. Il est recommandé de réduire l'allure de telle sorte qu'il reste une réserve d'accélération.

Lorsque la visibilité est réduite, je dois adapter l'allure pour être en mesure de m'arrêter à tout moment, dans l'espace visible et libre devant moi.

Regard et trajectoire

Je regarde le plus loin possible. Je tourne la tête avant le début du virage pour anticiper la trajectoire.
Pour réduire la force centrifuge et améliorer la visibilité, je peux élargir un peu la trajectoire, mais je ne dois jamais empiéter sur la partie gauche d'une chaussée à double sens.

Manœuvres

Lorsque j'effectue une manœuvre, que ce soit une marche arrière, un rangement ou un demi-tour, je n'ai jamais la priorité. Je dois :

- » m'assurer que je ne vais pas gêner la circulation ;
- » actionner le clignotant avant chaque mouvement ;
- » manœuvrer à allure très réduite ;
- » céder le passage à tous les véhicules et aux piétons.

Marche arrière

Je ne peux faire une marche arrière que pour stationner ou faire demi-tour. Je manœuvre à l'allure du pas et je regarde directement derrière, afin de voir suffisamment large.

Demi-tour

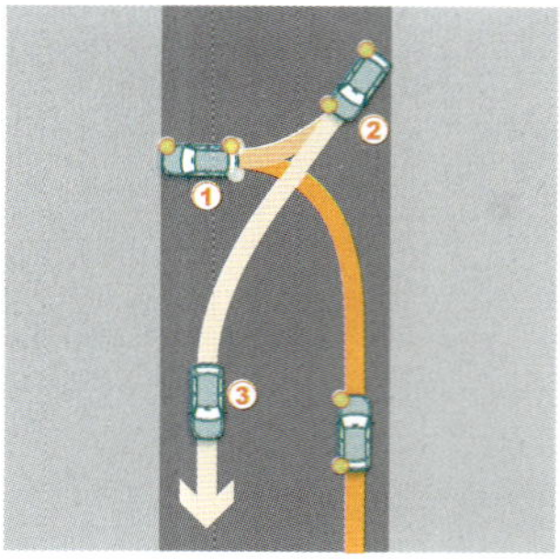

Dans une rue étroite

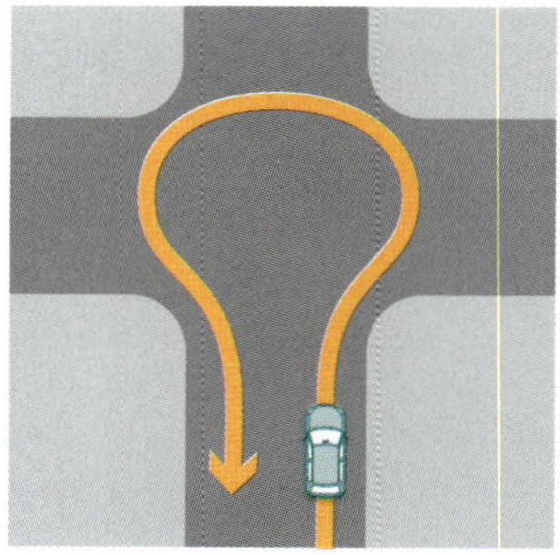

En intersection large

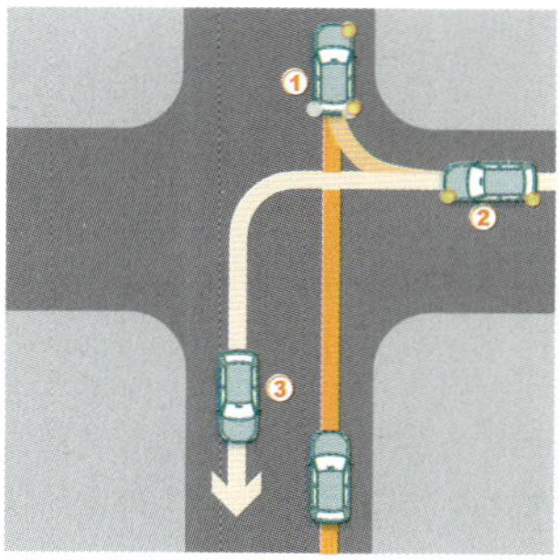

Dans une rue à droite

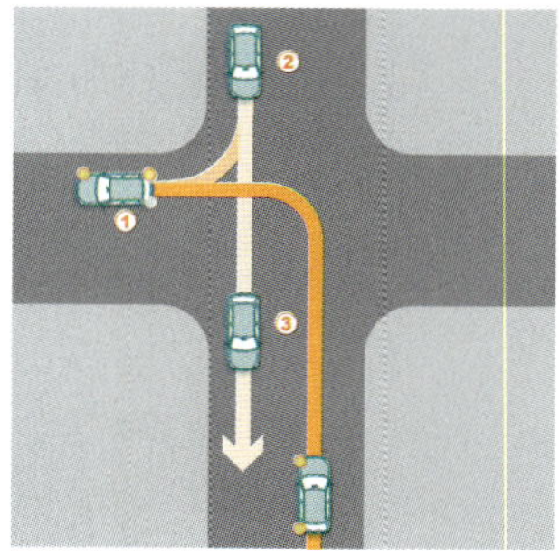

À gauche

Chapitre 22

Position sur la chaussée, files

DANS CE CHAPITRE :

» **Circulation en marche normale**

» **Circulation en files ininterrompues**

Nous allons expliquer où il faut se placer en marche normale suivant les circonstances, et quels sont les comportements à adopter quand la circulation se fait en files ininterrompues.

Circulation en marche normale

Pour que chacun trouve sa place, les usagers qui suivent une même direction doivent circuler au même endroit.

Règle

En marche normale, je circule à droite, près du bord de la chaussée ; mais je ne le serre pas trop s'il est en mauvais état (flaques d'eau, trous...).

Lorsqu'il existe plusieurs voies, je circule sur la voie la plus à droite.

Flèches directionnelles

Lorsque les voies comportent des flèches directionnelles, je dois suivre la direction indiquée par ces flèches.

Feux d’affectation de voies

Ces feux permettent :

- de modifier le nombre de voies affectées à un sens de circulation en fonction du trafic

  ou

- de signaler les postes de péage ouverts ou fermés.

Ils sont implantés au-dessus de chaque voie dont ils réglementent séparément la circulation.

Croix rouge

Elle interdit d’emprunter la voie située en dessous.

Flèche verte

Elle signifie que je peux emprunter la voie située en dessous.

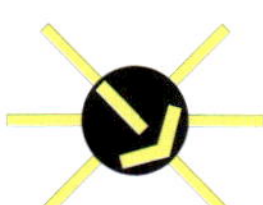

Flèche jaune clignotante oblique

Elle oblige à me rabattre dans la voie située du côté qu’elle indique.

Circulation en files ininterrompues

Je dois rester dans ma file, sauf si je dois effectuer un changement de direction.

- Si je suis le dernier d'une file qui ralentit brusquement, j'allume les feux de détresse afin de prévenir les usagers qui me suivent du danger.
- Si ma file roule plus vite, je peux dépasser par la droite, car le fait qu'une file roule plus vite que l'autre n'est pas considéré comme un dépassement.

Chapitre 23

Changements de direction

DANS CE CHAPITRE :

» **Précautions**

» **Tourner à droite**

» **Tourner à gauche**

» **Avec flèches directionnelles**

» **Croisements**

Les changements de direction réclament une attention soutenue et le respect de règles qui doivent être appliquées dans un ordre précis.

Précautions

Avant d'entreprendre un changement de direction, je dois :

» m'assurer que la signalisation ne me l'interdit pas ;

» m'assurer que je peux le faire sans danger en regardant dans mes rétroviseurs (et, le cas échéant, en vision directe) ;

- avertir assez tôt de mon intention en allumant le clignotant ;
- me placer afin de gêner le moins possible les usagers qui continuent tout droit ;
- ralentir progressivement en prenant soin de ne pas surprendre les usagers derrière moi ;
- appliquer les règles de priorité.

ATTENTION !

Pour tourner dans la deuxième rue, j'allume le clignotant seulement quand je suis au niveau de la première.

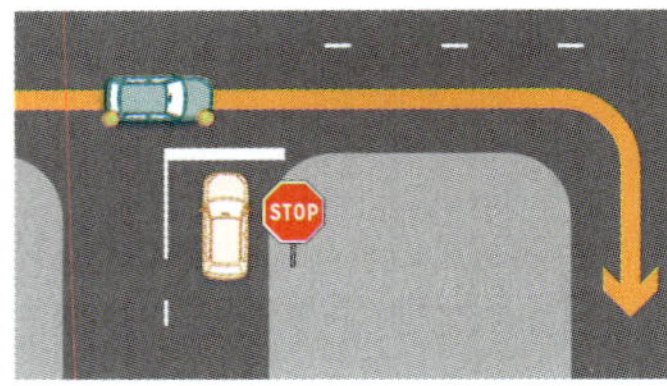

Tourner à droite

Pour tourner à droite :

- je m'assure que mon ralentissement ne surprend personne ;
- je serre le bord droit de la chaussée après m'être assuré qu'aucun deux-roues ne se faufile ;
- je cède le passage aux piétons qui traversent la chaussée transversale ;
- si je traverse une piste ou une bande cyclable, je cède le passage aux cyclistes venant de gauche comme de droite.

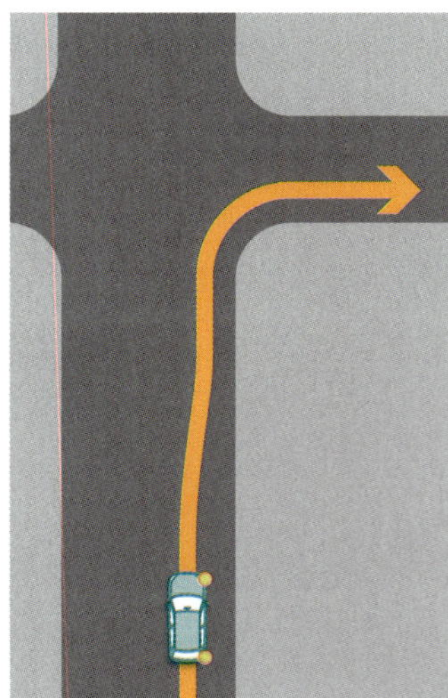

Tourner à gauche

Un changement de direction à gauche demande plus de précautions, car il nécessite une traversée de la chaussée.

Sur une chaussée à double sens

Je serre l'axe médian, c'est-à-dire le milieu de la chaussée, et je contourne le centre de l'intersection.

EN SAVOIR PLUS

Serrer l'axe médian permet aux autres usagers :

- » de me dépasser par la droite s'il y a suffisamment de place ;
- » de mieux comprendre mon intention de tourner à gauche, grâce à ma position.

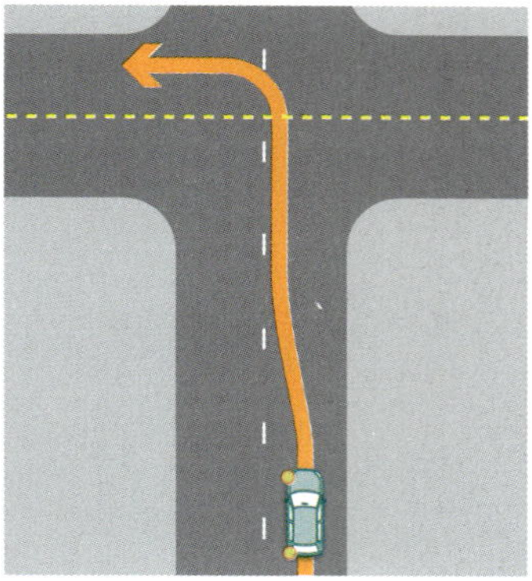

Sur une chaussée à sens unique

Je serre à gauche.
Aucun véhicule ne doit arriver en sens inverse.

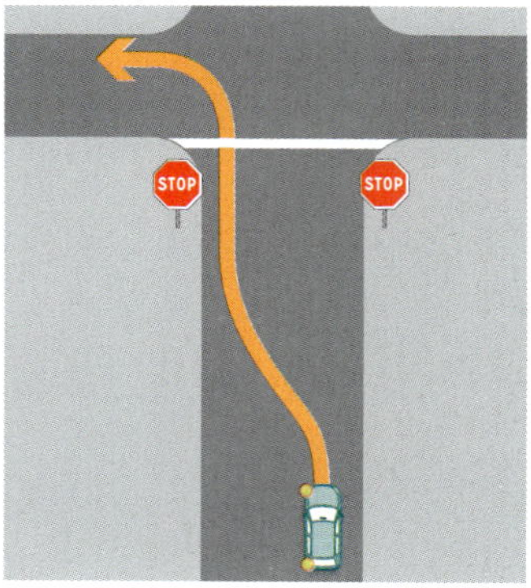

Sur une chaussée à trois voies à double sens

J'emprunte la voie du milieu. Je fais clignoter les feux stop le plus tôt possible afin que les usagers qui me suivent ne croient pas que je dépasse.

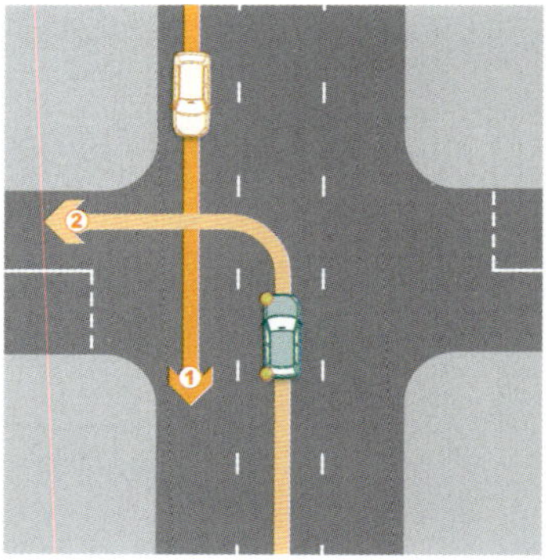

Règles de priorité

Avant de tourner, je cède le passage aux véhicules venant en sens inverse et aux piétons qui traversent la chaussée transversale.
Si je traverse une bande ou piste cyclable, je devrai céder la passage aux cyclistes et cyclomotoristes qui l'empruntent dans les deux sens.

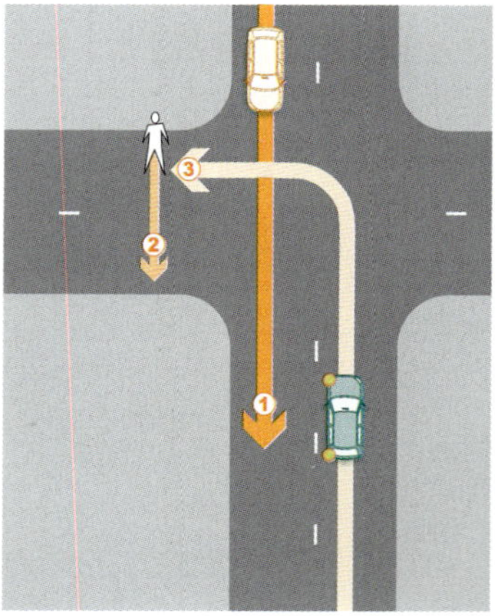

Si je dois m'arrêter, je laisse mon véhicule parallèle à la route et mes roues droites.

Avec flèches directionnelles

J'emprunte la voie comportant des flèches orientées dans la direction que je veux suivre. Je dois choisir ma voie dès la première flèche.

Pour tourner à droite

J'emprunte la voie qui comporte des flèches orientées vers la droite.

Pour tourner à gauche

J'emprunte la voie qui comporte des flèches orientées vers la gauche. Lorsque deux voies comportent des flèches qui tournent à gauche, j'emprunte la voie la plus à droite.

Croisements

Comment deux véhicules qui tournent chacun à leur gauche vont-ils se croiser ?

Par la droite

Lorsque je tourne à gauche et que le véhicule qui arrive en face tourne également à sa gauche, je le croise par la droite en le contournant.

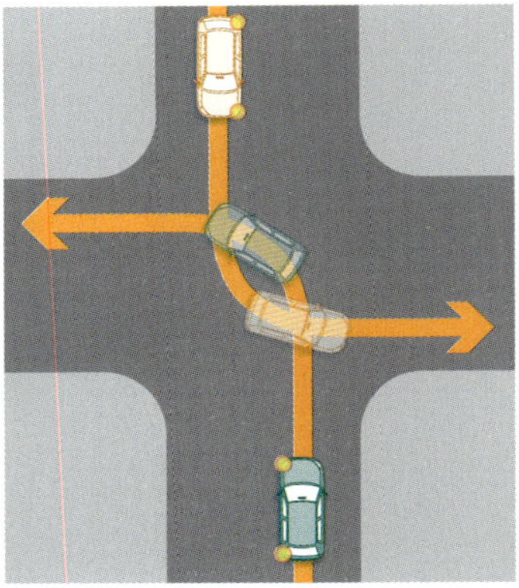

À l'indonésienne

Dans certains carrefours spécialement aménagés appelés « carrefours à l'indonésienne », je croise le véhicule en face par la gauche en tournant devant lui.

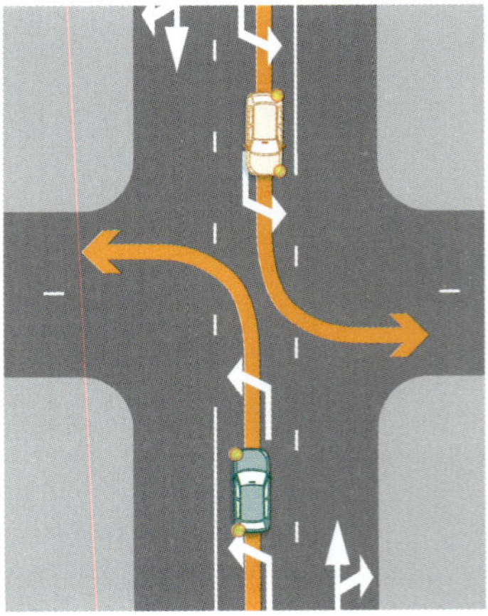

Chapitre 24

Agglomération

DANS CE CHAPITRE :

- » **Définition**
- » **Règles**

La conduite en agglomération nécessite un renforcement de l'attention et une réduction de la vitesse en raison de la présence en nombre d'usagers vulnérables (piétons, cyclistes, cyclomotoristes, enfants, personnes âgées et handicapées...), d'un trafic beaucoup plus dense et d'obstacles beaucoup plus fréquents qu'en rase campagne.

Définition

Une agglomération est un espace où sont groupées des habitations rapprochées, et dont l'entrée et la sortie sont signalées par des panneaux.

Règles

Entre les panneaux d'entrée et de sortie d'agglomération, des règles de conduite particulières sont à suivre.

Entrée

J'entre dans une agglomération.

La vitesse est limitée à 50 km/h, sauf indications contraires.

L'usage de l'avertisseur sonore est interdit, sauf en cas de danger immédiat.

Sortie

Je sors d'une agglomération.

À partir de ce panneau, la vitesse sera limitée à 90 km/h et l'usage de l'avertisseur sonore sera à nouveau autorisé.

Limitations de vitesse

En agglomération, la vitesse est limitée à 50 km/h.

Toutefois, cette limitation peut être relevée à 70 km/h à l'entrée de certaines villes. Ce relèvement ne concernera alors que la rue où est implanté le panneau.

Une limitation de vitesse inférieure à 50 km/h concerne toute l'agglomération si le panneau de limitation est placé sur le même support que le panneau d'entrée.

Zone 30

REPORTEZ-VOUS

Reportez-vous pages 317 et 318.

Zone de rencontre

REPORTEZ-VOUS

Reportez-vous page 319.

Aire piétonne

REPORTEZ-VOUS

Reportez-vous page 320.

Lieu-dit

Les règles de conduite en agglomération ne s'appliquent pas dans un lieu-dit. Je dois toutefois réduire ma vitesse si la route est bordée d'habitations.

Chapitre 25

Autoroutes et voies rapides

DANS CE CHAPITRE :

» **Autoroutes**

» **Voies rapides**

Les autoroutes sont des chaussées à sens unique spécialement conçues pour des déplacements rapides. Compte tenu des vitesses pratiquées, l'application de certaines précautions et le respect de certaines règles sont nécessaires.

Autoroutes

Caractéristiques

La circulation y est plus sûre que sur route car :

» je ne rencontre pas d'intersection et ne traverse pas d'agglomération ;

» je ne croise pas d'autres usagers ;

» les virages sont moins fréquents et moins prononcés ;

» les obstacles latéraux sont moins nombreux et plus éloignés.

1. **Bretelle d'accès**
2. **Bretelle de sortie**
3. **Voie d'insertion (voie d'accélération)**
4. **Voie de décélération**
5. **Bande d'arrêt d'urgence**
6. **Terre-plein central**

7 et 8. Deux chaussées à sens unique.

REPORTEZ-VOUS

Voie d'insertion (voie d'accélération)

J'aborde l'autoroute par une voie d'insertion. *Reportez-vous page 59.*

REPORTEZ-VOUS

Bande d'arrêt d'urgence

La ligne de droite délimite la bande d'arrêt d'urgence. *Reportez-vous page 58.*

REPORTEZ-VOUS

Voie de décélération

Je quitte l'autoroute par une voie de décélération. *Reportez-vous page 60.*

Accès à l'autoroute

L'accès à une autoroute est soumis à des règles particulières.

Entrée de l'autoroute

Usagers dont l'accès à l'autoroute est interdit

L'accès des autoroutes est interdit aux usagers qui se déplacent à vitesse trop réduite, car ils constituent une gêne ou un danger :

- piétons, cyclistes et véhicules sans moteur ;
- cyclomoteurs, voiturettes, tricycles et quadricycles à moteur, tracteurs agricoles ;
- véhicules non immatriculés ;
- cavaliers et véhicules à traction animale ;
- ensembles de véhicules comprenant plusieurs remorques.

Péage

EN SAVOIR PLUS

En cas de perte du ticket, le tarif à payer sera celui correspondant au trajet le plus long.

Signalisation d'annonce

Je vais arriver à la gare de péage. Je réduis l'allure afin de ne pas être surpris par un ralentissement.

Je devrai, suivant le cas :

» 

retirer un ticket.

Je ne paierai qu'à la sortie ou au prochain péage.

» 

mettre des pièces dans une corbeille ;

» 

payer le péage à un préposé.

Je donne le ticket au péagiste qui m'indiquera la somme à payer.

Je pourrai payer :

» 

par carte bancaire ou accréditive, si je choisis une voie concernée par ce panneau ;

» 

automatiquement par pièces et billets.

» 

par abonnement.

Certaines voies sont réservées à la circulation des véhicules munis d'un badge de télépéage. Ce badge leur permet de passer à allure lente sans s'arrêter.

Ce panneau indique que la dernière sortie avant la section à péage est à 1 500 mètres. Si j'emprunte cette sortie, je n'aurai pas à payer.

Poste de péage

Je me place sur une voie surmontée d'une flèche verte.

Les voies surmontées d'une croix rouge sont fermées.

À la sortie du péage, je rencontrerai des feux bicolores (vert et rouge). Je ne dois pas suivre le véhicule qui démarre devant moi au feu vert, ce dernier repassant aussitôt au « rouge ». Je m'arrête pour prendre un ticket ou payer ; ensuite le feu vert s'allumera et je pourrai repartir.

Bretelle d'accès

Une bretelle d'accès débute fréquemment par un virage assez serré où la vitesse est souvent limitée. Elle se prolonge par une voie d'insertion (voie d'accélération).

Circulation sur autoroute

Sur autoroute, en raison de l'infrastructure et des vitesses pratiquées, des règles spécifiques de circulation doivent être respectées.

Position sur la chaussée

En marche normale, sur autoroute comme ailleurs, je dois circuler sur la voie la plus à droite, que je ne dois pas confondre avec la bande d'arrêt d'urgence. Les autres voies sont réservées aux dépassements.

Vitesse

En règle générale, la limitation de vitesse est de 130 km/h, mais certaines sections sont limitées à 110 km/h, notamment à l'approche des zones urbaines où le trafic est plus dense et les entrées et sorties plus nombreuses.

Section limitée à 110 km/h					
Temps sec			Temps de pluie		
110		Conducteur expérimenté	100		Conducteur expérimenté
100	A	Conducteur novice	100	A	Conducteur novice

Section limitée à 130 km/h					
Temps sec			Temps de pluie		
130		Conducteur expérimenté	110		Conducteur expérimenté
110	A	Conducteur novice	110	A	Conducteur novice

Sur la voie la plus à gauche d'une autoroute, la vitesse minimum est de 80 km/h dans des conditions normales de circulation.

Dépassements

La circulation étant à sens unique, il est beaucoup plus pratique de dépasser sur autoroute. Mais je dois rester très vigilant car la vitesse des véhicules est élevée.

1. Je donne plusieurs coups d'œil dans le rétroviseur extérieur gauche avant de déboîter et je surveille constamment les usagers que je dépasse.

2. Le clignotant gauche doit fonctionner pendant toute la manœuvre.

3. J'utilise la voie située immédiatement à gauche du véhicule dépassé.

4. J'occupe la voie de dépassement le moins longtemps possible. Comme ailleurs, il est interdit de dépasser par la droite un usager qui s'obstine à rester sur la voie de gauche.

Manœuvres interdites

Demi-tour

Je ne dois jamais :

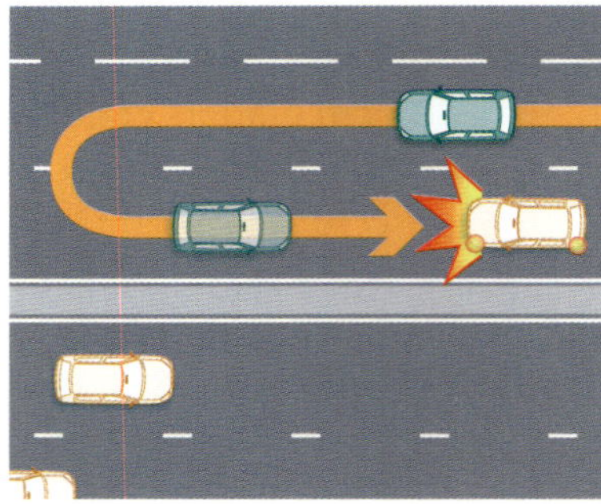

- » faire demi-tour sur une autoroute. La circulation étant à sens unique, je me trouverais à contresens ;
- » traverser le terre-plein central.

Marche arrière

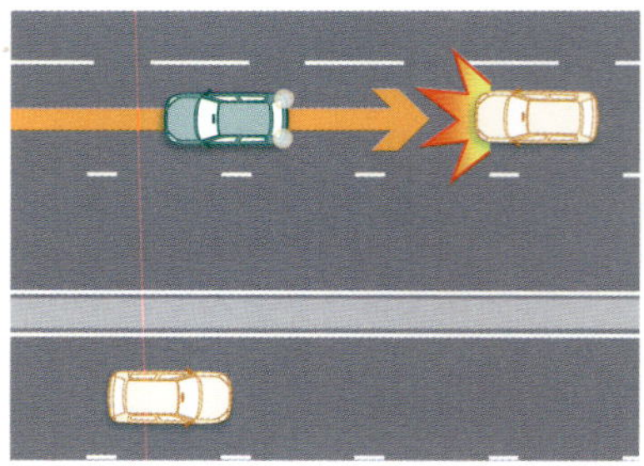

Je ne dois jamais faire de marche arrière sur autoroute, que ce soit sur la chaussée ou sur la bande d'arrêt d'urgence. Si je me suis trompé de direction, je dois attendre la prochaine sortie.

Le demi-tour et la marche arrière sur autoroute sont des manœuvres très dangereuses. Elles entraînent une suspension du permis de conduire.

État du vehicule

REPORTEZ-VOUS

Gonflage des pneumatiques

Reportez-vous page 165.

Voyants

Sur autoroute plus qu'ailleurs, j'apporte une attention particulière au cadran de carburant. S'il s'allume, je m'arrête à la prochaine aire équipée d'une station-service.

Sortie de l'autoroute

Quitter une autoroute implique un certain nombre de précautions.

Bretelle de sortie

REPORTEZ-VOUS

La voie de décélération se termine souvent par un virage très prononcé ; j'adapte mon allure avant de l'aborder. *Reportez-vous page 60.*

ATTENTION !

Après avoir roulé longtemps sur autoroute, je suis accoutumé à la vitesse. Pour ne pas rouler trop vite, je surveille fréquemment le compteur.

Voies rapides

Les voies rapides ont une configuration qui se rapproche de celle d'une autoroute, avec quelques différences.

Routes à accès réglementé

Ces routes (appelées aussi « routes pour automobiles ») sont conçues pour une circulation rapide. L'accès y est gratuit, mais interdit aux usagers trop lents (piétons, cyclistes, cyclomotoristes, tracteurs agricoles...).

La vitesse y est limitée à 110 km/h (100 km/h par temps de pluie et pour les conducteurs débutants) si la route est à deux chaussées séparées par un terre-plein central.

Elle est limitée à 90 km/h (80 km/h par temps de pluie et pour les conducteurs débutants) lorsque la circulation est à double sens. Les panneaux de direction sont blancs ou verts.

La plupart des règles de circulation sont semblables à celles de l'autoroute.

Fin de route à accès réglementé

Certaines routes à deux chaussées séparées par un terre-plein central ne sont pas à accès réglementé (absence de panneau spécifique). Dans ces conditions :

- tout usager est autorisé à y circuler (attention aux véhicules lents) ;
- la signalisation de direction est la même que sur les routes à accès réglementé ;
- la vitesse est limitée à 110 km/h (100 km/h par temps de pluie et pour les conducteurs débutants) ;
- l'arrêt et le stationnement sont interdits si l'accotement est une bande d'arrêt d'urgence, mais autorisés s'il est délimité par une ligne de rive.

Boulevard périphérique de Paris

Sur le boulevard périphérique de Paris :

- la chaussée est à sens unique ;
- la vitesse est limitée à 70 km/h ;

- les véhicules qui s'engagent sur le boulevard ont la priorité par rapport à ceux qui y circulent : la règle de la priorité à droite doit donc y être appliquée.

Chapitre 26

Intempéries

DANS CE CHAPITRE :

- » **Pluie**
- » **Brouillard**
- » **Conduite en hiver**
- » **Vent**

Nous allons étudier les différentes conditions atmosphériques et les comportements spécifiques à adopter pour éviter qu'elles rendent la conduite dangereuse.

Pluie

Par temps de pluie, le risque d'avoir un accident est doublé car l'adhérence et la visibilité sont réduites. La distance de freinage est 2 fois plus longue que sur sol sec. Si je freine brusquement sur chaussée mouillée ou si j'aborde un virage trop vite, je risque de bloquer les roues et de déraper. Pour éviter que cela n'arrive, je réduis ma vitesse, j'augmente mes distances de sécurité et j'évite de freiner trop brutalement. L'usure des pneus augmente considérablement le risque de perte d'adhérence par temps de pluie.

Adhérence réduite

Premières gouttes

ATTENTION !

Les premières gouttes de pluie rendent la chaussée particulièrement glissante, surtout s'il n'a pas plu depuis longtemps.

En effet, dans ce cas, ce n'est pas simplement de l'eau, mais une pellicule grasse qui se forme sur la chaussée.

Aquaplaning

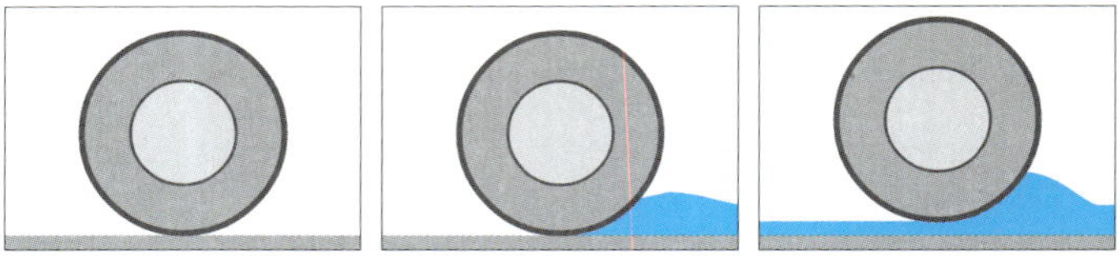

Par forte pluie, à partir d'une certaine vitesse, les sculptures des pneus n'ont plus le temps d'évacuer toute l'eau.

La pellicule d'eau soulève le pneu. Je n'ai plus aucune adhérence puisque mon véhicule glisse sur l'eau et ne m'obéit plus.

L'aquaplaning (ou hydroplanage ou aquaplanage) se produit surtout lorsque la chaussée est détrempée, la vitesse élevée et les pneus usés. Pour l'éviter, je réduis ma vitesse et m'assure que mes pneus sont en bon état.

Sur les chaussées plates et larges des autoroutes, l'eau met plus de temps à s'écouler. Le risque d'aquaplaning est donc plus important.

Flaques d'eau

Lorsque j'approche d'une flaque d'eau, j'essaie de l'éviter ou, à défaut, je ralentis et tiens fermement le volant, car les freins risquent de perdre de leur efficacité et la voiture de se déséquilibrer et devenir incontrôlable.

Pour ne pas éclabousser un piéton :

- je m'écarte si possible afin d'éviter la flaque ;
- je ralentis pour réduire la projection d'eau.

Une flaque d'eau peut cacher un nid-de-poule.

Accessoires

Transparence des vitres

Si les vitres sont sales, je les nettoie intérieurement et extérieurement.

Si de la buée se forme, j'entrouvre une vitre, j'active la climatisation, et je fais fonctionner la ventilation, le chauffage et le désembuage de la vitre arrière.

Je ne démarre pas tant que la buée n'a pas disparu.

Essuie-glaces

Les essuie-glaces doivent être en bon état.

Pour qu'ils agissent efficacement, je change les balais dès qu'ils sont usés et au moins une fois par an, de préférence avant l'hiver.

Les véhicules modernes sont équipés d'essuie-glaces automatiques. Lorsque les capteurs détectent les gouttes de pluie, les essuie-glaces se déclenchent automatiquement.

Lave-glace

Il importe :

- de l'actionner à chaque projection de boue ;
- de vérifier le niveau et remplir régulièrement le réservoir ;
- de ne pas mettre d'eau mais un liquide spécial, complété l'hiver par un antigel.

Vitesse et distance de sécurité

Pourquoi réduire sa vitesse par temps de pluie ?

Par temps de pluie, la distance de freinage est 2 fois plus longue que sur sol sec. Si je freine brusquement sur chaussée mouillée, je risque de bloquer les roues et donc de déraper.

Limitations de vitesse

REPORTEZ-VOUS

Sur route et autoroute, par temps de pluie neige ou grêle, la limitation de vitesse est abaissée. *Reportez-vous page 228.*

Distance de sécurité

Par temps de pluie, pour limiter les projections d'eau qui réduisent la visibilité, j'augmente ma distance de sécurité.

REPORTEZ-VOUS

Utilisation des feux

Reportez-vous page 411.

Brouillard

Le brouillard est constitué d'un nuage de gouttelettes d'eau.

Je vois moins bien et suis moins bien vu par les autres usagers car ces gouttelettes forment un écran.

Les accidents par temps de brouillard sont particulièrement graves, notamment sur autoroute. Le risque d'être tué en cas de choc y est 2 fois plus élevé que par temps clair.

Brouillard généralisé

Certains jours, le brouillard peut être généralisé et s'étendre à toute une région.

Nappes de brouillard

Le brouillard est particulièrement dangereux lorsqu'il se forme par nappes, car une réduction brutale de la visibilité surprend les usagers.

Vitesse et distance de sécurité

Beaucoup trop de conducteurs roulent par temps de brouillard de la même façon que si les conditions atmosphériques étaient normales ; ce comportement explique le nombre et la gravité des accidents. Les deux facteurs principaux des accidents par temps de brouillard sont la vitesse excessive et le non-respect des distances de sécurité.

RÈGLE DES 3 V

VISIBILITÉ	VITESSE MAXIMUM	DISTANCE DE SÉCURITÉ
50 m	50 km/h	50 m
70 m	70 km/h	70 m
100 m	100 km/h	100 m

J'adapte toujours ma vitesse à la visibilité de façon à pouvoir m'arrêter dans l'espace visible et libre devant moi, et j'augmente ma distance de sécurité.

ATTENTION !

Je ne dois pas approcher du véhicule qui me précède sous prétexte de mieux voir ; il peut freiner brusquement en raison d'un obstacle que je ne vois pas dans l'immédiat, et le risque de collision est donc très important.

REPORTEZ-VOUS

Utilisation des feux

Reportez-vous page 411.

Limitations de vitesse

Sur route comme sur autoroute, la limitation de vitesse est fixée à 50 km/h dès que la visibilité est inférieure à 50 mètres.

Regard

Lorsque le brouillard est épais, je peux me repérer grâce aux lignes et aux balises. Je regarde loin devant moi le bord droit de la chaussée.

Dépassements

Par temps de brouillard :

- sur une chaussée à double sens de circulation, je dois m'abstenir de dépasser, sauf si je suis séparé des usagers qui circulent en face par une ligne continue ;
- sur une chaussée à sens unique, je peux dépasser.

Conduite en hiver

En raison des risques de dérapage, de la réduction fréquente de la visibilité, et du froid, la conduite en hiver nécessite un grand nombre de précautions et des équipements appropriés.

Neige

La chaussée est particulièrement glissante quand la neige est :

- abondante ;
- mouillée ou mélangée à du sel.

ATTENTION !

En raison de la neige, certaines routes peuvent être fermées car elles sont impraticables temporairement ou tout l'hiver.

Une indication sur le panneau peut m'interdire de monter sans équipements spéciaux.

Une route peut être partiellement ouverte.

Je dois équiper mes pneus de chaînes à neige sur au moins deux roues motrices (qui entraînent la voiture).

REPORTEZ-VOUS

Utilisation des feux

Reportez-vous page 411.

Verglas

En présence de verglas, la route est extrêmement glissante (adhérence quasiment nulle).

C'est surtout dans les zones de décélération et dans les virages que le risque de dérapage est important. Le verglas est surtout dangereux quand il n'est présent que par plaques, car il surprend.

Quand se forme le verglas ?

- Quand la température extérieure est inférieure ou égale à 0°C, surtout si l'air est humide.

» Quand il pleut après une période de gelées. En effet, la température du sol n'évolue pas toujours aussi vite que celle de l'air. Même s'il fait doux, la pluie qui tombe sur un sol froid peut provoquer instantanément du gel sur la chaussée.

Où se forme le verglas ?

Le verglas se forme plus fréquemment dans les forêts, sur et sous les ponts, à proximité des cours d'eau, dans le fond des vallées, dans les endroits exposés au vent, ombragés ou exposés au nord.

Barrière de dégel

Au moment du dégel, le passage des véhicules occasionne des dégradations sur la chaussée.
Pour cette raison, des barrières de dégel sont mises en place sur certains axes.

Elles sont délimitées par une signalisation qui interdit l'accès à certaines catégories de véhicules.

Parfois, un panneau limite la vitesse des véhicules autorisés à s'engager.

Neige et verglas

Conduite à adopter

Par temps de neige ou de verglas, il faut anticiper et conduire en souplesse.

» Je roule à vitesse très réduite (je réduis au moins de moitié ma vitesse).

» Je ralentis beaucoup plus tôt.

- J'évite tout mouvement brutal dans mes actions sur le volant, le frein, l'accélération ou l'embrayage.
- J'augmente ma distance de sécurité derrière le véhicule qui me précède.
- Si je suis surpris par un passage glissant, je ne freine surtout pas.
- Je ralentis progressivement l'allure.

Par temps de gel, j'évite de serrer le frein à main, qui risque dans ce cas d'être bloqué et de m'empêcher de repartir. Pour immobiliser le véhicule, je mets une vitesse (la 1ère ou la marche arrière).

Visibilité

ATTENTION !

- Avant de prendre la route, je dois enlever la neige qui se trouve sur le toit et les vitres ; je m'assure qu'elle ne masque pas les feux et clignotants qui doivent être visibles. Je m'arrête fréquemment pour les nettoyer.
- En cas de gel, j'utilise la climatisation, le système de désembuage, de ventilation et de chauffage pour dégivrer toutes les vitres.

Lorsqu'il y a du verglas, la solution la plus raisonnable serait de m'abstenir de conduire.

Dépassements sur neige et verglas

Lorsque la chaussée est enneigée ou verglacée :

- Tout dépassement d'un chasse-neige en action (gyrophare bleu activé) est interdit, même si la voie de gauche est libre.

» Le dépassement ou le changement de file est interdit à tout conducteur d'un ensemble de véhicules dont la longueur dépasse 7 mètres.

Équipements

Chaînes à neige

Je ne les utilise que si la route est enneigée.

Pneus neige

Ces pneus, appelés également « Thermocontact » ou « Thermogommes », représentent un bon compromis pour la conduite en hiver sur la neige et le verglas.

Pneus à crampons

Appelés également « pneus à clous », ils sont surtout efficaces sur le verglas et peuvent être utilisés du samedi précédant le 11 novembre au dernier dimanche du mois de mars.

Si j'en suis équipé, je dois apposer un disque à l'arrière de mon véhicule. Dans ce cas, ma vitesse est limitée à 90 km/h sur route comme sur autoroute.

Accessoires

- Le lave-glace doit contenir du liquide antigel.
- Une raclette est utile pour enlever la neige et la glace sur les vitres.
- Des gants, bottes et vêtements chauds sont utiles si je suis bloqué.
- Des chaussures non glissantes sont nécessaires pour conduire.
- Une pelle à neige peut s'avérer utile si je suis bloqué.

Vent

Le vent soufflant latéralement entraîne un écart de trajectoire du véhicule en le déportant à droite ou à gauche.

Situations à risques

Je risque d'être surpris par le vent :

- s'il souffle par rafales ;
- à la sortie d'un tunnel ;
- à la sortie d'une forêt ;
- à la fin du dépassement d'un véhicule, surtout s'il s'agit d'un véhicule encombrant.

Je risque d'être surpris quand j'aborde une zone exposée au vent, mais aussi lorsque je me trouve soudainement à l'abri.

Un arrêt soudain du vent (zone abritée, dépassement poids lourd...) entraîne une poussée dans le sens opposé. Plus je roule vite, plus mon véhicule est sensible aux effets du vent. C'est le cas notamment sur autoroute.

REPORTEZ-VOUS

Les caravanes sont particulièrement sensibles au vent latéral. *Reportez-vous pages 195 et 196.*

Comportement à adopter

Je ralentis pour réduire les écarts de trajectoire.

Pour les corriger :

- je tiens fermement le volant et braque légèrement vers la droite si le vent vient de droite et inversement ;
- je me prépare à recorriger la trajectoire lorsque je passerai dans une zone abritée.

Je surveille les écarts latéraux que peuvent faire les autres véhicules (surtout ceux à deux roues) et j'augmente mon espace latéral de sécurité lorsque je les dépasse.

ATTENTION !

En cas de vent violent, je peux être surpris par des pierres, des branches, ou d'autres objets tombés sur la chaussée. Ce danger est important aux endroits sans visibilité (ex. : sortie de virage).

Signalisation

Vent latéral

Ce panneau annonce un endroit où un vent latéral violent, plus ou moins fort, risque de souffler. Il n'indique pas sa force ni sa direction.

Manche à air

Des manches à air sont placées à des endroits où souffle fréquemment un vent latéral violent.

Elles montrent sa force et sa direction.

Lorsque le vent est nul, la manche à air pend le long du mât. Elle se redresse dès que le vent souffle et se trouve en position quasi horizontale lorsque le vent est violent.

Vent nul

Vent faible

Vent fort

Exercices

Règles de circulation 01

Si je roule plus vite, j'augmente :

- ma consommation de carburant .... A
- ma résistance à la fatigue .... B
- le risque d'accident C
- la rapidité d'usure du véhicule .... D

Règles de circulation 02

Sur cette route, la vitesse est limitée à :

- 80 km/h .... A
- 90 km/h .... B
- 100 km/h C
- 110 km/h .... D

Règles de circulation 03

Pendant le temps de réaction, le véhicule :

- continue à avancer à la même vitesse .... A
- commence à ralentir........ B

Règles de circulation 04

Lorsque la vitesse est multipliée par 2, la distance de freinage est multipliée :

- par 2 .... A
- par 4 .... B
- par 8 C

Règles de circulation 05

Je suis bien placé :

- pour aller tout droit
  - OUI .... A
  - NON .... B
- pour tourner à gauche
  - OUI C
  - NON .... D

Règles de circulation 06

La signalisation interdit :

- de rouler à plus de 50 km/h .... A
- de stationner...................... B
- de klaxonner C

Règles de circulation 07

Je conduis depuis 2 heures, et ne ressens pas de fatigue.

- Je m'arrête immédiatement, à droite de la ligne.......... A
- Je m'arrêterai dans 10 km.......... B
- Je m'arrêterai seulement quand je sentirai les premiers signes de fatigue.......... C

Règles de circulation 08

La vitesse est limitée à :

- 80 km/h.......... A
- 90 km/h.......... B
- 100 km/h.......... C
- 110 km/h.......... D

Règles de circulation 09

La vitesse est limitée à :

- 50 km/h.......... A
- 60 km/h.......... B
- 70 km/h.......... C
- 80 km/h.......... D

Bonnes réponses :

1 : ACD • 2 : B • 3 : A • 4 : B • 5 : BC • 6 : AC • 7 : B • 8 : A • 9 : A

5

Usagers vulnérables/ partage de la route

« TU VOIS QU'IL NE FALLAIT PAS PASSER PAR LÀ ! »

DANS CETTE PARTIE...

Le conducteur est seul dans sa voiture, mais il se déplace sur la route qui est un espace collectif, et qu'il doit partager avec les autres utilisateurs. Connaître et comprendre les particularités et contraintes des autres usagers permet de mieux se comporter envers eux et de mieux respecter leur sécurité.

Chapitre 27

Usagers vulnérables

DANS CE CHAPITRE :

» **Véhicules à deux roues**

» **Piétons**

» **Enfants**

» **Personnes âgées**

» **Personnes handicapées**

Certains usagers sont très mal protégés en cas de choc. Une collision entre deux voitures, qui entraîne un simple froissement de tôle, peut avoir des conséquences dramatiques si l'un des usagers impliqués est piéton ou cycliste.

Je dois renforcer ma vigilance et adopter une attitude préventive envers les usagers vulnérables.

Véhicules à deux roues

Le respect de la sécurité des véhicules à deux roues débute par la connaissance de leurs caractéristiques communes et de leurs spécificités.

Caractéristiques communes

Les deux-roues sont des véhicules instables et leurs occupants sont fragiles : ils n'ont pas de carrosserie.

Les deux-roues risquent de me surprendre, car :

- souvent cachés dans l'angle mort, ils sont difficiles à voir dans les rétroviseurs ;
- leur trajectoire n'est pas toujours prévisible ;
- ils risquent de déraper beaucoup plus facilement qu'un véhicule à quatre roues.

Pour dépasser un véhicule à deux roues, je dois laisser une distance latérale d'au moins 1 mètre en agglomération et

1,50 mètre hors agglomération. Je ne dois pas dépasser avant de tourner à droite ou à gauche.

Spécificités

Je peux être surpris :

- par la vitesse très lente d'un cycliste qui circule dans le même sens que moi et par les écarts qu'il peut faire en conséquence ;
- par la vitesse très élevée d'un motocycliste qui débouche d'une autre route ou qui arrive derrière moi.

Hors agglomération, si un cycliste ne serre pas suffisamment à droite, je klaxonne pour qu'il ait le temps de corriger sa trajectoire.

Remontées de files

Dans la région Île-de-France, et dans les départements du Rhône, des Bouches-du-Rhône et de la Gironde, les motocyclistes sont autorisés, à titre expérimental, à remonter les files, si :

- la circulation se fait en files ininterrompues ;
- les autres véhicules ne roulent pas à plus de 50 km/h ;
- l'infrastructure est une autoroute, ou une route à 2 chaussées séparées par un terre-plein central, avec au moins 2 voies sur chaque chaussée ;
- la vitesse maximale autorisée est supérieure ou égale à 70 km/h.

Pour ne pas mettre en danger ces motocyclistes :

- je regarde constamment autour de moi, et dans les rétroviseurs ;
- je leur laisse un espace en serrant, à droite si je circule dans la voie de droite ou celle du milieu, à gauche si je circule dans la voie de gauche.

Piétons

Les piétons ne sont pas toujours attentifs à la circulation.

Je dois :

- céder le passage aux piétons engagés (ou qui en ont l'intention) dans la traversée d'une chaussée ;
- ralentir lorsque je les croise ou les dépasse et surveiller leurs trajectoires ;

- m'abstenir de dépasser à proximité d'un passage piétons sans visibilité ;
- lorsque je dépasse un piéton, laisser une distance latérale d'au moins 1 mètre en agglomération et 1,50 mètre hors agglomération ;
- rouler au pas quand je circule dans un parking aménagé.

Enfants

Les enfants sont particulièrement exposés aux dangers de la circulation car :

- leur comportement est imprévisible ;
- leur taille les rend peu visibles et ne leur permet pas de bien voir ;
- leur champ visuel n'est que de 70° alors que celui d'un adulte est de 180° ;
- ils ne pensent plus du tout aux dangers de la route lorsqu'ils jouent ;
- il leur faut 16 fois plus de temps qu'à un adulte pour constater qu'une voiture roule ;
- ils apprécient moins bien les distances et les vitesses.

Je dois :

- observer les bords de la chaussée, notamment les files de véhicules stationnés ;
- redoubler d'attention à l'approche des écoles, des aires de jeux, des parcs, des centres aérés... ;
- rouler à allure très lente, et éventuellement klaxonner lorsque j'approche d'un groupe d'enfants ;
- ne pas m'engager lorsqu'un enfant, prêt à traverser la route, ne regarde pas dans ma direction.

EN SAVOIR PLUS

Les enfants de moins de 8 ans sont autorisés à circuler à vélo sur les trottoirs.

Personnes âgées

Très vulnérables, elles sont plus souvent victimes que responsables des accidents de la route.

Les personnes âgées :

- se déplacent lentement ;
- voient et entendent souvent mal ;
- s'engagent parfois de façon inopinée.

Je dois :

- ralentir et redoubler d'attention lorsque j'approche de piétons ou de cyclistes âgés ;
- augmenter ma distance de sécurité et renforcer ma vigilance lorsque je suis une voiture conduite par une personne lente et hésitante ;
- rester toujours tolérant et courtois.

Personnes handicapées

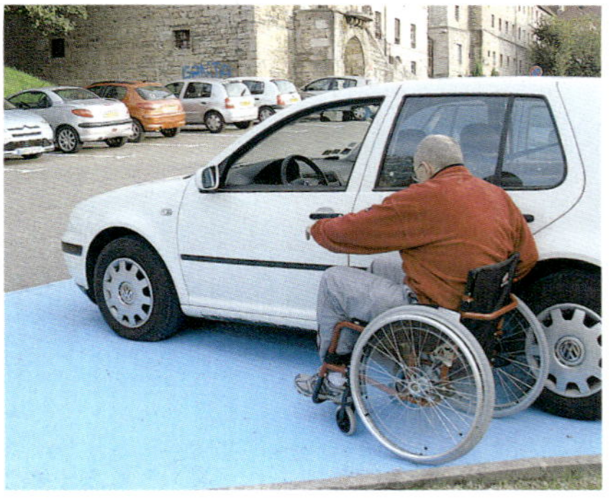

Les personnes handicapées qui se déplacent en chaise roulante (sans moteur) sont considérées comme des piétons, mais elles peuvent circuler aussi bien sur la chaussée que sur le trottoir.

Sur la chaussée, elles peuvent surprendre par leur progression très lente.

Je dois :

- ralentir à leur approche ;
- leur faciliter le passage en cas de croisement difficile ;
- leur laisser traverser la chaussée en tenant compte du fait qu'il leur faut plus de temps.

Je ne dois jamais stationner ni m'arrêter sur un emplacement qui leur est réservé.

Chapitre 28

Autres usagers

DANS CE CHAPITRE :

- **Jeunes conducteurs**
- **Véhicules lents et encombrants**
- **Tramways**
- **Animaux**
- **Véhicules d'intervention urgente**

Chaque usager utilise la route avec sa personnalité (calme, hésitant, sûr de lui, nerveux...), ses capacités (connaissances, âge, expérience...) et ses émotions (joie, soucis, stress...).

Hormis les piétons, chacun se déplace aussi avec un véhicule, et les contraintes liées à son utilisation.

Respecter les autres, c'est d'abord les comprendre. Les règles ont été étudiées en tenant compte des spécificités de chaque usager : respectons-les pour la sécurité de tous.

Jeunes conducteurs

Les jeunes conducteurs sont beaucoup plus impliqués que les autres dans les accidents de la circulation.

Les conducteurs titulaires du permis depuis moins de 2 ans occasionnent 20% des tués, alors qu'ils ne représentent que 5% des détenteurs de permis. Au kilomètre parcouru, le risque d'être tué dans un accident de voiture, est 4 fois plus élevé pour un conducteur novice que pour un conducteur expérimenté.

La prise de risque, plus importante chez les jeunes, fait mauvais ménage avec l'inexpérience. L'apprentissage anticipé de la conduite dès 15 ans et la conduite supervisée à partir de 18 ans limitent les risques, grâce à une acquisition d'expérience obtenue avant l'obtention du permis de conduire.

Les sorties nocturnes du week-end, notamment en discothèque, sont particulièrement meurtrières chez les jeunes : l'alcool, la drogue, la vitesse et la fatigue (due à l'heure tardive du retour) sont les principaux facteurs de mortalité relevés lors de ces sorties.

Véhicules lents et encombrants

Certains véhicules peuvent surprendre en raison de leur gabarit et de la vitesse à laquelle ils roulent.

Véhicules à progression lente

Les véhicules à progression lente (véhicules de nettoyage, de travaux, tracteurs agricoles...) peuvent me surprendre par leur allure très réduite. Ils sont signalés par un feu jaune clignotant.

Tracteurs agricoles

Les tracteurs agricoles peuvent surprendre par leur vitesse particulièrement lente.

Leur limitation de vitesse, fixée à 40 km/h, est abaissée à 25 km/h s'ils tractent une remorque.

La différence de vitesse proche de 65 km/h avec mon véhicule, est source d'accident grave.

Véhicules de service et d'entretien

Les véhicules de service et d'entretien circulent souvent très lentement. Aussi, ils s'arrêtent fréquemment.

Véhicules encombrants

Caractéristiques

Les véhicules encombrants :

- masquent fréquemment la visibilité vers l'avant ;
- doivent parfois se déporter à gauche avant de tourner à droite ;
- sont plus longs à dépasser ;
- ne sont pas équipés de rétroviseur intérieur.

Un véhicule qui tracte une remorque possède à l'arrière des catadioptres triangulaires. Il peut mesurer plus de 18,75 mètres de long. Pour mieux voir vers l'avant, j'évite de suivre ces véhicules de trop près.

Angles morts

Les camions n'ayant pas de rétroviseur intérieur, les angles morts à l'arrière sont importants. Si je ne vois pas les rétroviseurs du camion, son conducteur ne me voit pas. Dans ce cas, j'augmente mon intervalle de sécurité jusqu'à ce qu'ils soient visibles.

Matières dangereuses

Les véhicules qui transportent des matières dangereuses sont reconnaissables grâce à :

- une plaque orange de forme presque carrée
- un ou plusieurs losanges symbolisant la nature du danger

Les numéros figurant sur la plaque orange et les losanges, permettent de donner des informations importantes aux secours lorsqu'un accident implique un véhicule de ce type.

Transports en commun

En agglomération, je dois :

- ralentir, voire m'arrêter, pour les laisser quitter leurs arrêts ;
- leur faciliter le passage en cas de croisement difficile.

Je ralentis et augmente ma vigilance lorsque je circule à proximité d'un autobus arrêté.
Il peut en effet cacher des voyageurs qui traverseraient la chaussée. Des piétons, pressés de prendre le bus, peuvent aussi déboucher inopinément de gauche.

Tramways

Signalisation

Voie réservée aux tramways

Traversée de voies de tramways (Signal d'annonce)

Traversée de voies de tramways (Signal de position)

La traversée des voies peut être interrompue par un feu rouge clignotant.

Je ne tiens pas compte des feux pour tramways qui ne me concernent pas.

Règles de priorité

Les tramways sont prioritaires sur tous les autres usagers.

Toutefois, ils sont tenus de respecter les feux les concernant, les signaux des agents et l'arrêt au signal stop.

Dépassements

Un tramway se dépasse par la droite.

Toutefois, je peux le dépasser par la gauche :

- s'il n'y a pas de place à droite ;
- si la chaussée est à sens unique ;
- sur une route à double sens, à condition de laisser libre la moitié gauche de la chaussée.

Je ne dois pas dépasser un tramway pendant la montée ou la descente des voyageurs, du côté où elle s'effectue.

Lorsqu'un autobus ou un tramway est arrêté, des piétons peuvent déboucher aussi bien de droite que de gauche.

Il y a les passagers qui :

- descendent du véhicule
- débouchent de l'autre côté, de peur de le manquer.

Animaux

Le comportement des animaux est totalement imprévisible.

Ils peuvent traverser la chaussée inopinément.

Je dois :

- ralentir à l'approche d'un animal ou d'un endroit où les passages d'animaux sont fréquents ;
- éviter de klaxonner pour ne pas les effrayer ;
- laisser une distance latérale d'au moins 1 mètre en agglomération et 1,50 mètre hors agglomération lorsque je dépasse un animal ou un cavalier.

Véhicules d'intervention urgente

La rapidité avec laquelle les véhicules d'intervention urgente se rendent sur le lieu d'un incident est prépondérante : il peut être question de vie ou de mort.

Véhicules prioritaires

Police

Gendarmerie

Douanes

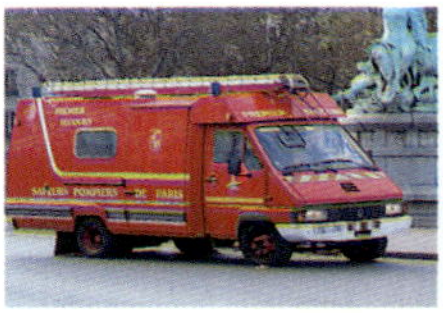

Pompiers

SAMU et SMUR

Véhicules de transport de détenus

Lorsqu'ils utilisent leurs avertisseurs lumineux ou sonores, je dois :

- » leur céder le passage, quel que soit l'endroit d'où ils débouchent ;
- » ralentir et, au besoin, m'arrêter ou me ranger pour leur faciliter le passage en cas de croisement ou de dépassement difficile.

Véhicules bénéficiant de facilités de passage

Ambulances, électricité secours, gaz secours, chasse-neige...

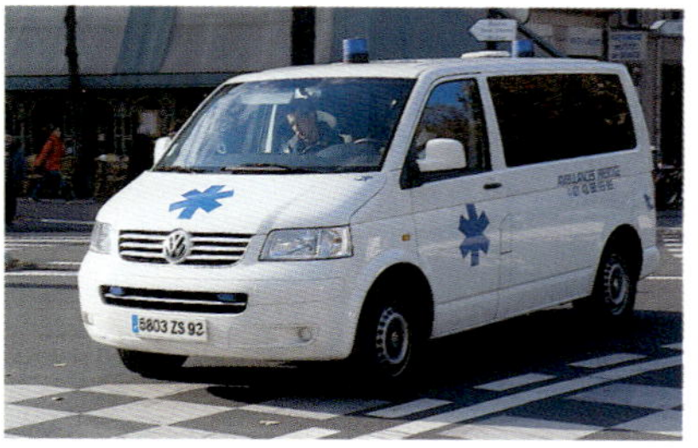

Lorsqu'ils utilisent leurs avertisseurs lumineux ou sonores, je dois ralentir et, au besoin, m'arrêter ou me ranger pour leur faciliter le passage en cas de croisement ou de dépassement difficile.

Ils ne sont pas prioritaires aux intersections, mais une règle de bon sens m'incitera à leur céder le passage.

Chapitre 29

Code de la rue

DANS CE CHAPITRE :

- » **Zone 30**
- » **Zone de rencontre**
- » **Aire piétonne**
- » **Double sens cyclable**

Dans la plupart des agglomérations, des zones sont aménagées pour un meilleur partage de la route et pour la protection des usagers vulnérables. Une zone est généralement constituée de plusieurs rues. Elle s'étend jusqu'à la signalisation qui y met fin, même si l'on change de direction.

Zone 30

Entrée de zone limitée à 30 km/h

Une zone 30 est une zone ouverte à la circulation de tous les usagers, où la vitesse est limitée à 30 km/h.

Un piéton heurté par une voiture à 30 km/h conserve 90 % de chances de survie. Ces chances ne sont plus que de 20 % s'il est percuté à 50 km/h. À 30 km/h, les dommages corporels sont réduits de 60 % par rapport à un piéton heurté à 50 km/h.

Ces données nécessitent l'implantation de zone 30 dans les lieux fréquentés par les piétons.

Sortie de zone limitée à 30 km/h

Ces panneaux mettent également fin à une zone 30 :

Ne pas confondre ce panneau (vitesse limitée à 30 km/h dans toute une zone) avec celui-ci :

(vitesse limitée à 30 km/h jusqu'à la prochaine intersection).

Zone de rencontre

Une zone de rencontre est une zone ouverte à la circulation de tous les usagers.

- La vitesse est limitée à 20 km/h ;
- les piétons sont prioritaires ;
- les piétons sont autorisés à circuler sur la chaussée ;
- le stationnement en dehors des emplacements est interdit.

Entrée d'une zone de rencontre

Fin d'une zone de rencontre

Ces panneaux mettent également fin à une zone de rencontre.

Aire piétonne

Une aire piétonne est réservée à la circulation des piétons, mais les cyclistes peuvent y circuler, à condition de rouler à l'allure du pas et de ne pas gêner les piétons.

La circulation des autres véhicules y est interdite, sauf dérogation indiquée par un panonceau.

La circulation est à double sens pour les cyclistes.

Entrée d'aire piétonne

Sortie d'aire piétonne

Ces panneaux mettent également fin à une aire piétonne :

Double sens cyclable

Dans les rues à sens unique où la vitesse est limitée à 30 km/h ou moins, la circulation est à double sens pour les cyclistes.

Toutefois, la circulation restera à sens unique pour tous les usagers en présence de ce panneau.

Exercices

Usagers vulnérables/partage de la route 01

Pour dépasser ce cycliste, je dois m'écarter d'au moins :

- 1 m .... A
- 1,50 m .... B
- 2 m... C

Usagers vulnérables/partage de la route 02

Les feux tricolores ne fonctionnent pas. Je dois céder le passage au piéton :

OUI .... A

NON .... B

Usagers vulnérables/partage de la route 03

Je veux tourner à droite.

- Je dépasse le camion........ A

ou

- je reste derrière le camion............................ B

Usagers vulnérables/partage de la route 04

Je passe :

- avant l'autobus .... A
- après l'autobus .... B

Usagers vulnérables/partage de la route 05

Après l'intersection, ma vitesse sera limitée à 30 km/h :

- si je vais tout droit

  OUI .... A

  NON .... B

- si je tourne à droite

  OUI C

  NON .... D

Bonnes réponses :

1 : B • 2 : A • 3 : B • 4 : B • 5 : AC

6 Intersections et priorités

« MAIS APRÈS VOUS MADEMOISELLE... »

DANS CETTE PARTIE...

Nous allons étudier :

- les différents types d'intersections, équipées ou non de feux ;
- les règles de priorité ;
- les principes à respecter pour aborder ces endroits dangereux en sécurité.

Chaque année, les chocs latéraux sont à l'origine de 30 % des accidents corporels et de 14 % des tués sur la route. Pourtant, si tous les usagers respectaient certaines règles essentielles, tous ces drames pourraient être évités.

Chapitre 30

Intersection

DANS CE CHAPITRE :

- **Franchissements**
- **Priorité à droite**
- **Cédez le passage**
- **Stop**
- **Priorité ponctuelle**
- **Route à caractère prioritaire**
- **Cas particuliers**
- **Gestes des agents**
- **Carrefour à sens giratoire**

Nous allons voir comment franchir une intersection en sécurité, et étudier les règles de priorité, en étayant les explications par des exemples.

Franchissements

Pour franchir une intersection :

» j'adapte ma vitesse à la visibilité ;

» je surveille les autres usagers (m'ont-ils vu ? quelles sont leurs intentions ?).
» j'avertis si nécessaire de mon approche (klaxon ou appel lumineux).
» je prends rapidement une décision (je passe, j'accélère, je ralentis ou je m'arrête).

Le fait d'avoir la priorité ne me dispense pas de regarder à gauche et à droite.

« Avoir la priorité » ne signifie pas « être protégé ». Je dois en effet compter avec les conducteurs distraits et les véhicules prioritaires (gendarmerie, pompiers...).

Détecter l'intersection

Il est important de détecter la présence d'une intersection le plus tôt possible. Pour cela, je repère les indices suivants :

»  balises d'intersection ;
» panneaux de priorité ;
» certains panneaux de direction ;
» interruption d'un trottoir, d'une rangée d'arbres, ou d'un alignement d'immeubles ;
» véhicules qui débouchent de gauche ou de droite.

Identifier le type d'intersection

Dès que j'ai détecté une intersection, je l'identifie afin de savoir si j'aurai ou non la priorité.

Adapter l'allure

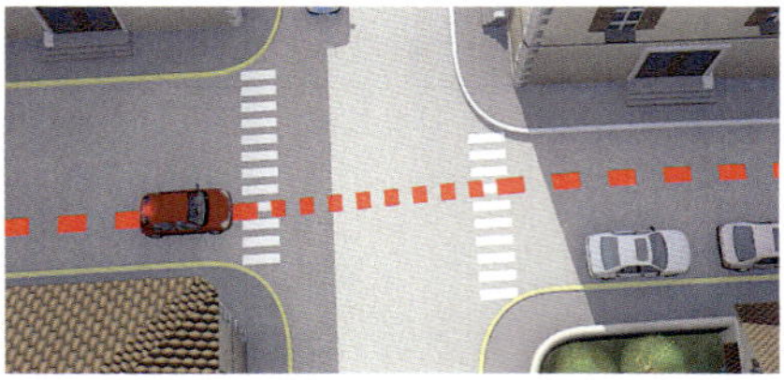

Je dois adapter mon allure en fonction de la visibilité, du régime de priorité et de la présence d'éventuels usagers.

Avertir

En l'absence de visibilité, je peux, hors agglomération, signaler mon approche avec l'avertisseur sonore. La nuit, le signal sonore sera remplacé par des appels lumineux. Je peux également faire des appels lumineux en agglomération.

Contrôler et prendre une décision

Avant de franchir l'intersection, je regarde d'abord à gauche, ensuite à droite. J'observe les autres usagers pour comprendre leurs intentions.

Priorité à droite

Dans une intersection sans signalisation, je cède le passage à droite. Le conducteur qui tourne à gauche doit céder le passage aux véhicules en face.

Avec panneau

Ce panneau annonce une intersection où je devrai céder le passage à droite.
Les usagers qui abordent cette intersection par les autres routes rencontrent le même panneau.

Exemples

Je vais tout droit.

Je cède le passage à droite. En revanche, je passe avant la voiture de gauche.

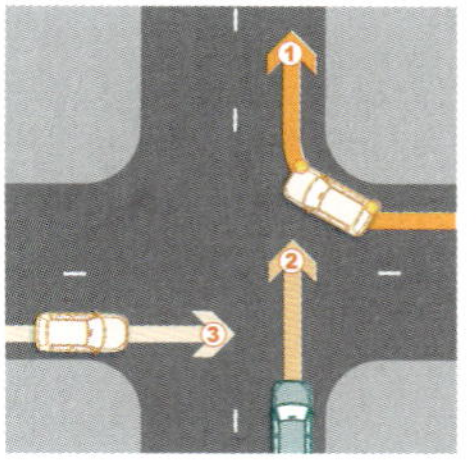

Je tourne à gauche.

Je cède le passage à la voiture de droite et à celle en face.

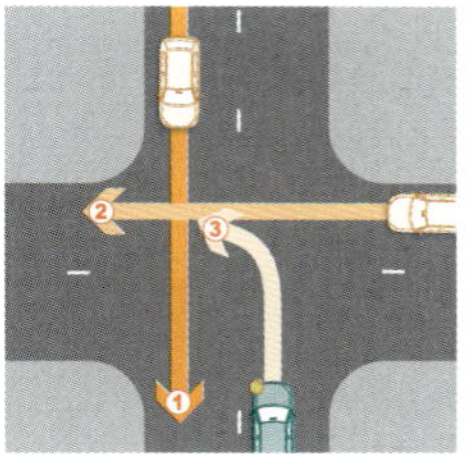

Le véhicule en face tourne à sa gauche.

Je peux m'engager car la voiture en face doit me céder le passage avant de tourner à sa gauche.

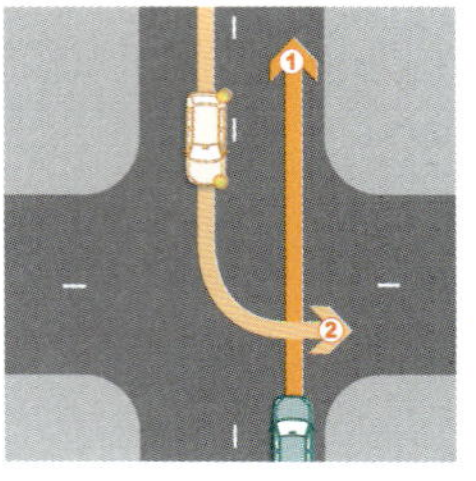

Trois véhicules abordent l'intersection.

La situation devient complexe, car la voiture de droite se trouve à gauche de celle en face sur laquelle j'ai priorité. Dans ce cas, la courtoisie est de rigueur, et l'ordre de priorité se réglera par des gestes.

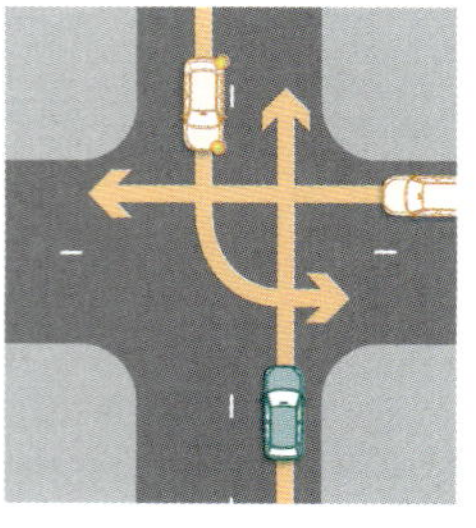

Cédez le passage

Je cède le passage à gauche et à droite.

Je peux franchir l'intersection sans marquer l'arrêt, à condition de rouler à une allure qui me permette de m'arrêter si un véhicule arrivait.

Signal d'annonce

Signal de position

Le plus souvent, une ligne discontinue complète le panneau « cédez le passage ». Elle marque la limite de la chaussée abordée. Dans une rue à sens unique, elle occupe toute la largeur de la chaussée.

ATTENTION !

Avant de tourner à droite à une intersection où je dois céder le passage, je n'oublie pas de regarder des deux côtés : un véhicule peut en dépasser un autre au niveau de l'intersection.

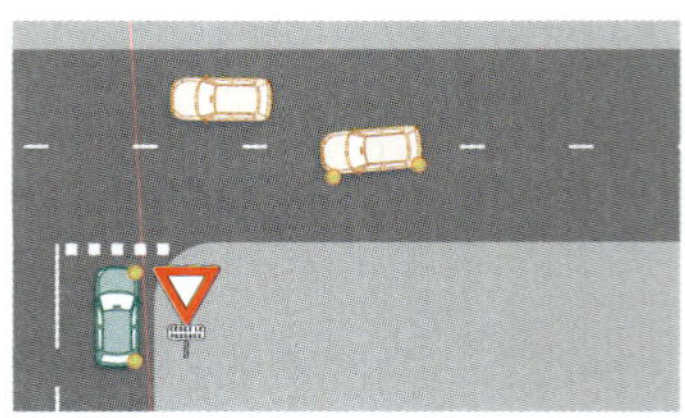

Exemples

Je vais tout droit.

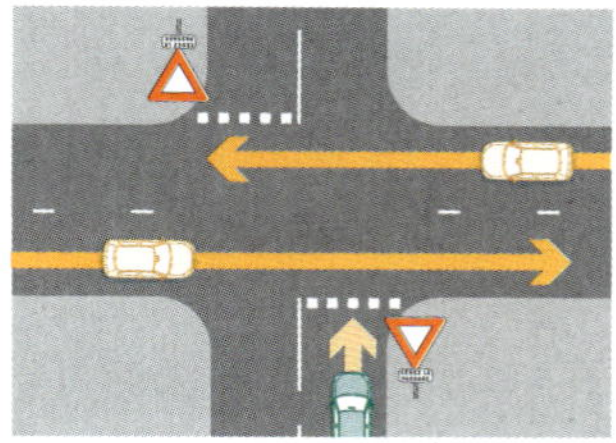

Je cède le passage à gauche et à droite. Ces deux véhicules ne rencontrent pas de « cédez le passage » ni de stop.

Je tourne à droite.

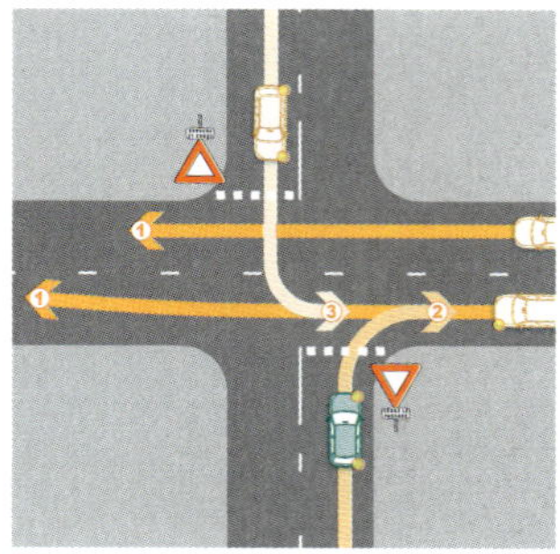

Je cède le passage à la voiture qui dépasse. En revanche, je ne cède pas le passage en face. En effet, lorsque deux conducteurs rencontrent chacun un « cédez le passage », c'est la priorité à droite qui s'applique.

Je tourne à gauche.

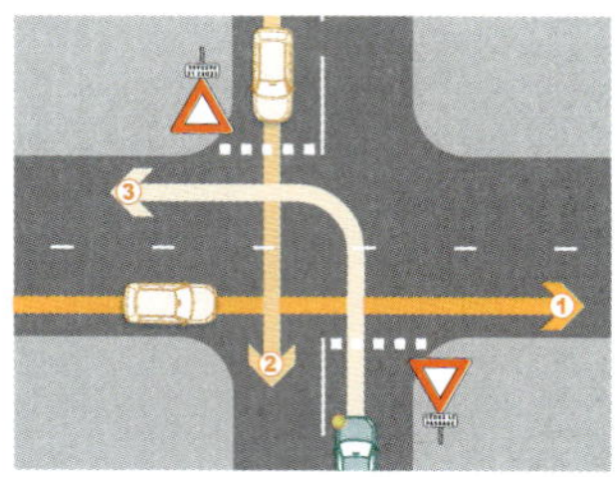

Je cède le passage à gauche. Comme je tourne à gauche, je dois également laisser passer la voiture en face.

La voiture de droite rencontre un « cédez le passage ».

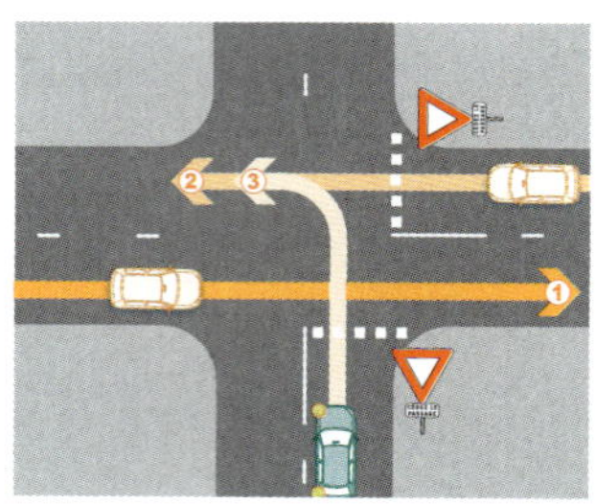

Je cède le passage à gauche. Je laisse également passer la voiture de droite, car lorsque deux usagers rencontrent la même signalisation, la règle de la priorité à droite s'applique.

Stop

Je dois :

- marquer un temps d'arrêt ;
- céder le passage aux véhicules venant de gauche comme de droite.

Même si la chaussée abordée est libre, je dois m'arrêter. Cet arrêt me laisse le temps d'observer les véhicules, de voir à quelle distance ils se trouvent et à quelle vitesse ils arrivent.

Signal d'annonce

Signal de position

Le plus souvent, une ligne transversale continue complète le panneau stop. Dans une rue à sens unique, elle occupe toute la largeur de la chaussée.

Je marque l'arrêt à hauteur de cette ligne. En son absence, je m'arrête à la limite de la chaussée abordée.

Exemples

Je vais tout droit.

Après avoir marqué l'arrêt, je cède le passage à gauche et à droite.

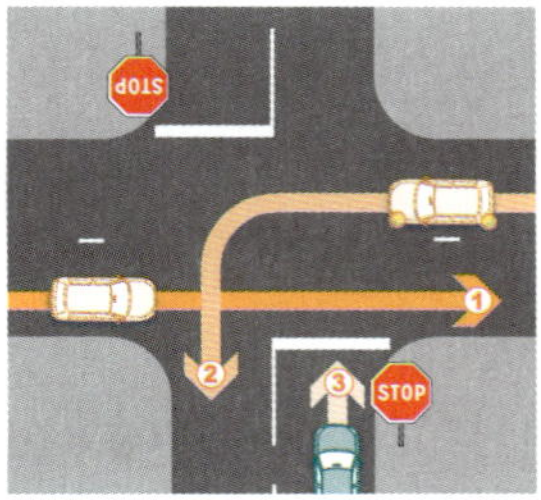

Je tourne à droite.

Après avoir marqué l'arrêt, je cède le passage à gauche. Je ne cède pas le passage en face car lorsque deux conducteurs rencontrent un stop, c'est la priorité à droite qui s'applique.

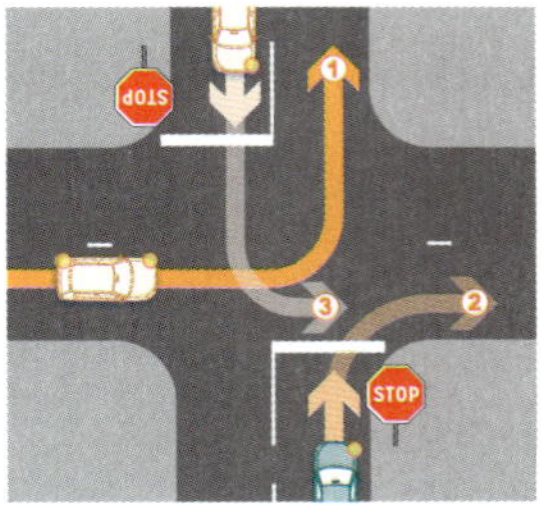

Je tourne à gauche.

Après avoir marqué l'arrêt, je cède le passage à droite. Je laisse également passer la voiture en face, car c'est la priorité à droite qui s'applique.

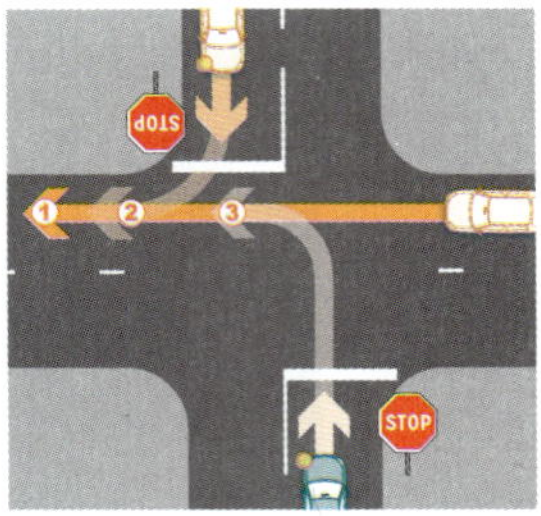

Stop à droite.

Après avoir marqué l'arrêt, je cède le passage en face. Comme moi, la voiture de droite rencontre un stop, mais je la laisse passer car elle est à ma droite.

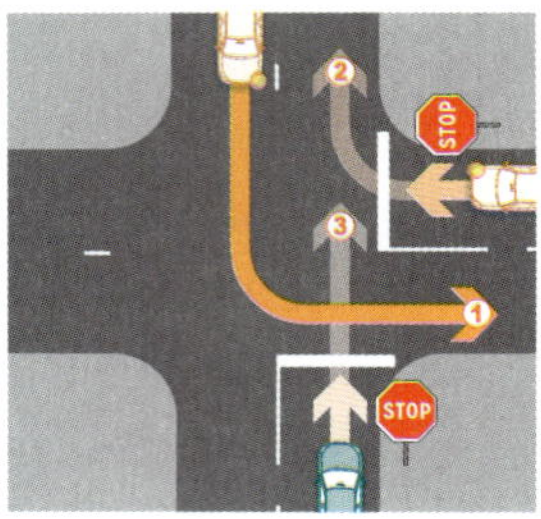

Stop à gauche

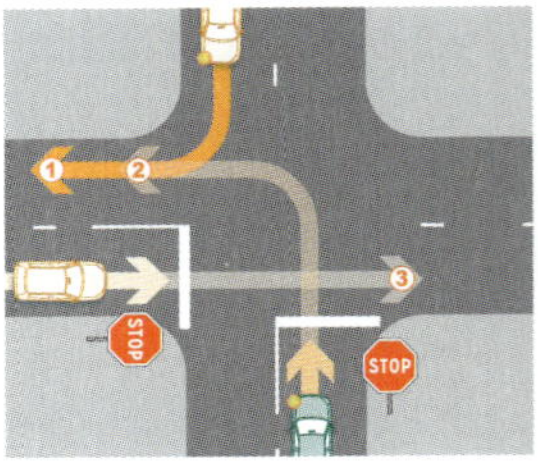

Après avoir marqué l'arrêt, je cède le passage en face. En revanche, je ne cède pas le passage à gauche.

Stop à gauche

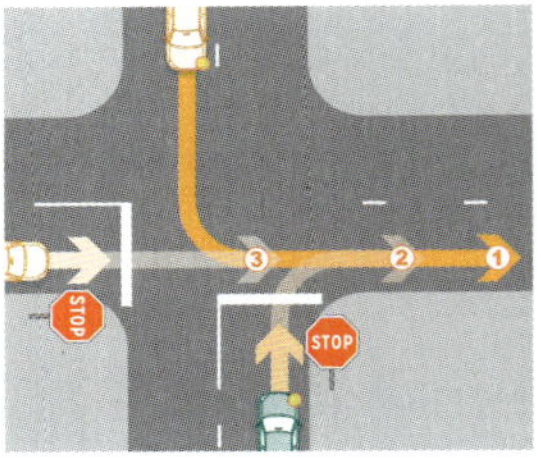

Après m'être arrêté, je devrai céder le passage en face. Mais la voiture venant de gauche doit me laisser passer.

Priorité ponctuelle

Je bénéficierai de la priorité de passage uniquement à la prochaine intersection.

Les usagers venant de gauche comme de droite rencontrent un stop ou un « cédez le passage ».

Mais, comme à l'approche de toute autre intersection, je dois ralentir pour anticiper des éventuelles erreurs des autres usagers, et aussi pour être prêt à céder le passage à un véhicule d'intervention urgente.

ATTENTION !

Si je tourne à gauche, je cède le passage aux usagers en face, qui rencontrent le même signal.

Exemples

Je vais tout droit.

Je ne cède le passage ni à gauche ni à droite, car ces deux véhicules rencontrent un « cédez le passage ».

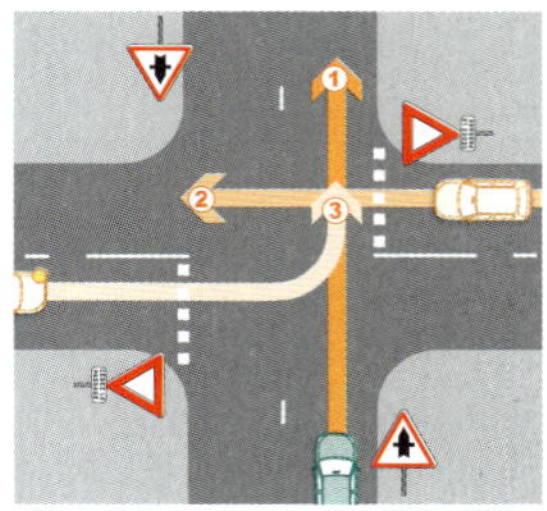

Je tourne à droite.

La voiture en face doit me céder le passage. La voiture de gauche doit également me laisser passer car elle rencontre un « cédez le passage ».

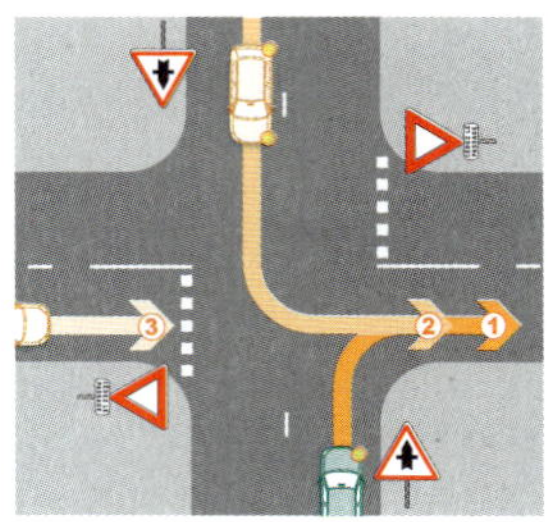

Je tourne à gauche.

Je laisse passer la voiture en face, mais je ne cède pas le passage à la voiture de droite car elle rencontre un « cédez le passage ».

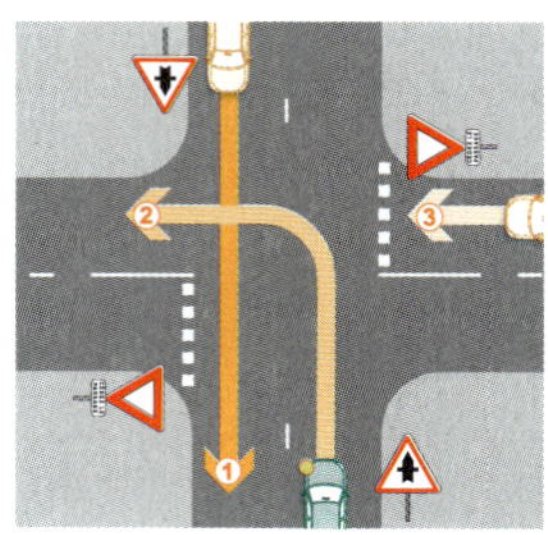

Le véhicule en face tourne à sa gauche.

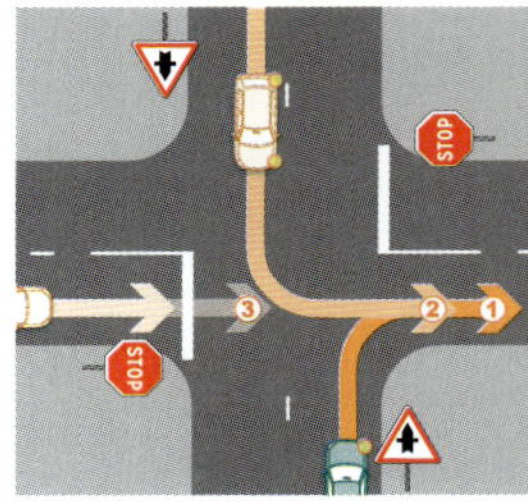

La voiture en face doit me laisser passer. La voiture de gauche qui rencontre un stop doit également me céder le passage.

Route à caractère prioritaire

Je bénéficie de la priorité à toutes les intersections. Ce panneau est implanté après chaque intersection pour informer les usagers qui abordent la route du caractère prioritaire. Il est répété tous les 5 km en rase campagne et tous les kilomètres en agglomération.

Il est également répété au niveau des feux.

ATTENTION !

Si je tourne à gauche, je cède le passage aux usagers en face, qui circulent également sur la route prioritaire.

La route conserve son caractère prioritaire dans cette agglomération, mais je peux rencontrer des feux tricolores.

À la sortie de l'agglomération, la route peut rester ou redevenir prioritaire.

Panonceau schéma

Ce panonceau est placé à l'approche des intersections complexes. Il représente l'intersection qui va être abordée et indique par un trait en caractère gras la branche prioritaire.

Le trait vertical, situé en bas du panonceau, représente la route sur laquelle je circule.

Exemples

Je vais tout droit

Les deux voitures doivent me laisser passer, car elles rencontrent chacune un stop.

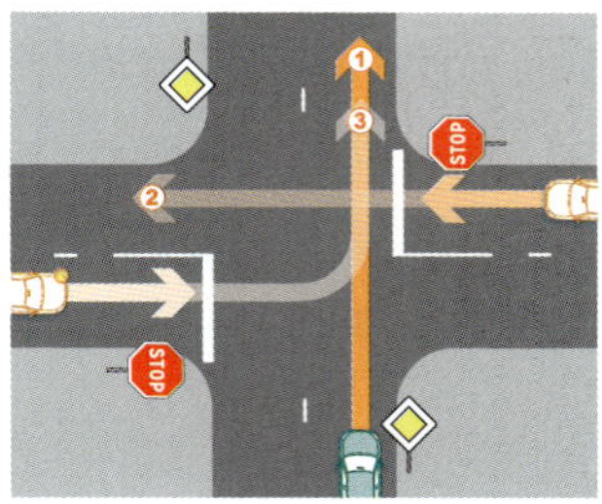

Je tourne à droite

La voiture en face devra me laisser passer ainsi que la voiture de gauche qui rencontre un « cédez le passage ».

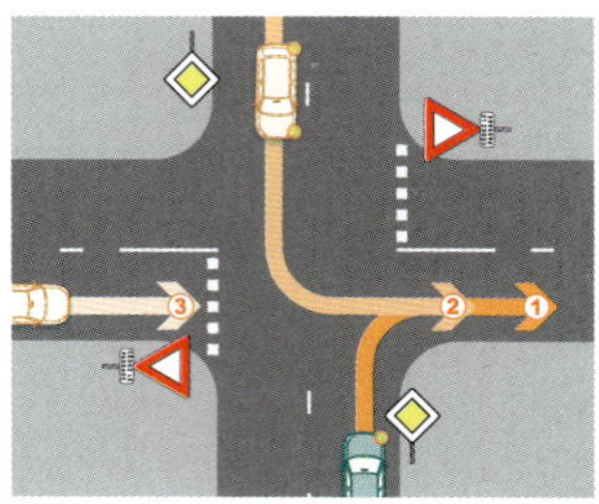

Axe prioritaire tournant à droite

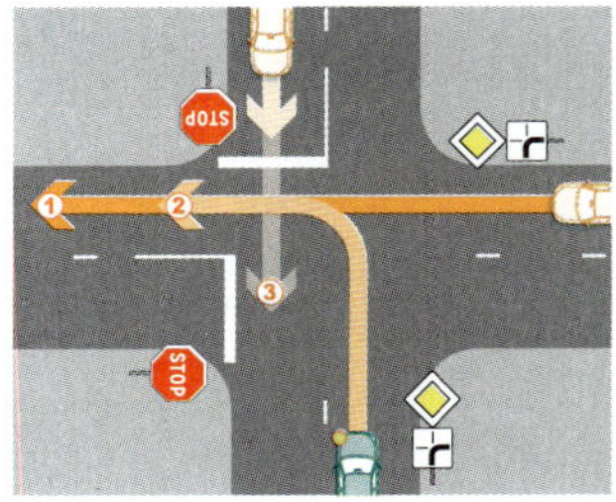

Je vais traverser puis quitter cet axe prioritaire. Je cède le passage à droite. En revanche, la voiture en face doit me laisser passer, car elle rencontre un stop.

Axe prioritaire tournant à gauche

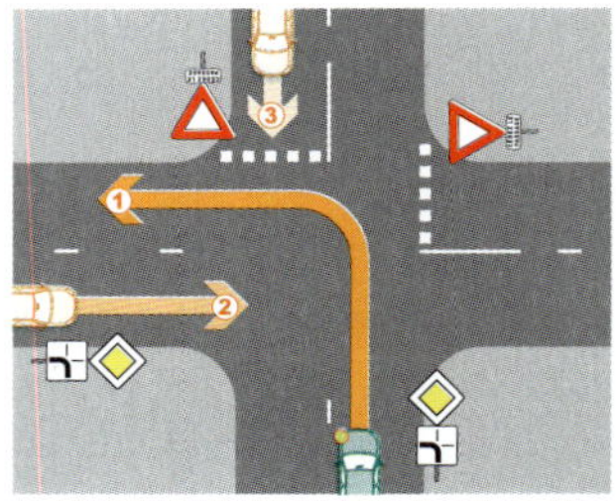

Je ne cède pas le passage à gauche. Je ne suis pas tenu de laisser passer la voiture en face, car elle rencontre un « cédez le passage ».

Fin de route à caractère prioritaire

La route perd son caractère prioritaire. À 400 mètres, une signalisation indiquera les règles de priorité à appliquer.

La route perd son caractère prioritaire dans cette agglomération. En l'absence de signalisation, je céderai le passage à droite.

Cas particuliers

Certaines situations impliquent un comportement particulier.

Intersections encombrées

Lorsqu'une intersection est encombrée, je ne dois pas m'engager.

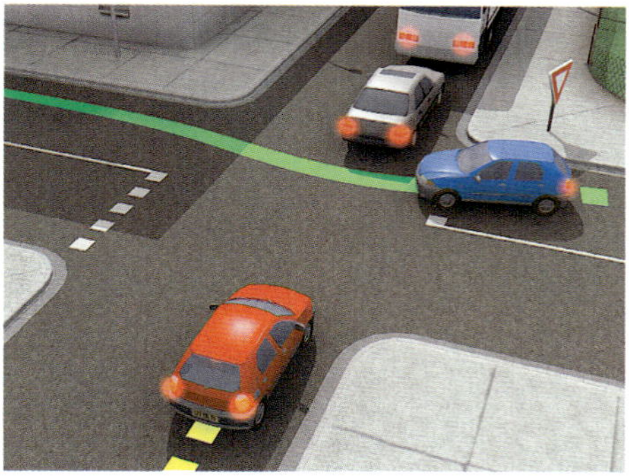

Je m'arrête avant l'intersection afin de laisser le passage libre à tous les véhicules qui circulent sur la chaussée abordée, même s'ils n'ont pas la priorité.

Chemins de terre et sorties privées

Lorsque je débouche d'un lieu privé (ex. : station-service), d'un chemin de terre ou d'un parking, je dois céder le passage à tous les véhicules qui circulent sur la chaussée abordée, même s'il n'y a pas de signalisation.

Il en est de même lorsque je quitte un lieu de stationnement pour m'insérer sur la chaussée ou lorsque je débouche sur une route en franchissant un trottoir.

ATTENTION !

Attention : une route non goudronnée qui fait partie du domaine public (chemin rural, route communale, rue portant un nom...) n'est pas considérée comme un chemin de terre. Dans ce cas, la règle de la priorité à droite doit s'appliquer.

Les gestes des agents

Les agents ont pour rôle :

- » de faciliter la fluidité de la circulation ;
- » de contrôler les conducteurs et l'état de leurs véhicules ;
- » de constater les infractions ;
- » d'organiser les secours en présence d'un accident.

Règle

Lorsqu'un agent règle la circulation, je dois obéir à ses gestes sans tenir compte de la signalisation, des feux, ni des règles de circulation.

Signification des gestes

Si l'agent est de profil, je m'engage.

Si l'agent lève le bras, je m'arrête.

Si je vois l'agent de face ou de dos, je m'arrête.

Si l'agent balance le bras de haut en bas, je ralentis.

Un geste circulaire avec l'avant-bras signifie « circulez », « accélérez ».

Feux utilisés par les forces de l'ordre

Des feux rouges ou jaunes peuvent être utilisés par les services de police, de gendarmerie ou de douane.

Ils peuvent être :

- soit placés temporairement sur la voie publique ;
- soit balancés à bout de bras.

Je dois ralentir en présence du feu jaune et m'arrêter en présence du feu rouge.

Carrefour à sens giratoire

Un carrefour à sens giratoire comporte un terre-plein central généralement infranchissable, ceinturé par une chaussée mise à sens unique par la droite.

Avant de m'engager dans l'anneau, je devrai céder le passage à tous les usagers qui y circulent.

Comme tout ouvrage, borne, terre-plein ou monument formant obstacle à la progression directe d'un véhicule, le rond-point doit être contourné par la droite.

Signal d'annonce

Signal de position

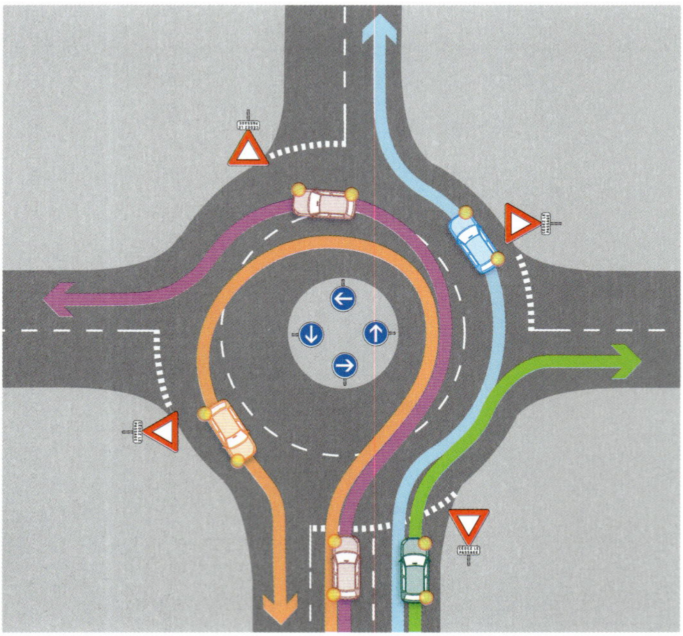

Placements

Circuler sur un carrefour à sens giratoire, c'est circuler sur une chaussée à sens unique qui tourne.

Le graphique montre les trajectoires à adopter en fonction de la direction, mais utiliser la voie de gauche d'un rond point n'est jamais une obligation. Si je ne sais pas quelle sortie je vais emprunter, je reste dans la voie de droite.

Avant tout changement de voie, je dois céder le passage. Avant de tourner pour prendre une sortie, je dois céder le passage aux deux roues qui circulent à droite, même s'il n'y a pas de bande cyclable.

Clignotant

Si je continue tout droit, j'allume le clignotant droit à hauteur de la sortie précédente.

Si j'emprunte la première sortie à droite, j'allume le clignotant droit avant d'aborder le carrefour.

Si j'emprunte une sortie à gauche ou fais un demi-tour, j'allume le clignotant gauche avant d'aborder le carrefour.

Configurations particulières

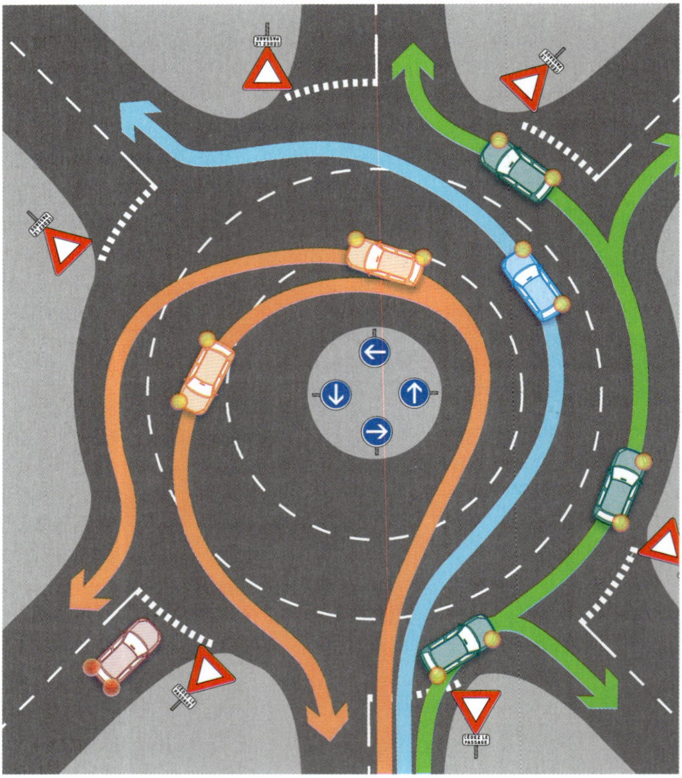

Si le carrefour comporte plus de deux voies ou plus de quatre sorties, j'adapte ma trajectoire à la configuration des lieux.

« Faux sens giratoire »

Lorsque j'aborde un rond-point sans signalisation :

- » je m'engage sur l'anneau sans céder le passage à gauche ;
- » je contourne le terre-plein par la droite ;

» je cède le passage aux usagers qui s'engagent sur l'anneau car ils sont à ma droite.

ATTENTION !

Dans tous les cas, s'il y a une bande cyclable, je cède le passage aux cyclistes avant d'emprunter une sortie.

ATTENTION !

Un obstacle (fontaine, terre-plein...) doit être contourné par la droite uniquement s'il se trouve sur ma trajectoire. S'il ne fait pas obstacle à la progression directe de mon véhicule, je n'ai pas à le contourner.

Chapitre 31

Feux tricolores

DANS CE CHAPITRE :

- » **Feux ronds**
- » **Feux en forme de flèche**
- » **Feux pour piétons**
- » **Fonctionnement anormal**
- » **Cas particuliers**

Les feux tricolores règlent l'ordre de passage des véhicules dans une intersection. Leur emploi a pour but d'assurer la sécurité et d'améliorer la fluidité de la circulation.

ATTENTION !

Lorsque les feux fonctionnent normalement, il ne faut pas tenir compte des panneaux de priorité.

Ce panneau annonce des feux tricolores :

- » hors agglomération, dans tous les cas ;
- » en agglomération quand leur présence risque de surprendre.

Feux ronds

Ces feux s'allument alternativement dans l'ordre vert, jaune, rouge. Malgré un ordre de passage défini, je dois rester attentif aux véhicules qui circulent sur les chaussées abordées.

Feu vert

Je passe.

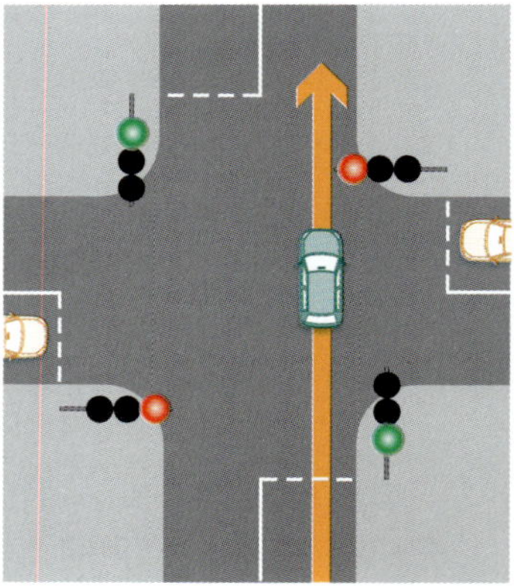

Les véhicules qui viennent de gauche et de droite rencontrent un feu rouge. Il en est de même pour les piétons devant moi. Toutefois, à l'approche d'un feu vert, je dois ralentir, observer les autres usagers et ne m'engager dans l'intersection que si je suis certain de ne pas y être bloqué.

EN SAVOIR PLUS

Ondes vertes

Dans certaines avenues, les feux qui se succèdent sont coordonnés. Si je roule à 50 km/h ou à la vitesse conseillée (ici 40 km/h), le feu qui est vert à une intersection le restera également dans celles qui suivent.

Feu jaune fixe

Je m'arrête, sauf danger.

Le feu jaune fixe annonce le feu rouge. Il s'allume 3 à 5 secondes avant de passer au rouge. Si je suis suivi de près par un véhicule et que le feu passe au jaune, il sera préférable de m'engager afin d'éviter une collision. Dans tous les cas, je regarde dans le rétroviseur avant de m'arrêter.

Feu rouge

Je m'arrête.

Je m'arrête à hauteur du feu. Si un passage pour piétons se trouve avant le feu, je devrai marquer l'arrêt avant le passage.

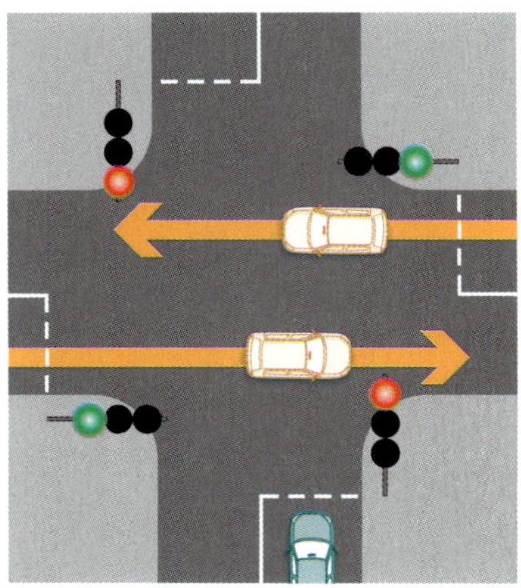

Ligne d'effet des feux

Souvent, une ligne transversale dite « d'effet des feux » est tracée. Lorsque le feu est jaune ou rouge, je dois m'arrêter avant cette ligne.

S'il existe une zone SAS réservée à l'arrêt des cyclistes, je dois m'arrêter avant la première ligne.

Cette ligne peut être tracée plusieurs mètres avant le feu, afin de permettre aux véhicules encombrants de tourner plus facilement.

Changement de direction à droite

Pour tourner à droite, au feu vert, je dois céder le passage aux piétons qui traversent la chaussée transversale, car en principe, ces piétons ont également le feu vert.

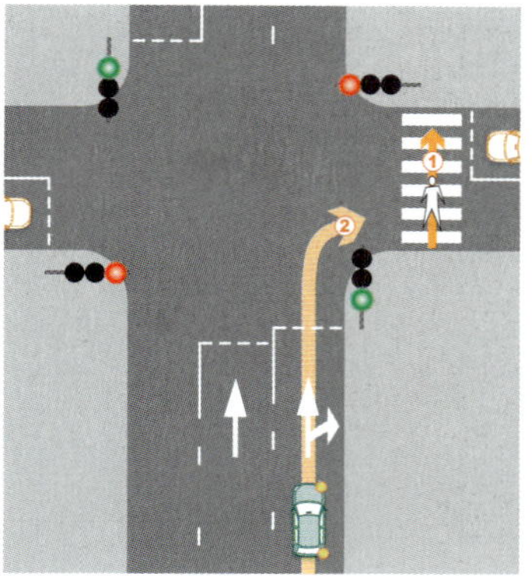

Changement de direction à gauche

Avant de tourner à gauche, à un feu vert, je dois céder le passage aux usagers qui arrivent en face. En effet, ils ont aussi le feu vert. Je dois également laisser passer les piétons qui traversent la chaussée transversale.

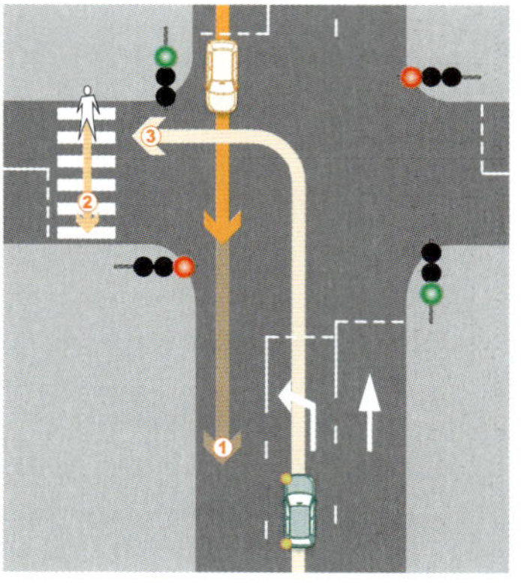

EN SAVOIR PLUS

Parfois, une croix de couleur rouge est visible sur le feu situé de l'autre côté de l'intersection. Lorsqu'elle s'allume, elle m'informe que les usagers en face ont le feu rouge.

Feux en forme de flèches

Ils s'adressent à tous les véhicules qui suivent la direction indiquée par la flèche. Ils ont la même signification que les autres feux tricolores. Lors des changements de direction à gauche ou à droite, la flèche verte me donne la priorité de passage.

Le sens des flèches des feux correspond au sens des flèches peintes sur la chaussée.

Flèche pour aller tout droit

La flèche pour aller tout droit concerne uniquement les usagers qui suivent cette direction.

Flèche verte pour tourner à droite

Ici, la flèche verte autorise le véhicule qui tourne à droite à s'engager.

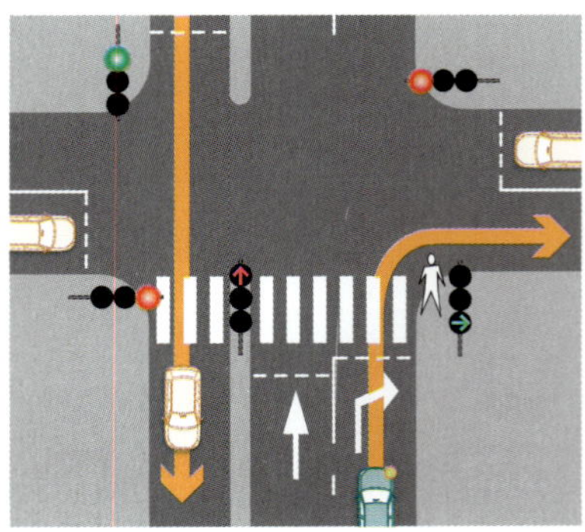

Flèche verte pour tourner à gauche

La flèche verte autorise à m'engager à gauche. Les véhicules qui arrivent en face ont le feu rouge. Je ne serai pas tenu de leur céder le passage.

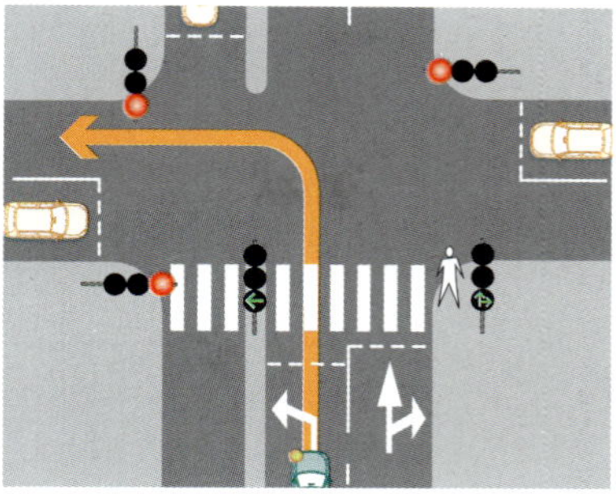

Flèches bidirectionnelles

Les flèches peuvent être bidirectionnelles. Ici, les véhicules qui vont tout droit ou à droite s'engagent ; ils ont le feu vert.

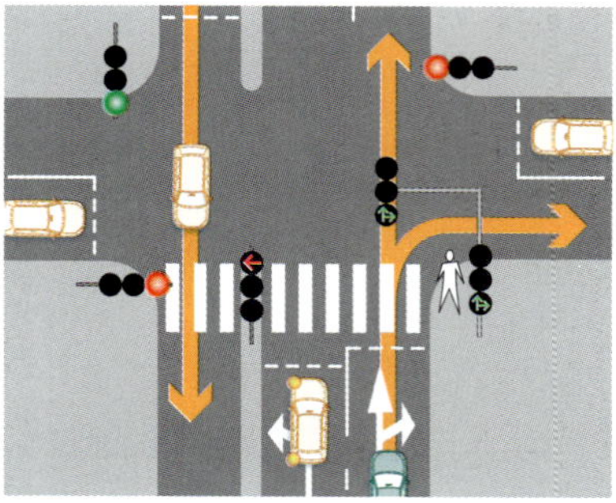

Ceux qui tournent à gauche s'arrêtent au feu rouge.

Flèche jaune supplémentaire

La flèche jaune clignotante autorise à passer, malgré le feu rouge, à condition de suivre la direction qu'elle indique. Toutefois, elle ne donne pas la priorité.

Je dois aborder l'intersection à allure réduite et céder le passage aux piétons et à tous les autres usagers.

Cette flèche, toujours associée à des feux tricolores, peut également être :

orientée tout droit

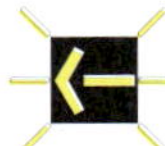
orientée à gauche

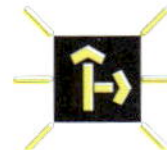
bidirectionnelle

La flèche orientée tout droit est le plus souvent implantée lorsqu'il n'y a pas de rue à droite.

Signaux autorisant uniquement les cyclistes à passer malgré le feu rouge

Ces signaux ne donnent pas la priorité aux cyclistes. Ils doivent céder le passage à tous les autres usagers.

Les cyclistes peuvent tourner à droite malgré le feu rouge.

Les cyclistes peuvent continuer tout droit malgré le feu rouge.

Feux pour piétons

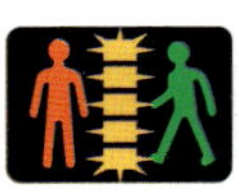

Des feux bicolores sont destinés aux piétons.

- **Feu rouge** : les piétons ne doivent pas traverser.
- **Feu vert** : les piétons peuvent traverser.
- **Vert clignotant** : le feu va passer au rouge. Il est conseillé aux piétons de ne plus s'engager.

Feux clignotants ou en panne

Lorsque les feux clignotent ou ne fonctionnent pas, je dois ralentir, appliquer les mêmes règles de priorité qu'en l'absence de feux, et tenir compte de la signalisation.

Feu jaune clignotant au milieu

Souvent, lorsque la circulation est moins dense, c'est le feu jaune clignotant qui fonctionne.

Dans ce cas, les usagers qui circulent sur la chaussée transversale rencontrent ce même feu clignotant.

Ce feu ne règle plus la circulation. Ici, en l'absence de panneau, je dois appliquer la règle de la priorité à droite et céder le passage aux piétons engagés sur le passage (ou qui en manifestent clairement l'intention), car les feux qui les concernent sont éteints.

Feu jaune clignotant en bas

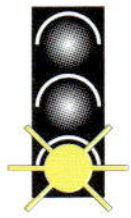

Dans certaines situations dangereuses, le feu vert peut être remplacé par un feu jaune clignotant situé en bas. Une autre rue peut également bénéficier du feu vert.

Je dois :

- » céder le passage aux piétons ;
- » respecter la signalisation et les règles de priorité.

En outre, je dois me préparer à m'arrêter, car ce feu peut passer au jaune fixe puis au rouge.

Feux en panne

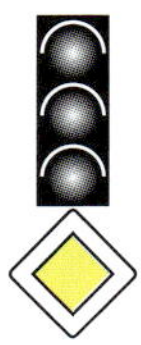

Lorsque les feux tricolores ne fonctionnent pas, je dois respecter les règles de priorité, au même titre que si le feu jaune clignotait. Ici, je peux passer, car le panneau indique que j'ai la priorité.

Exemples avec panneaux

Le feu jaune clignote

Rencontrant un panneau « cédez le passage », je laisse passer les véhicules qui viennent de gauche et de droite.

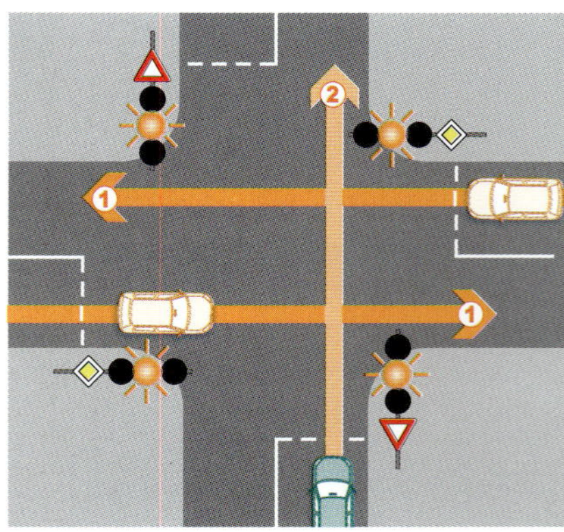

Le feu jaune clignote

Je passe, car le panneau indique que j'ai la priorité.

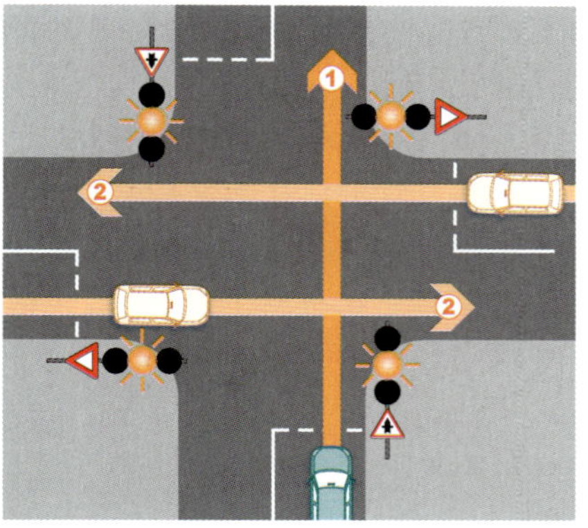

Les feux sont éteints

Je passe, car je circule sur une route à caractère prioritaire.

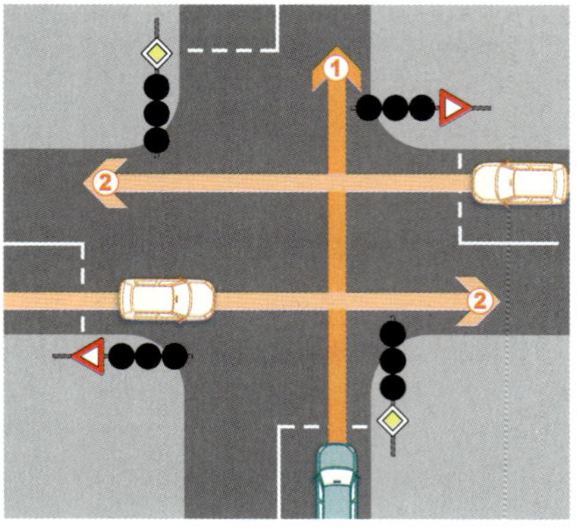

Cas particuliers

Certains feux ont une signification particulière.

Feux pour tramways

REPORTEZ-VOUS

Reportez-vous page 312.

Feux par catégories

Ils ne me concernent pas, puisqu'ils sont réservés à la catégorie de véhicules du symbole comme, ici, les bus.

Signaux des agents

Les signaux des agents prévalent sur les feux. Ici, malgré le feu vert, je dois tenir compte des signes de l'agent et m'arrêter.

Feux rouges clignotants

Au même titre que le feu rouge fixe, un feu rouge clignotant impose l'arrêt.

Passage à niveau

Aire de danger aérien

REPORTEZ-VOUS

Reportez-vous pages 9 et 11.

On peut le rencontrer avant un passage à niveau ou une aire de danger aérien, mais aussi avant :

- une traversée de voies de tramway ;
- un tunnel ;
- un pont mobile ;
- une caserne de pompiers ;
- une zone dangereuse telle qu'un couloir d'avalanches.

Exercices

Intersections et priorités 01

Je tourne à gauche. Je cède le passage à :

- la voiture blanche .... A
- la voiture verte .... B
- la voiture grise C

Intersections et priorités 02

Je bénéficie de la priorité de passage lorsque je rencontre :

- le panneau A .... A
- le panneau B .... B
- le panneau C C
- le panneau D .... D

Intersections et priorités 03

À 50 m, je devrai :

- marquer un temps d'arrêt .... A
- céder le passage à droite .... B
- céder le passage à gauche C

Intersections et priorités 04

Je devrai :

- marquer un temps d'arrêt
  - OUI .... A
  - NON .... B
- céder le passage
  - à gauche.......................... C
  - à droite.......................... D

Intersections et priorités 05

Ce signal :

- annonce une intersection .... A
- indique le caractère prioritaire de la route...... B
- est répété tous les 10 km environ.................... C

Intersections et priorités 06

Pour tourner à gauche à l'intersection annoncée, je céderai le passage :

- à droite................................. A
- à gauche................................. B
- en face.................................. C

Intersections et priorités 07

Je cède le passage à la voiture bleue :

OUI .... A

NON .... B

Intersections et priorités 08

Pour tourner à gauche :

- je m'arrête avant le feu.. A
- je céderai le passage à droite.................................... B
- Je céderai le passage en face C

Intersections et priorités 09

Je passe .... A

ou

je m'arrête .... B

Intersections et priorités 10

Le feu jaune clignote. Pour tourner à gauche, je cède le passage :

- à la voiture bleue............... A
- à la voiture rouge.............. B
- à la voiture blanche.......... C

Bonnes réponses :

1 : AC • 2 : A • 3 : BC • 4 : ACD • 5 : B • 6 : A • 7 : A • 8 : C • 9 : B • 10 : A

7

Croisements et dépassements

« RAS-LE-BOL DES ESCARGOTS SUR LA ROUTE... »

DANS CETTE PARTIE...

Nous traiterons d'abord les croisements, ensuite les dépassements.

Lors d'un trajet, il est difficile d'évaluer combien nous croisons et dépassons d'usagers ; pourtant, ces manœuvres, aussi fréquentes soient-elles, présentent des risques importants.

Chaque année, les collisions frontales sont à l'origine de 11 % des accidents corporels, mais de 22 % des tués.

Chapitre 32

Croisements

DANS CE CHAPITRE :

- » **Croisements sur routes planes**
- » **Croisements sur routes en pente**

Nous allons étudier essentiellement les croisements qui présentent des difficultés, notamment quand la chaussée est étroite.

ATTENTION !

Lors du croisement d'un véhicule, pour limiter les risques d'accrochage, il faut ralentir puis serrer à droite.

Sur routes planes

En cas de croisement difficile, des règles doivent être appliquées et certaines précautions respectées.

Obstacle sur la chaussée

Le conducteur qui rencontre l'obstacle doit laisser passer les usagers qui arrivent en face.

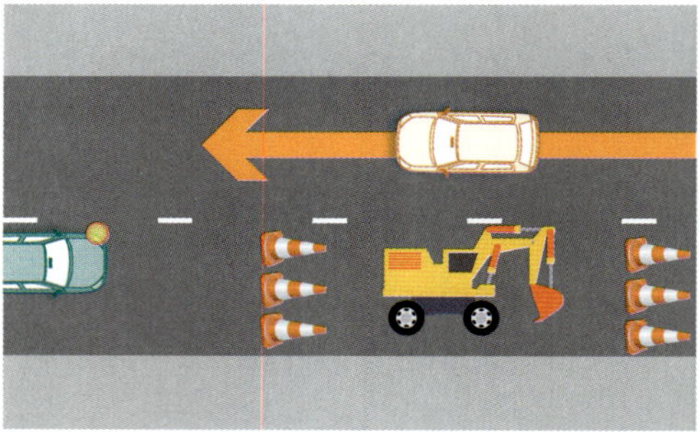

Croisement d'un véhicule encombrant

Lorsque le croisement se révèle difficile, les véhicules de plus de 2 mètres de large ou de plus de 7 mètres de long doivent réduire leur vitesse et, au besoin, s'arrêter et se garer pour laisser passer les véhicules plus petits. Si je tracte une caravane, je dois donc faciliter le passage des voitures.

ATTENTION !

Cette règle ne s'applique pas en agglomération pour le croisement des véhicules de transport en commun auxquels il faut faciliter le passage.

Sur routes en pente

Des règles spécifiques sont prévues en cas de croisement difficile, sur les routes à forte pente.

Croisement difficile mais possible

Quelle que soit sa catégorie, le véhicule qui descend doit s'arrêter le premier pour faciliter le passage à celui qui monte.

Croisement impossible

Caravane ou remorque

Qu'il monte ou descende, le véhicule unique devra reculer pour laisser passer le véhicule avec remorque ou caravane

Véhicule plus lourd

Qu'il monte ou descende, le véhicule léger devra reculer pour laisser passer le véhicule lourd.

Voiture

Si deux véhicules de même catégorie se rencontrent, c'est le véhicule descendant qui devra reculer, sauf si le véhicule montant rencontre une place d'évitement.

Camion et autocar

Qu'il monte ou descende, le camion devra reculer pour laisser passer l'autocar.

Chapitre 33

Dépassements

DANS CE CHAPITRE :

» **Avant de dépasser**

» **Manœuvre de dépassement**

» **Interdictions de dépasser**

» **Dépassement possible**

Le dépassement est une manœuvre délicate, surtout sur les chaussées à double sens. Il est donc indispensable de savoir parfaitement ce qu'il faut faire dans un ordre précis avant, pendant, et après la manœuvre, et aussi de connaître les cas d'interdiction de dépasser.

Comment dépasser ?

Les dépassements se font généralement par la gauche.

Par exception, je dépasse par la droite :

» un véhicule qui tourne à gauche ou qui suit une direction différente ;

» un véhicule séparé de ma voie par une ligne continue ;

» un tramway ;

REPORTEZ-VOUS

Reportez-vous page 313.

» lorsque la circulation se fait en files ininterrompues sur toutes les voies.

REPORTEZ-VOUS

Reportez-vous p 248

Avant de dépasser

ATTENTION !

Un dépassement n'est possible que si la signalisation l'autorise et que toutes les conditions de sécurité sont réunies.

Différence de vitesse suffisante

Je dois m'assurer que le dépassement sera bref, sans excéder la vitesse maximum autorisée. Ma réserve d'accélération doit être suffisante.

La différence de vitesse entre les deux véhicules doit être d'au moins 20 km/h.

À 90 km/h, le dépassement d'une voiture qui roule à 70 km/h durera environ 10 secondes et 250 mètres.

À 90 km/h, le dépassement d'une voiture qui roule à 80 km/h sera 2 fois plus long.

Le dépassement d'un poids lourd prendra beaucoup plus de temps, en raison de sa longueur.

Je m'assure que la largeur de la chaussée permet de dépasser sans risque d'accrochage.

Visibilité suffisante vers l'avant

Pour avoir une bonne visibilité, je ne dois pas suivre de près le véhicule que je veux dépasser. Je peux aussi me déporter légèrement sur la gauche.

Comme les véhicules en face circulent aussi à une certaine vitesse, la visibilité doit être du double de la distance de dépassement.

Sur une chaussée à double sens, si je circule à 90 km/h, pour dépasser une voiture qui roule à 70 km/h, la manœuvre durera 250 mètres, mais une visibilité d'au moins 500 mètres sera nécessaire.

Aucun usager en face

Je ne dois pas dépasser si je risque de gêner un usager qui circule en sens inverse.

Je m'assure qu'aucun obstacle (travaux, piéton, cycliste...) ne va obliger le véhicule dépassé à se déporter sur la gauche et que j'aurai la possibilité de reprendre ma place à droite sans gêner la circulation.

Ne pas être dépassé

Avant de déboîter, je m'assure que je ne suis pas sur le point d'être dépassé, en regardant :

1. **Dans le rétroviseur intérieur.**

2. **Dans le rétroviseur extérieur gauche.**

3. **Je regarde fréquemment dans les rétroviseurs pour être mieux informé de l'évolution de la situation et de l'intention des usagers qui circulent derrière moi.**

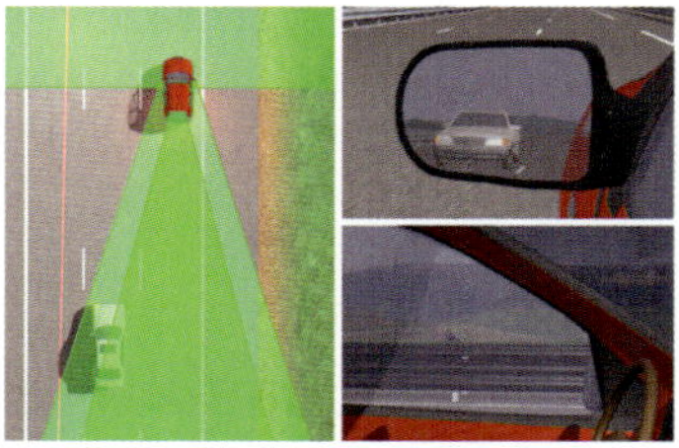

4. **Je regarde en vision directe, en tournant la tête à gauche, pour m'assurer qu'aucun usager, non visible dans les rétroviseurs, n'est caché dans l'angle mort.**

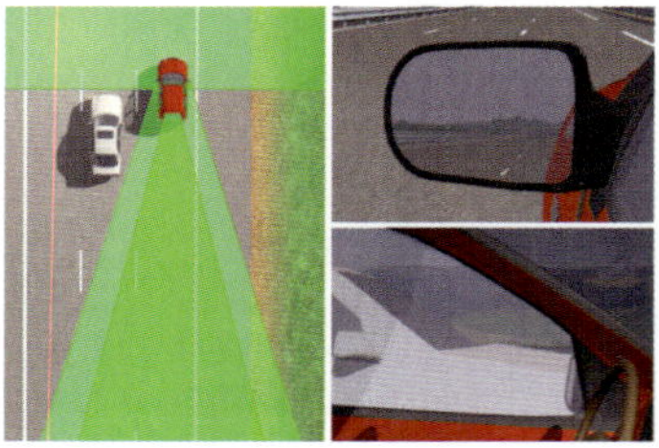

ATTENTION !

Si une seule de toutes ces conditions n'est pas remplie, je dois m'abstenir de dépasser.

Manœuvre de dépassement

Déboîtement

Avant de déboîter, tout de suite après avoir regardé dans mes rétroviseurs, j'allume le clignotant gauche pour avertir de ma manœuvre.

Pour éviter de surprendre, je n'avertis pas tant que le dépassement n'est pas possible.

Après avoir à nouveau vérifié en vision directe, je déboîte de façon progressive, à une certaine distance derrière le véhicule que je dépasse, pour ne pas risquer de l'accrocher.

Dépassement

Pour effectuer le dépassement, j'accélère franchement et je maintiens cette accélération tout au long de la manoeuvre afin d'occuper le moins longtemps possible la voie de gauche.

Si le moteur « peine », je rétrograde afin de bénéficier d'une meilleure reprise.

REPORTEZ-VOUS

Je me déporte suffisamment à gauche pour ne pas risquer d'accrocher l'usager que je dépasse. *Reportez-vous pages 300 et 313.*

Rabattement

Dès que l'avant du véhicule dépassé apparaît dans le rétroviseur intérieur, je me rabats à droite sans ralentir pour ne pas le gêner.

Le clignotant droit peut être nécessaire notamment pour me rabattre entre deux véhicules.

Se faire dépasser

Lorsque je suis sur le point d'être dépassé :

- je serre le plus possible à droite ;
- je n'accélère pas, afin de ne pas augmenter la durée du dépassement ;
- je stabilise mon allure pour ne pas fausser les estimations du conducteur qui me dépasse ;
- si le véhicule se trouve déjà devant moi, je ralentirai, si la situation l'exige, pour faciliter son rabattement.

Interdictions de dépasser

Un dépassement est interdit parce qu'il est dangereux.

Manque de visibilité

Sur une chaussée à double sens, je ne dois pas entreprendre de dépassement lorsque la visibilité est réduite :

- à l'approche d'un virage ;
- à l'approche d'un sommet de côte ;
- par temps de brouillard ;
- en présence de fumée.

ATTENTION !

Je ne dois pas suivre un véhicule qui dépasse sur une voie à double sens s'il masque la visibilité vers l'avant.

Passages à niveau

Tout dépassement est interdit aux traversées de voies ferrées sans barrières. Même le dépassement d'un véhicule à deux roues y est interdit.

Intersections

Je ne dois pas dépasser de véhicule autre qu'un deux-roues à une intersection où je dois céder le passage.

Chaussées à trois voies

Sur une chaussée à trois voies à double sens, il est interdit d'emprunter la voie la plus à gauche.

Passages pour piétons

À l'approche d'un passage pour piétons, le dépassement est interdit si la visibilité ne permet pas de m'assurer qu'aucun piéton n'est engagé.

Chasse-neige

Quand la chaussée est enneigée ou verglacée, il est interdit de dépasser les engins de service hivernal en action.

Signalisation verticale

À partir de ce panneau, il est interdit de dépasser tous les véhicules à moteur sauf ceux à deux roues sans side-car.

Ces trois signaux mettent fin à une interdiction de dépasser indiquée par un panneau.

Lignes

Je ne dois jamais franchir ni chevaucher :

une ligne continue

une ligne mixte si la ligne continue se trouve de mon côté .

Toutefois, le chevauchement d'une ligne continue (ou d'une ligne mixte, continue de mon côté), est autorisé, uniquement pour le dépassement d'un cycliste, à condition que la visibilité soit suffisante.

Flèches de rabattement

REPORTEZ-VOUS

À partir de la première flèche de rabattement, je n'entreprends plus de dépassement, sauf s'il s'agit d'un véhicule lent. *Reportez-vous pages 62 et 63.*

Dépassement possible

Les cas suivants n'interdisent pas le dépassement, mais ne dispensent pas non plus d'une vigilance accrue.

Par manque de visibilité

Dans un virage ou sur un sommet de côte lorsqu'une ligne continue me sépare des usagers qui circulent dans l'autre sens.

Sur un passage à niveau

Lorsqu'il est muni de barrières ou demi-barrières, mais la plus grande prudence s'impose.

Aux intersections

Où j'ai la priorité

Un deux-roues

À proximité d'un virage ou d'un sommet de côte, à condition de ne pas empiéter sur la partie gauche de la chaussée, tout en laissant une distance latérale suffisante.
À proximité d'une intersection où je n'ai pas la priorité, à condition d'avoir une visibilité suffisante.

Sur une chaussée à trois voies

En utilisant la voie du milieu pour dépasser, à condition qu'elle ne soit pas déjà occupée ou sur le point de l'être.

La voie du milieu peut être également utilisée pour les changements de direction à gauche.

ATTENTION !

Lorsque je suis un véhicule qui vient de déboîter sur la voie du milieu, je ne sais pas s'il dépasse ou s'il tourne à gauche :

- » je surveille bien ses feux stop ;
- » j'augmente ma distance de sécurité ;
- » j'évite de suivre un véhicule qui dépasse, sauf si je suis protégé par une ligne continue.

Plusieurs véhicules

À condition d'avoir une visibilité suffisante et d'être certain d'avoir la possibilité de me rabattre sans gêner la circulation.

Il est important :

- » de maintenir le clignotant gauche allumé pendant toute la manœuvre ;
- » d'observer tous les véhicules que je dépasse pour m'assurer qu'aucun d'entre eux ne déboîte.

Voie pour véhicules lents

Un véhicule lent peut emprunter temporairement la voie située immédiatement à sa gauche pour dépasser un véhicule plus lent, à condition de ne gêner personne et de respecter la signalisation.

Exercices

Croisements et dépassements 01

Dans cette montée, je dois m'arrêter le premier pour faciliter le passage à la voiture verte :

OUI .... A

NON .... B

Croisements et dépassements 02

Le croisement est impossible. Qui doit reculer ?

- moi... A

ou

- la voiture blanche............. B

Croisements et dépassements 03

Je peux dépasser la voiture rouge en restant dans cette voie :

OUI .... A

NON .... B

Croisements et dépassements 04

Je peux continuer le dépassement :

OUI .... A

NON .... B

Croisements et dépassements 05

Je peux dépasser ce camion :

OUI .... A

NON .... B

Croisements et dépassements 06

- La signalisation interdit de dépasser :

OUI .... A

NON .... B

- Je peux dépasser :

OUI C

NON .... D

Croisements et dépassements 07

Je dépasse :

OUI .... A

NON .... B

Croisements et dépassements 08

Je peux dépasser la voiture rouge :

OUI .... A

NON .... B

Croisements et dépassements 09

Je peux dépasser le cycliste :

OUI .... A

NON .... B

Croisements et dépassements 10

Je peux dépasser :

OUI .... A

NON .... B

Bonnes réponses :

1 : B • 2 : A • 3 : B • 4 : A • 5 : B • 6 : BD • 7 : A • 8 : A • 9 : B • 10 : B

8

Visibilité et éclairage

« TROP MAL ÉCLAIRÉE CETTE ROUTE ! »

DANS CETTE PARTIE...

Nous étudierons :

- les différents dispositifs d'éclairage et de signalisation qui équipent une voiture ;
- les dangers de la conduite de nuit et le comportement à adopter ;
- l'utilisation des feux le jour, la nuit, et par mauvais temps ;
- les différents moyens d'avertissement.

Pour conduire en sécurité, il est nécessaire de bien voir, mais aussi d'être bien vu ; plus de 90 % des décisions et gestes du conducteur dépendent de ce qu'il voit.

Chapitre 34

Éclairage et signalisation

DANS CE CHAPITRE :

- » **Feux à l'avant**
- » **Feux à l'arrière**
- » **Voyants lumineux**
- » **Symboles**
- » **Entretien**

Nous allons étudier les différents feux qui équipent une voiture ainsi que les principaux voyants du tableau de bord. L'entretien de ces dispositifs d'éclairage et de signalisation sera également traité.

Feux à l'avant

À l'avant, les feux permettent de voir, d'être vu ou d'avertir.

Feux obligatoires

2 ou 4 feux de route

Ils émettent une lumière blanche ou jaune. Ils doivent éclairer la route à 100 mètres au moins.

2 feux de croisement

Ils émettent une lumière blanche ou jaune. Ils doivent éclairer la route à 30 mètres au moins, sans éblouir les autres usagers. Asymétriques, ils éclairent davantage à droite.

2 feux de position

Ils émettent une lumière blanche ou jaune qui doit être visible à 150 mètres au moins.

2 clignotants

Ils émettent une lumière orange clignotante.

Feux de détresse

Tous les clignotants fonctionnent en même temps.

Feux facultatifs

2 feux de brouillard

Ils émettent une lumière blanche ou jaune étalée en largeur et rabattue vers le sol.

2 feux diurnes

Ils émettent une lumière blanche qui permet de rendre le véhicule plus visible de jour. Ils consomment moins d'énergie que les feux de croisement.

2 feux d'angle

Ils éclairent la route du côté vers lequel le véhicule va tourner.

AMPOULES AU XÉNON

Les ampoules au Xénon améliorent considérablement la visibilité de nuit, en offrant un éclairage plus profond et plus précis que les ampoules classiques. Elles ne consomment pas plus que ces dernières.

FEUX ADAPTATIFS

Les feux adaptatifs (ou feux intelligents) règlent la puissance d'éclairage (et donc la visibilité) en fonction de la vitesse. L'orientation de ces feux change en fonction de la position du volant.

Feux à l'arrière

À l'arrière, les feux permettent d'être vu ou d'avertir.

Feux obligatoires

2 feux rouges (feux de position arrière)
Ils émettent une lumière rouge non éblouissante, visible à 150 mètres au moins.

2 ou 3 feux stop
Ils émettent une lumière rouge non éblouissante lorsque j'appuie sur la pédale de frein. Cette lumière est plus forte que celle émise par les feux rouges.

2 dispositifs réfléchissants (catadioptres)

De couleur rouge, ils sont visibles même quand le véhicule est éteint, grâce à la réflexion des feux d'un autre véhicule.

Éclairage de la plaque d'immatriculation

Il permet de lire à 20 mètres au moins le numéro de la plaque d'immatriculation arrière.

1 ou 2 feux de brouillard

Ils émettent une lumière rouge plus forte que celle des feux rouges.
S'il n'y a qu'un seul feu arrière de brouillard, il doit être monté du côté gauche ou au milieu.

2 clignotants

Ils émettent une lumière orange clignotante.

Feux de détresse

Tous les clignotants fonctionnent en même temps.

Mon véhicule doit être équipé d'un avertisseur sonore (klaxon).

Feux facultatifs

Feux de marche arrière (ou feux de recul)

La plupart des voitures actuelles sont équipées d'un ou de deux feux de marche arrière, émettant une lumière blanche lorsque le conducteur a enclenché cette vitesse.

ALLUMAGE AUTOMATIQUE DES FEUX

Certains véhicules sont équipés de capteurs, sensibles à la luminosité, situés dans le pare-brise. Dès que celle-ci est faible, ils déclenchent l'allumage automatique des feux de croisement et des feux de position arrière (feux rouges).

Voyants lumineux

Les voyants lumineux renseignent le conducteur sur le fonctionnement, le non-fonctionnement (ex. : airbag passager désactivé) ou la défaillance (ex. : clignotant défectueux) de feux ou accessoires, mais aussi sur un problème moteur (ex. : pression d'huile insuffisante) ou un oubli (ceinture de sécurité).

Comme les commandes du tableau de bord, ils peuvent être situés à des places différentes suivant le modèle de véhicule. À chaque changement de voiture, il faut donc chercher leur emplacement avant de conduire afin de vous familiariser avec eux.

Urgence (obligation de s'arrêter)

 **ou** 

Température de refroidissement trop élevée *

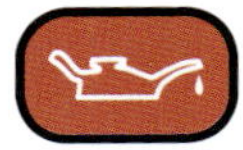

Pression d'huile insuffisante*

Baisse du niveau de liquide de frein*

Au moins une portière est mal fermée

Ceinture de sécurité oubliée

Urgence (autres)

Feux de détresse

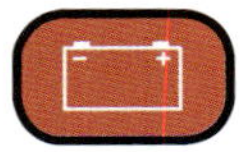

Charge insuffisante de la batterie *

Frein à main serré ou mal desserré

Indication importante

Carburant minimum

Préchauffage (sur véhicule diesel)

Désembuage de la vitre arrière

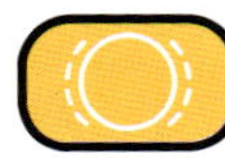

Plaquettes de freins proches de l'usure

Système ABS inactif *

Airbag passager avant désactivé

Défaillance d'airbag *

* Ces voyants qui s'allument quand je mets le contact doivent s'éteindre quand le moteur est en marche.

Fonctionnement des feux

Feux de position

Feux de croisement

Feux de route

Feux de brouillard avant

Feu(x) de brouillard arrière

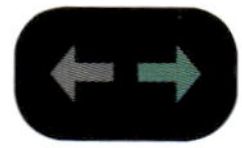

Clignotants

Les voyants dont le faisceau se dirige à gauche concernent les feux avant. Celui dont le faisceau se dirige à droite concerne les feux de brouillard arrière.

Symboles

Les symboles qui figurent sur les commandes indiquent leurs fonctions.

Klaxon

Essuie-glaces et lave-glace

Fonctionnement de la ventilation

Orientation de l'air vers le haut de l'habi-tacle

Orientation de l'air vers le pare-brise

Ceinture de sécurité oubliée

Entretien

La durée de vie des organes d'éclairage et de signalisation est limitée comme toutes les autres pièces du véhicule. Ces éléments nécessitent un entretien.

Entretien régulier

Régulièrement, j'allume les feux et vérifie leur fonctionement en faisant le tour de la voiture.

Je fais régler les faisceaux des projecteurs par un professionnel au moins une fois par an, avant l'automne. Je règle régulièrement les feux en hauteur en fonction de la charge et du nombre de passagers.

Les feux, les dispositifs réfléchissants et les clignotants doivent être toujours propres.

Boîte d'ampoules de rechange

La boîte d'ampoules de rechange n'est pas obligatoire en France, mais vivement conseillée, car :

- elle permet de changer immédiatement une ampoule ou un fusible qui vient de griller ;
- elle évite par la même occasion une amende et l'immobilisation du véhicule.

ATTENTION !

Une lampe électrique est très utile pour remplacer facilement une ampoule, notamment de nuit.

Chapitre 35

Conduite de nuit

DANS CE CHAPITRE :

» **Risques**

» **Adaptation de l'allure**

» **Éblouissement par véhicule en face**

» **Éblouissement par véhicule de derrière**

La nuit, les accidents sont beaucoup plus graves que le jour ; une des raisons essentielles est que les conducteurs, qui se croient plus en sécurité en raison de la fluidité du trafic, ont tendance à rouler plus vite alors qu'ils voient nettement moins bien.

Risques

La nuit, on voit moins loin, moins large et moins bien.

L'obscurité nocturne diminue sensiblement les contrastes et empêche de voir des détails qui seraient nettement visibles le jour.

L'absence de repères fausse l'appréciation des distances et des vitesses.

Les usagers peu ou mal éclairés risquent d'être vus trop tard : les piétons et cyclistes qui portent des vêtements sombres sont peu visibles, même quand la rue est bien éclairée.

Le risque de m'endormir, ou de croiser des conducteurs dangereux parce que fatigués ou sous l'emprise de l'alcool, augmente considérablement la nuit.

Quand il pleut la nuit, l'eau et les reflets aggravent considérablement les problèmes de visibilité.

Adaptation de l'allure

La nuit, j'adapte mon allure à la visibilité.

Je dois notamment réduire ma vitesse :

- quand je passe des feux de route aux feux de croisement ;
- quand je passe d'une zone bien éclairée à une zone qui ne l'est pas ;
- au crépuscule et au lever du jour.

Éblouissement par véhicule en face

Si je suis ébloui par les feux d'un véhicule qui arrive en face :

- » je regarde le bord droit de la chaussée le plus loin possible ;
- » je fais un bref appel lumineux avec les feux de route ;
- » je ralentis ou je m'arrête car je peux être aveuglé pendant plusieurs secondes ;
- » je repasse en feux de route dès que j'ai croisé le véhicule.

Éblouissement par véhicule de derrière

Si je suis ébloui par les feux de route d'un véhicule qui me suit :

- » je règle le rétroviseur intérieur en position nuit ;
- » je préviens son conducteur en passant plusieurs fois la main devant le rétroviseur (s'il est éloigné, je fais clignoter les feux stop) ;
- » je ralentis légèrement pour l'inciter à me dépasser ;
- » je ne dérègle pas les rétroviseurs.

RÉTROVISEUR INTÉRIEUR ÉLECTROCHROME

Pour éviter l'aveuglement du conducteur, la couleur de la glace du rétroviseur intérieur électrochrome change avec les changements de luminosité.

Chapitre 36

Utilisation des feux

DANS CE CHAPITRE :

- **Utilisation des feux :**
- **de nuit**
- **par mauvais temps**
- **de jour par temps clair**
- **stationnement de nuit**
- **stationnement par temps de brouillard**

Après avoir énuméré les différents feux dont est équipé le véhicule, nous allons voir comment les utiliser.

De nuit

En circulation, j'utiliserai les feux qui me permettront de mieux voir et d'être mieux vu sans éblouir les autres usagers.

Routes non éclairées

Je circule en feux de route afin de voir le plus loin possible (sauf si je risque d'éblouir un autre usager). Cette règle est la même en agglomération qu'en rase campagne.

Routes éclairées hors agglomération

Je circule en feux de croisement afin d'être bien vu.

Routes éclairées en agglomération

Dans une agglomération bien éclairée, je peux circuler en feux de position ou en feux de croisement. Pour être mieux vu, il est préférable de rouler en feux de croisement.

Je croise un véhicule

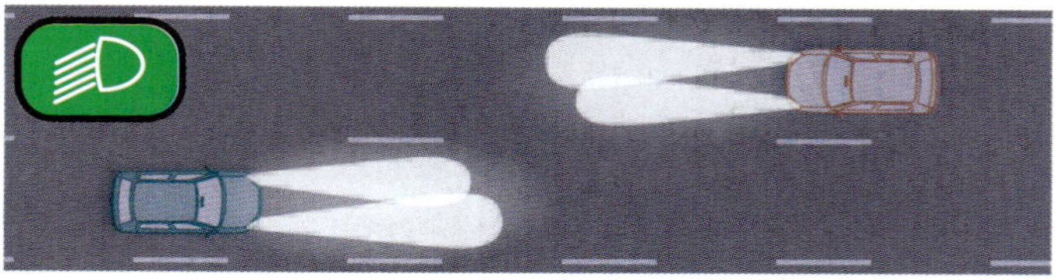

Pour croiser un véhicule ou un piéton, je passe en feux de croisement afin de ne pas l'éblouir. Quand je vais croiser un camion, je passe en feux de croisement dès que j'aperçois ses feux de gabarit, situés en hauteur.

Je suis un véhicule

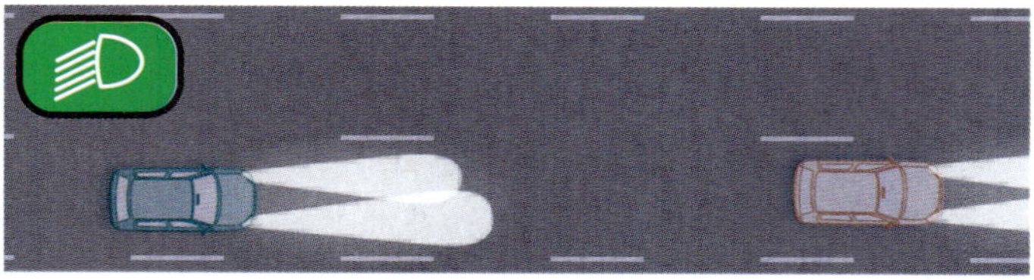

Pour suivre un véhicule, je passe en feux de croisement afin de ne pas éblouir son conducteur par réflexion des phares dans ses rétroviseurs.

Je dépasse

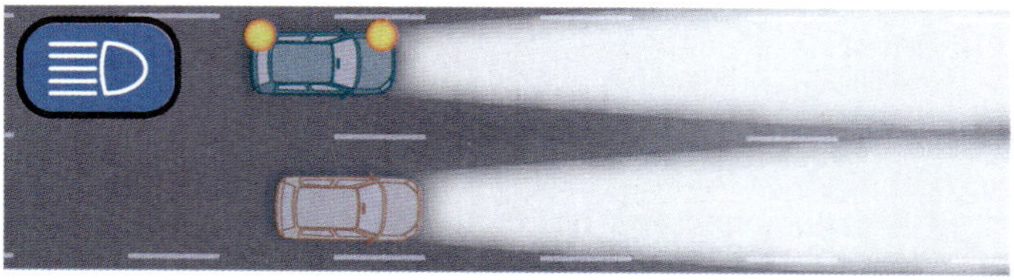

Avant de dépasser un véhicule, je peux faire un bref appel lumineux afin d'avertir son conducteur de mon intention. Je n'allumerai les feux de route que lorsque je serai à hauteur du véhicule que je dépasse.

Je suis dépassé

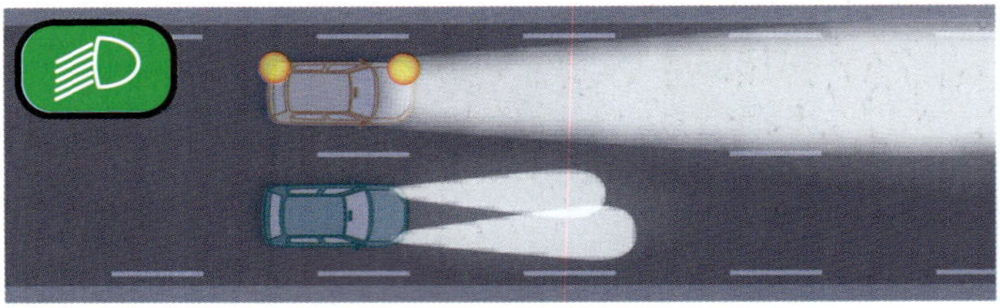

Lorsqu'un usager me dépasse, je repasse en feux de croisement dès qu'il arrive à ma hauteur et allume ses feux de route, afin qu'il ne soit pas ébloui quand il se rabattra.

Routes sinueuses et étroites

De nuit, par temps clair, hors agglomération, sur route sinueuse et étroite, je peux circuler avec les feux avant de brouillard en complément des feux de route.
Mais si je croise ou je suis un autre usager, je dois repasser en feux de croisement, et éteindre les feux de brouillard avant.

Crépuscule

Quand la nuit commence à tomber, on voit très mal.
Je perçois beaucoup plus difficilement les couleurs, les reliefs et les contrastes. Je risque de ne pas voir un véhicule mal ou pas éclairé. Je dois donc allumer mes feux de croisement assez tôt.

Par mauvais temps

Quand la visibilité est réduite en raison des conditions atmosphériques, il faut être éclairé pour bien voir et surtout être bien vu.

Pluie

Par temps de pluie, je circule en feux de croisement. Si la pluie est forte, je peux les remplacer ou les compléter par les feux de brouillard avant.

ATTENTION !

Quand il pleut, en l'absence de brouillard, je ne dois pas utiliser les feux de brouillard arrière, car ils risqueraient d'éblouir les usagers qui suivent. Je ne dois pas non plus les utiliser par temps clair.

Neige

En cas de chute de neige, je circule en feux de croisement. Je peux les remplacer ou les compléter par les feux de brouillard avant. Je peux également allumer les feux de brouillard arrière pour être vu de beaucoup plus loin.

Brouillard

Par temps de brouillard, je circule en feux de croisement. Je peux les remplacer ou les compléter par les feux de brouillard avant. Je peux également allumer les feux de brouillard arrière pour être vu de beaucoup plus loin.

ATTENTION !

Ne pas oublier de les éteindre dès que le temps redevient clair, car ils sont éblouissants.

En présence de brouillard, je n'utilise pas les feux de route, car ils éblouissent par renvoi de la lumière ; de plus, dans ces conditions, ils ne permettent pas de voir plus loin.

Par temps de forte pluie, neige ou brouillard, même si je croise un autre usager, je peux maintenir les feux avant de brouillard allumés.

EN SAVOIR PLUS

Par mauvais temps, l'utilisation des seuls feux de position est tolérée en agglomération uniquement, mais il est largement préférable d'utiliser les feux de croisement pour être bien vu.

De jour par temps clair

Feux diurnes

Les véhicules neufs sont pour la plupart équipés de feux diurnes. Ces derniers s'allument automatiquement quand le moteur tourne. N'activant pas l'éclairage arrière, ces feux ne sont pas suffisants en cas d'intempéries.

Stationnement de nuit

Dans certaines situations, un véhicule en stationnement peut surprendre les autres usagers s'il n'est pas éclairé.

Hors agglomération

De nuit, sur l'accotement, je peux stationner sans laisser les feux de position allumés.
Si je dois stationner sur la chaussée, je suis obligé de laisser les feux de position, même s'il y a un éclairage public.

En agglomération, sur chaussée éclairée

De nuit, en agglomération, dans une rue bien éclairée, je peux stationner sans feux, à condition que l'éclairage fonctionne toute la nuit.

En agglomération, sur chaussée non éclairée

De nuit, si l'éclairage public est inexistant ou trop faible, je signale mon véhicule immobilisé sur la chaussée en laissant les feux de position allumés.

En agglomération comme en rase campagne, il est inutile de laisser les feux allumés, si le véhicule est stationné hors de la chaussée. Dans un emplacement de stationnement, un parking ou un accotement, je stationne donc sans feux.

Stationnement par temps de brouillard

Lorsque je stationne sur la chaussée par temps de brouillard, je dois signaler mon véhicule en laissant les feux de position allumés.

Le stationnement sur la chaussée de nuit ou par temps de brouillard, sans feux, en un lieu dépourvu d'éclairage public, est considéré comme dangereux (suspension du permis, retrait de 3 points...).

Chapitre 37

Communication et avertissements

DANS CE CHAPITRE :

» **Avertisseur sonore**

» **Appels lumineux**

» **Gestes**

» **Clignotants**

» **Feux de détresse**

» **Triangle de présignalisation**

» **Gilet de sécurité**

» **La pression des autres**

Avertir, c'est prévenir les autres usagers de nos intentions ou d'un danger ; ainsi, nous allons étudier les divers moyens de communication, d'avertissement lumineux et sonores.

Avertisseur sonore

L'avertisseur sonore (klaxon) sert à prévenir les autres usagers :

- de mon approche à une intersection ou à un endroit sans visibilité ;
- d'un dépassement que je vais effectuer ;
- d'un danger.

En agglomération, l'usage de l'avertisseur sonore n'est autorisé qu'en cas de danger immédiat.

Les signaux sonores émis doivent être brefs et modérés.

L'usage des trompes à sons multiples est interdit.

La nuit, les signaux sonores ne peuvent être utilisés qu'en cas d'absolue nécessité.

Appels lumineux

Les feux attirent davantage l'attention des autres usagers lorsqu'ils fonctionnent par intermittence (clignotements).

Appels de phares

En cas de danger, les appels lumineux avec les feux de route permettent de communiquer avec les autres usagers.

De nuit, j'avertis par de brefs appels lumineux :

- avec les feux de route, si je roule en feux de croisement ;
- avec les feux de croisement, si je roule en feux de route.

Feux stop

Les feux stop s'allument dès que j'appuie sur la pédale de frein. Je fais clignoter les feux stop en appuyant plusieurs fois légèrement sur la pédale de frein pour :

- prévenir l'usager qui me suit d'un ralentissement ;
- l'inviter à augmenter sa distance de sécurité.

Gestes

Les gestes sont un autre moyen de communication. Leur signification ne doit pas prêter à confusion. Si par exemple un usager me fait signe de passer, je contrôle pour m'assurer que je peux le faire en sécurité.

Clignotants

Les clignotants signalent une direction.

Quand les utiliser ?

J'utilise les clignotants avant tout changement de trajectoire ou avant d'effectuer une manœuvre. Un témoin permet de vérifier leur fonctionnement.

Le clignotant doit avertir sans surprendre. Il faut donc :

- » l'allumer suffisamment tôt ;
- » l'éteindre dès que la manœuvre est terminée.

Lorsque je vais quitter mon stationnement, je n'allume le clignotant gauche qu'après le passage des véhicules.

Feux de détresse

Allumer les feux de détresse est indispensable si je dois freiner fortement en raison d'une situation imprévue. Je dois actionner les feux de détresse pour avertir les autres usagers lorsque :

- » je suis contraint de rouler à vitesse très réduite ;
- » je suis le dernier d'une file ininterrompue qui ralentit de façon importante ;

- mon véhicule est en panne sur la chaussée à un endroit dangereux (virage, sommet de côte, tunnel...) ou sur la bande d'arrêt d'urgence ;
- je balise les lieux d'un accident.

Triangle de présignalisation

En cas de panne ou d'accident, le triangle de présignalisation doit compléter les feux de détresse. Je dois également l'utiliser pour signaler un chargement tombé sur la chaussée.

Son utilisation est sécurisante car il permet aux autres usagers de voir le danger plus tôt.

Il doit être placé à 30 mètres environ du véhicule ou de l'obstacle. Si mon véhicule est immobilisé après un virage ou un sommet de côte, je le place avant, pour qu'un usager l'aperçoive le plus tôt possible.

Gilet de sécurité

Un gilet de sécurité doit être à portée de main dans l'habitacle. Le conducteur est tenu de l'enfiler en cas de panne ou d'accident avant de quitter le véhicule.

La pression des autres

Les autres usagers peuvent me mettre la pression, par exemple en klaxonnant pour me contraindre à me rabattre ou à accélérer. Il ne faut pas céder à cette pression.

Les passagers ne sont pas toujours de bon conseil. Ils peuvent par exemple me demander de passer, d'accélérer, ou de griller un stop.

Je ne dois pas me laisser influencer, sauf bien sûr si mon passager m'avertit d'un élément important, comme par exemple un usager ou signal que je n'avais pas vu.

Exercices

Visibilité et éclairage 01

Le voyant des feux de route est le :

- n°1 .... A
- n°2 .... B
- n°3 C
- n°4 .... D

Visibilité et éclairage 02

Je reste en feux de route .... A

ou

Je passe en feux de croisement .... B

Visibilité et éclairage 03

Je peux circuler :

- en feux de position seuls .... A
- en feux de croisement..... B
- en feux de route C

Visibilité et éclairage 04

Dans cette situation, je peux allumer les feux de brouillard avant :

- avec les feux de route

OUI .... A

NON .... B

- sans les feux de route

OUI C

NON .... D

Visibilité et éclairage 05

Je peux circuler :

- feux éteints........................ A
- en feux de position seuls .... B
- en feux de croisement..... C
- en feux de route .... D

Visibilité et éclairage 06

Cette voiture, non éclairée, est en infraction :

OUI .... A

NON .... B

Visibilité et éclairage 07

Je peux allumer :

- les feux de croisement.... A
- les feux de brouillard avant .... B
- les feux de brouillard arrière.................................. C

Visibilité et éclairage 08

Je peux allumer :

- les feux de croisement.... A
- les feux de route................ B
- les feux de brouillard avant C
- les feux de brouillard arrière.................................. D

Visibilité et éclairage 09

Je peux circuler :

- en feux de position seuls .... A
- en feux de croisement..... B
- en feux de brouillard avant C
- en feux de brouillard arrière.................................. D

Visibilité et éclairage 10

Le gilet de sécurité doit être rangé :

- dans le coffre .... A

ou

- dans l'habitacle .... B

Bonnes réponses :

1 : D • 2 : B • 3 : C • 4 : AD • 5 : BC • 6 : B • 7 : AB • 8 : ACD • 9 : BCD • 10 : B

9 Les tunnels

« QU'EST-CE QU'ON GAGNE COMME TEMPS DEPUIS QU'IL Y A LE TUNNEL... »

DANS CETTE PARTIE...

Nous aborderons tous les éléments de connaissance qu'un conducteur doit acquérir pour circuler en sécurité sous un tunnel. L'espace limité et les conditions particulières de circulation en font des endroits dangereux où il est nécessaire de connaître les équipements dont ils sont dotés et d'observer rigoureusement des règles de circulation spécifiques.

Dans les tunnels, on dénombre :

- plusieurs pannes par jour ;
- plusieurs accidents par semaine ;
- un ou deux incendies par mois.

Chapitre 38

Équipements

DANS CE CHAPITRE :

- » **Caméras de surveillance**
- » **Interruption de la circulation**
- » **Informations radio**
- » **Niches de sécurité**
- » **Issues de secours**
- » **Emplacements d'arrêt d'urgence**

La connaissance des équipements de sécurité d'un tunnel, de leurs emplacements et de leur utilisation peut éviter bien des drames en cas de situation d'urgence (panne, accident, incendie…).

Caméras de surveillance

Tous les tunnels dont la longueur dépasse 3 km en rase campagne et 1 km en agglomération sont équipés en permanence de caméras de surveillance.

Interruption de la circulation

À l'entrée, certains tunnels sont équipés de barrières, souvent associées à des feux rouges clignotants ; elles s'abaissent notamment en cas de panne d'un véhicule sur la chaussée, d'accident, ou d'incendie, afin de limiter le nombre de véhicules engagés et de faciliter l'intervention des services de secours pour que l'incident ne se transforme pas en accident.

ATTENTION !

Des croix rouges situées sur toutes les voies en remplacement des flèches vertes interdisent également la circulation.

Informations radio

Dans certains tunnels, des informations sur les conditions de circulation (fluidité du trafic, conditions météo à la sortie, accident…), les consignes de sécurité et la conduite à tenir en cas d'incident sont régulièrement diffusées sur la fréquence indiquée par un panneau implanté avant l'entrée. Il est conseillé d'allumer la radio et de la régler sur cette fréquence avant l'entrée du tunnel.

Niches de sécurité

Les niches de sécurité comportent un poste d'appel d'urgence et un ou plusieurs extincteurs, mais elles ne protègent pas de la toxicité des fumées ni de la chaleur.

Poste d'appel d'urgence

Moyen de lutte contre l'incendie (extincteur)

Issues de secours

Les issues de secours permettent d'évacuer vers un endroit garantissant une protection efficace contre la toxicité des fumées et la chaleur. Elles conduisent vers des galeries reliées à l'extérieur.

L'évacuation vers ces issues doit être rapide, et pour éviter l'asphyxie, il ne faut pas oublier de refermer la cloison.

ATTENTION ! Il ne faut jamais retourner dans le tunnel quand on est engagé dans l'issue de secours (risque d'asphyxie).

Issue de secours vers la droite

Issue de secours vers la gauche

Jalonnement piétonnier d'une issue de secours vers la droite

Jalonnement piétonnier d'une issue de secours vers la gauche

Emplacements d'arrêt d'urgence

Les emplacements d'arrêt d'urgence permettent, en cas de nécessité absolue, l'arrêt du véhicule en dehors des voies de circulation. Ils sont souvent situés à proximité d'une niche de sécurité.

En dehors des cas de pannes ou autres incidents, le stationnement et l'arrêt y sont interdits.

Chapitre 39

Règles

DANS CE CHAPITRE :

» **Avant d'aborder le tunnel**

» **Dans le tunnel**

» **Stationnement et arrêt**

» **Comportement en cas d'incident**

Dans un tunnel, pour ma sécurité et celle des autres, je dois respecter des règles plus strictes.

Signalisation

Entrée d'un tunnel où il est interdit de faire demi-tour, de s'arrêter et de stationner en dehors des emplacements d'arrêt d'urgence. L'allumage des feux de croisement est obligatoire.

Sortie de tunnel

Avant d'aborder le tunnel

Je m'assure :

- » que je suis autorisé à le traverser (hauteur, largeur, poids...) ;
- » que mes feux fonctionnent ;
- » qu'il me reste suffisamment de carburant pour ne pas tomber en panne ;
- » qu'aucun voyant rouge n'est allumé.

Je retire si nécessaire mes lunettes de soleil

Dans le tunnel

ATTENTION !

De jour, à l'entrée du tunnel, pendant quelques secondes, l'effet « trou noir » dû à la différence de luminosité entre l'extérieur et l'intérieur du tunnel augmente le risque d'accident, surtout par temps clair. Il est par exemple difficile de percevoir un véhicule arrêté.

- » J'allume les feux de croisement, même si le tunnel est éclairé ;
- » je respecte la limitation de vitesse ;
- » je maintiens la distance de sécurité indiquée.

Distance de sécurité

Lorsqu'un panneau impose un intervalle de sécurité avant l'entrée d'un tunnel, je dois respecter cette distance même à l'arrêt.

Cette distance permet :

- » de limiter les risques de collision ;
- » d'éviter la communication d'un incendie ;
- » de faciliter l'accès des secours, qui peuvent s'intercaler.

Dans les tunnels, des diodes bleues matérialisent les distances de sécurité à respecter. Je dois laisser impérativement l'espace d'au moins 2 lumières bleues entre mon véhicule et celui qui me précède.

Stationnement et arrêt

Le stationnement comme l'arrêt sont interdits sous les tunnels, car très dangereux.

Si toutefois l'arrêt est inévitable (panne, accident, incendie, malaise...), il faut actionner les feux de détresse et utiliser dans la mesure du possible un emplacement d'arrêt d'urgence. En l'absence d'un tel emplacement, il faut utiliser la bande d'arrêt d'urgence ou serrer au maximum à droite s'il n'y en a pas.

Comportement en cas d'incident

De la moindre panne à l'incendie, tout événement perturbant la circulation sous un tunnel peut provoquer un accident aux conséquences dramatiques. Il importe donc de bien connaître le comportement particulier à adopter pour chaque type d'incident.

Ici, les connaissances utiles seront traitées sous la forme d'un questionnaire où la réponse « vrai » ou « faux » sera justifiée par des explications.

1. **Si ma voiture prend feu, il est préférable de quitter le tunnel en roulant :**

   VRAI

   Si ma voiture prend feu, il est préférable de quitter le tunnel en roulant pour éviter une aggravation et notamment une propagation de la fumée qui peut intoxiquer grand nombre d'usagers. Aussi, un véhicule immobilisé dans le tunnel constitue toujours un danger.

2. **En cas d'incendie de mon véhicule, s'il est impossible de quitter le tunnel en roulant, je m'arrête et appelle les secours :**

   VRAI

   En cas d'incendie de mon véhicule, s'il est impossible de quitter le tunnel en roulant, je m'arrête en prenant toutes les précautions et utilise un poste d'appel d'urgence pour prévenir les secours.

3. **Pour prévenir les secours, je peux utiliser mon téléphone portable :**

   FAUX

   L'utilisation d'un téléphone portable dans un tunnel peut saturer les réseaux et perturber la coordination des secours ; de plus, il ne permettra pas de me localiser. Pour appeler les secours, j'utilise un poste d'appel d'urgence situé dans une niche de sécurité.

4. **En cas de début d'incendie, j'utilise l'extincteur qui se trouve dans la niche de sécurité :**

   VRAI

   Je tente d'éteindre un début d'incendie avec l'extincteur situé dans la niche de sécurité.

5. **En cas d'incendie, pour me mettre à l'abri de la fumée, je me dirige vers la niche de sécurité :**

   FAUX

   Une niche de sécurité permet d'appeler les secours et d'éteindre un début d'incendie à l'écart de la circulation. Mais pour être à l'abri de la fumée, il faut évacuer vers une issue de secours.

6. Si le véhicule qui me précède prend feu, ou si une fumée se répand devant moi, je m'arrête :

VRAI

Si le véhicule qui me précède prend feu, ou si une fumée se répand devant moi, j'allume mes feux de détresse et m'arrête immédiatement en respectant la distance de sécurité.

7. Si je dois m'arrêter ou rouler à vitesse réduite à cause d'une panne ou d'un incident, j'allume mes feux de détresse :

VRAI

Si je dois m'arrêter ou rouler à vitesse réduite à cause d'une panne ou d'un incident, j'allume mes feux de détresse afin de ne pas surprendre les usagers qui me suivent.

8. Si je dois m'arrêter à cause d'un incident, je respecte la même distance de sécurité que si je roulais :

VRAI

En cas d'arrêt forcé dans un tunnel, je dois respecter la même distance de sécurité que si je roulais.

9. Immobilisé à cause d'un incendie dans le tunnel, j'attends les secours en restant dans mon véhicule :

FAUX

À l'intérieur de mon véhicule, je ne suis pas à l'abri de la fumée et risque donc l'asphyxie. En cas d'incendie, il faut donc le quitter et inviter mes passagers à en faire autant.

10. Avant de quitter mon véhicule à cause d'un incendie, je coupe le moteur et laisse la clé de contact dans mon véhicule :

VRAI

Avant de quitter mon véhicule à cause d'un incendie à l'intérieur d'un tunnel, je coupe le moteur et laisse la clé de contact dans mon véhicule.

12. En cas d'incendie, je me dirige vers l'issue de secours la plus proche même si elle est enfumée :

FAUX

La fumée étant toxique, il est préférable de rechercher une issue de secours dans l'autre direction, même si elle est plus lointaine.

13. En cas de panne de mon véhicule, j'évacue aussitôt vers l'issue de secours la plus proche :

FAUX

En cas de panne de mon véhicule, je dois d'abord me diriger vers la niche de sécurité la plus proche pour prévenir les secours.

14. En cas d'embouteillage, je conserve la même distance de sécurité qu'en circulation normale :

VRAI

En cas de fort ralentissement ou d'embouteillage, je conserve la même distance de sécurité qu'en circulation normale.

15. En cas de ralentissement de la circulation, j'éteins la radio :

FAUX

En cas de ralentissement de la circulation ou d'embouteillage, j'écoute la radio sur la fréquence correspondante afin d'obtenir des informations complémentaires.

16. Si la voiture qui me précède prend feu, je peux la dépasser :

FAUX

Je ne dois pas suivre ni dépasser une voiture qui fume ou prend feu ; je m'arrête, préviens les secours et évacue vers une issue de secours.

17. En cas d'incident dans le tunnel, je peux faire demi-tour :

FAUX

Même en cas d'incendie, je ne dois pas faire marche arrière ni demi-tour dans un tunnel.

18. Avant d'évacuer le tunnel par l'issue de secours à cause d'un incendie, je peux récupérer des affaires encombrantes :

FAUX

Les affaires encombrantes risquent de ralentir le flux et peuvent bloquer les voies d'évacuation. Je dois donc les laisser dans mon véhicule.

19. Après être entré dans l'issue de secours, je referme la cloison qui la sépare du tunnel :

VRAI

Après être entré dans l'issue de secours, je referme la cloison qui la sépare du tunnel afin de ne pas laisser la chaleur et les fumées toxiques s'y introduire.

20. Étant dans l'issue de secours, je peux revenir dans le tunnel pour aller chercher des affaires dans ma voiture :

FAUX

Étant dans l'issue de secours, je ne dois pas revenir dans le tunnel, car je serais à nouveau exposé au risque d'asphyxie.

Exercices

Les tunnels 01

En cas d'incendie, je serai à l'abri de la chaleur et de la fumée, si j'évacue :

- du côté droit
  OUI .... A
  NON .... B
- du côté gauche
  OUI C
  NON .... D

Les tunnels 02

En cas de panne, je m'arrête :

- sur la chaussée.................... A
- dans l'emplacement de droite.................................... B

Les tunnels 03

La signalisation interdit :

- de faire un demi-tour..... A
- de circuler en feux de position seuls....................... B
- de rouler à plus de 100 km/h C
- de s'arrêter.......................... D

Les tunnels 04

La distance de sécurité minimum de 60 m devra être respectée :

- en circulation....................... A
- à l'arrêt .... B

Derrière le véhicule qui me précède, je devrai voir au moins :

- 2 lumières bleues C
- 3 lumières bleues .... D

Les tunnels 05

En cas d'incendie dans un tunnel :

- j'utilise mon téléphone portable pour alerter les secours .... A
- je coupe le moteur............ B
- j'attends les secours dans mon véhicule C
- je quitte mon véhicule en laissant les clés de contact.................................. D

Bonnes réponses :

1 : BC • 2 : B • 3 : ABD • 4 : ABC • 5 : BD

10

Arrêt et stationnement

« C'ÉTAIT ÉVIDENT QUE T'AVAIS PAS LA PLACE !! »

DANS CETTE PARTIE...

Nous traiterons l'arrêt et le stationnement à travers :

- les règles générales (comment se garer ? obligations, interdictions...) ;
- la signalisation interdisant ou réglementant l'arrêt et le stationnement.

Un véhicule immobilisé ne bouge pas, mais peut néanmoins constituer une gêne ou un danger pour les autres usagers ; certains accidents graves sont causés par des véhicules mal garés.

Chapitre 40

Règles générales

DANS CE CHAPITRE :

- » **Définitions**
- » **Comment se garer ?**
- » **Cas d'interdiction**
- » **Différents types de stationnement**
- » **Sur autoroute**

L'absence de signalisation ne dispense pas du respect des règles générales relatives au stationnement et à l'arrêt. Après avoir énoncé les définitions nécessaires, nous allons énumérer ces règles.

Définitions

Il importe de bien distinguer l'arrêt et le stationnement, qui n'ont de commun que l'immobilisation du véhicule.

Arrêt

L'arrêt est l'immobilisation momentanée d'un véhicule pour permettre :

- » la montée ou la descente de passagers ;
- » le chargement ou le déchargement du véhicule.

Le conducteur doit rester près du véhicule pour être en mesure de le déplacer.

Stationnement

Toute immobilisation non liée au chargement ou déchargement du véhicule, à la montée ou descente de personnes, est considérée comme un stationnement, même si elle est de courte durée.

Exemples

Le fait de s'absenter, même un court instant, pour acheter du pain ou un journal est considéré comme un stationnement, car il n'y a ni chargement ni déchargement du véhicule.

Le fait d'attendre quelqu'un est également considéré comme un stationnement.

Comment se garer ?

Même en l'absence de signalisation, il faut respecter certaines règles pour l'arrêt comme pour le stationnement.

Hors agglomération

Je me gare sur l'accotement de droite. Si l'accotement de droite n'est pas praticable ou trop étroit, je peux utiliser celui de gauche, à condition de ne pas empiéter sur la chaussée.

En agglomération

En agglomération, l'arrêt et le stationnement doivent s'effectuer dans le sens de la marche, c'est-à-dire :

du côté droit ou gauche sur une chaussée à sens unique.

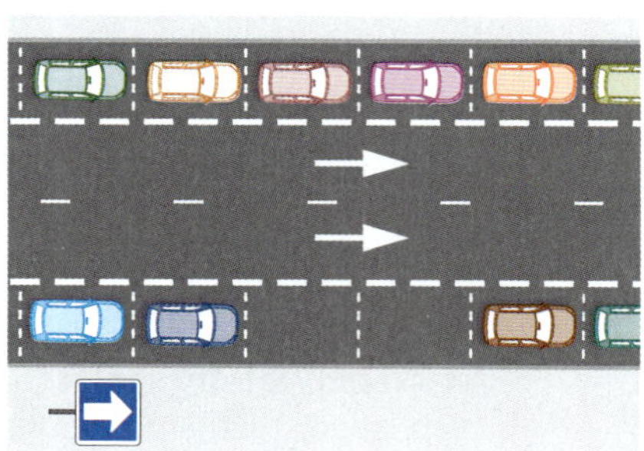

Du côté droit sur une chaussée à double sens. Un arrêt du côté gauche m'obligerait à traverser la chaussée et, surtout, ne me permettrait pas d'avoir une visibilité suffisante pour repartir.

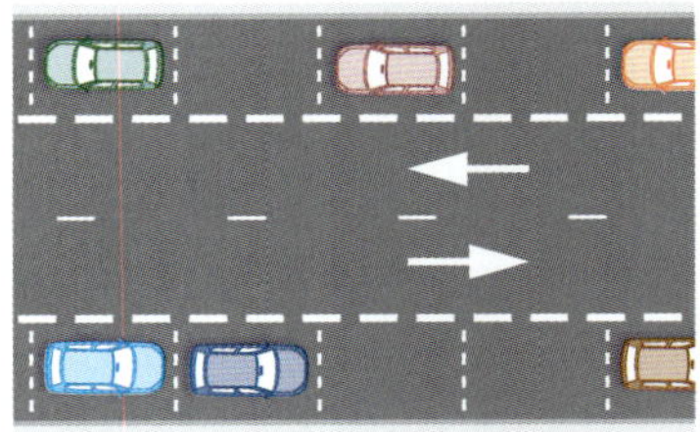

Stationnement abusif

Je ne dois pas laisser mon véhicule stationné au même endroit sur la chaussée ou sur un parking pendant plus de sept jours.
Cette durée limite peut être inférieure dans certaines communes.

Cas d'interdiction

Même en l'absence de signalisation, il est interdit de stationner et de s'arrêter aux endroits où l'immobilisation entraînerait une gêne ou un danger pour la circulation.

Stationnement et arrêt interdits

Sur les passages piétons.

À moins de 5 m avant un passage piéton, sauf si le véhicule est dans un emplacement matérialisé.

Sur les voies réservées à certaines catégories d'usagers (pistes et bandes cyclables, voies pour autobus, trottoirs, chemins pour piétons, voies vertes...) ainsi qu'en bordure des bandes cyclables.

Sur les emplacements réservés à certaines catégories d'usagers (arrêt d'autobus, station de taxis, d'autopartage, emplacement pour handicapés, bouche d'incendie...).

Entre le bord de la chaussée et une ligne continue, si un véhicule qui me dépasse risque de chevaucher ou de franchir cette ligne.

À proximité des feux de circulation ou des panneaux de signalisation, si le véhicule en cache la vue aux autres usagers.

Aux endroits où le véhicule empêche soit l'accès à un autre véhicule à l'arrêt ou en stationnement, soit le dégagement de ce dernier.

Sur et sous les ponts, dans les passages souterrains et les tunnels.

À proximité des intersections, des virages, des sommets de côte et des passages à niveau (l'arrêt comme le stationnement est considéré comme dangereux).

Stationnement interdit, arrêt autorisé

- Devant les garages et entrées carrossables.
- En double file.
- Dans les zones de rencontres et aires piétonnes.
- Sur les emplacements réservés à la recharge des accumulateurs des véhicules électriques.
- Sur les emplacements réservés aux véhicules de livraison.

Ces emplacements sont réservés aux livraisons :

- De façon périodique s'ils sont délimités par une ligne discontinue : dans ce cas, en l'absence d'autres indications, l'emplacement est réservé aux livraisons entre 7h et 20h.
- De façon permanente s'ils sont délimités par une double ligne continue.

de 7h à 20 h

en permanence

Différents types de stationnement

Selon l'endroit, le stationnement se fait en créneau, en bataille ou en épi.

En créneau

Parallèlement au trottoir.

- S'il y a de la place, je me range en marche avant.
- S'il y a peu de place (par exemple une seule case entre deux voitures), je me gare en marche arrière.

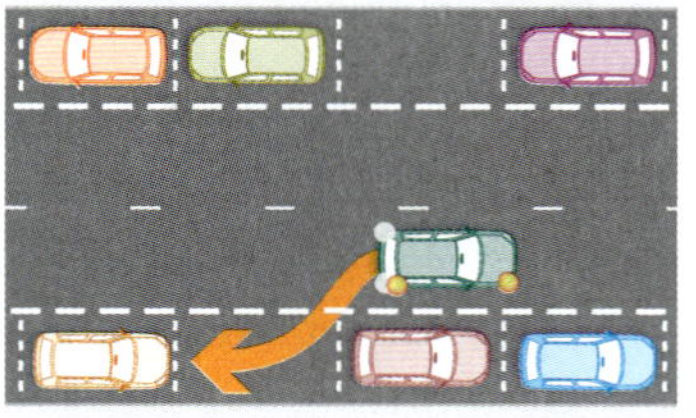

En bataille

Perpendiculairement au trottoir. Pour bénéficier d'une meilleure visibilité en repartant, je me gare de préférence en marche arrière.

En épi

En biais. Une seule roue touche le trottoir. Je me gare en marche arrière ou en marche avant suivant la disposition des cases.

Sur autoroute

Sur autoroute, on distinguera l'arrêt normal et l'arrêt d'urgence.

Le stationnement et l'arrêt sont interdits sur toutes les parties de l'autoroute (voies de circulation, terre-plein central, bande d'arrêt d'urgence, accotement).

Arrêt sur les aires de repos

Pour m'arrêter, j'utilise exclusivement une aire de repos qui est un espace sécurisé, équipé notamment d'un emplacement pour pique-nique et de toilettes.

Ce panneau annonce une aire de repos où je rencontrerai une station-service et un débit de boissons, ouverts 7 jours sur 7. Cette aire comporte également un emplacement pour pique-nique.

Les panonceaux précisent que la prochaine aire de repos équipée d'une station-service et d'un débit de boissons est à 50 km, alors que le prochain emplacement pour pique-nique est à 24 km.

J'emprunterai la voie de décélération pour me diriger vers l'aire de repos.

Localisation d'une aire de repos sur autoroute

Fin de localisation d'une aire de repos sur autoroute

Sur les routes à chaussées séparées, les aires de repos sont signalées par des panneaux sur fond blanc.

Arrêt d'urgence

Je m'arrête sur la bande d'arrêt d'urgence en cas de nécessité absolue : accident, panne, crevaison, malaise d'une personne, surchauffe du moteur, voyant rouge qui s'allume...

Je dois, dans ce cas, actionner les feux de détresse dès que l'incident survient, et les laisser allumés sur la bande d'arrêt d'urgence. Avant de quitter le véhicule, je dois mettre mon gilet de sécurité qui doit être rangé dans l'habitacle.

ATTENTION !

Ne pas poser de triangle de présignalisation sur la bande d'arrêt d'urgence de l'autoroute.

J'invite mes passagers à descendre du côté droit et à passer de l'autre côté de la glissière de sécurité.

Tous les 2 km, un poste d'appel d'urgence me met directement en liaison avec les services de secours. Son usage est gratuit.

ATTENTION !

Si je tombe en panne à proximité d'un emplacement d'arrêt d'urgence, je l'utiliserai, ce qui me permettra d'être plus éloigné de la circulation que sur la bande.

Chapitre 41

Signalisation

DANS CE CHAPITRE :

» **Signalisation d'interdiction**

» **Stationnement réglementé**

Nous allons d'abord étudier la signalisation qui interdit le stationnement, mais aussi l'arrêt. Ensuite, nous verrons celle qui réglemente le stationnement (stationnement payant, zone bleue, stationnement alterné).

Signalisation d'interdiction

La signalisation horizontale ou verticale peut interdire le stationnement et l'arrêt.

Stationnement et arrêt interdits

Interdiction de s'arrêter et de stationner sur la chaussée comme sur l'accotement du côté du panneau, à partir de l'endroit où il est implanté, jusqu'à la prochaine intersection.

Ligne jaune continue

L'arrêt et le stationnement sont interdits le long d'un trottoir dont la bordure est peinte en jaune de façon continue.

EN SAVOIR PLUS

Ce marquage peut compléter ou remplacer le panneau qui interdit le stationnement et l'arrêt.

Stationnement interdit

Interdiction de stationner sur la chaussée et sur l'accotement du côté du panneau, à partir de l'endroit où il est implanté, jusqu'à la prochaine intersection. L'arrêt est autorisé.

Ligne jaune discontinue

Le stationnement est interdit, mais l'arrêt autorisé le long d'un trottoir dont la bordure est peinte en jaune de façon discontinue.

EN SAVOIR PLUS

Ce marquage peut compléter ou remplacer le panneau qui interdit le stationnement.

Zones

Une zone est un quartier constitué par une rue, plusieurs rues ou la totalité de l'agglomération ; elle est délimitée par des panneaux d'entrée et de sortie de zone.

Entrée d'une zone à stationnement interdit

Sortie de zone à stationnement interdit

L'interdiction de stationner s'applique jusqu'à un panneau de sortie de zone ou de sortie d'agglomération. En l'absence d'un de ces panneaux, elle se maintiendra après la prochaine intersection, même si je tourne à droite ou à gauche.

Panonceaux

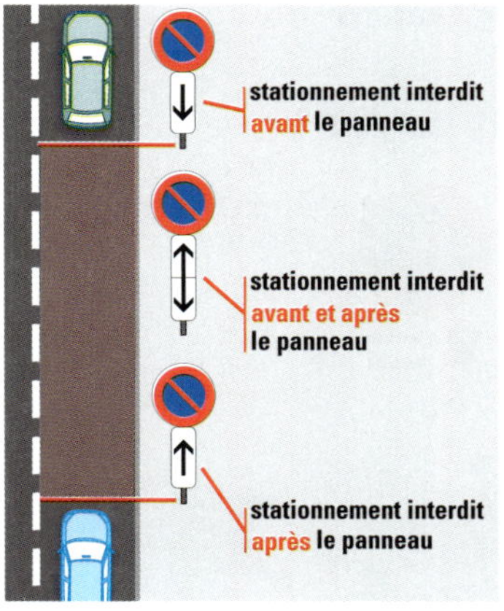

Stationnement interdit à droite du panneau

Stationnement et arrêt interdits à gauche et à droite du panneau

Stationnement réservé aux personnes handicapées à mobilité réduite (grands invalides civils, grands invalides de guerre...)

Stationnement réservé aux véhicules électriques pendant la durée de recharge de leurs accumulateurs.

L'interdiction de stationner ne concerne que les véhicules de transport de marchandises.

Stationnement réglementé

Dans certaines rues, le stationnement peut être payant, en zone bleue (disque obligatoire) ou alterné.

Stationnement payant

Ces panneaux indiquent que le stationnement est payant.

Je peux également en être informé par le mot « payant » inscrit sur la chaussée.

Horodateur

Je paie pour retirer un ticket que je place derrière le pare-brise, de sorte qu'il soit lisible depuis le trottoir. Le stationnement payant est aussi à durée limitée : l'heure limite de validité est indiquée sur le ticket.

Zone bleue

Ces panneaux indiquent une zone bleue. Le stationnement est gratuit, mais à durée limitée avec contrôle par disque.

Dans les zones bleues, les lignes qui délimitent les emplacements de stationnement sont souvent de couleur bleue. Je règle l'heure d'arrivée sur un disque homologué que je place derrière le pare-brise, côté trottoir.

Les horaires et la durée limite de stationnement varient en fonction de la zone. Ils sont indiqués sur un panonceau.

Stationnement alterné

Souvent, en agglomération, le stationnement est alterné, c'est-à-dire :

- » unilatéral, parce que je ne peux stationner que d'un côté de la rue ;
- » à alternance semi-mensuelle, car il faut changer de côté deux fois par mois.

Si le panneau d'entrée de zone est placé sur le même support que le panneau d'entrée de l'agglomération, cette règle concerne la totalité de l'agglomération.

Stationnement la première quinzaine du mois

Du 1er au 15 de chaque mois, je stationne du côté des immeubles portant les numéros impairs.

Ce panneau :

- » interdit de stationner du 16 au 31 du côté où il est implanté ;
- » est toujours placé côté impair.

Stationnement la deuxième quinzaine du mois

Du 16 au dernier jour du mois, je stationne du côté des immeubles portant les numéros pairs.

Ce panneau :

- » interdit de stationner du 1er au 15 du côté où il est implanté ;
- » est toujours placé côté pair.

Changement de côté de stationnement

Le changement de côté se fait le 15 et le dernier jour du mois, entre 20 h 30 et 21 h.

Implantation des panneaux

Nous sommes le 9, donc dans la première quinzaine. Je stationne du côté des numéros impairs, c'est-à-dire du côté droit de cette rue. Le panneau confirme que le stationnement y est interdit du 16 au dernier jour du mois, donc autorisé entre le 1er et le 15.

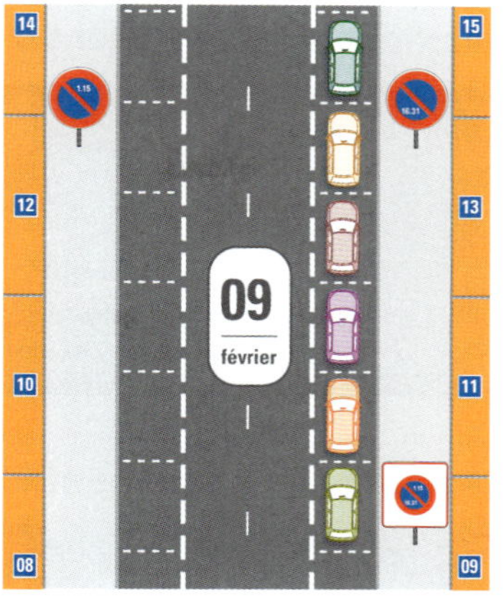

Nous sommes le 25, donc dans la 2e quinzaine. Je stationne du côté des numéros pairs, c'est-à-dire du côté gauche de cette rue. Le panneau confirme que le stationnement y est interdit du 1er au 15, donc autorisé entre le 16 et le dernier jour du mois.

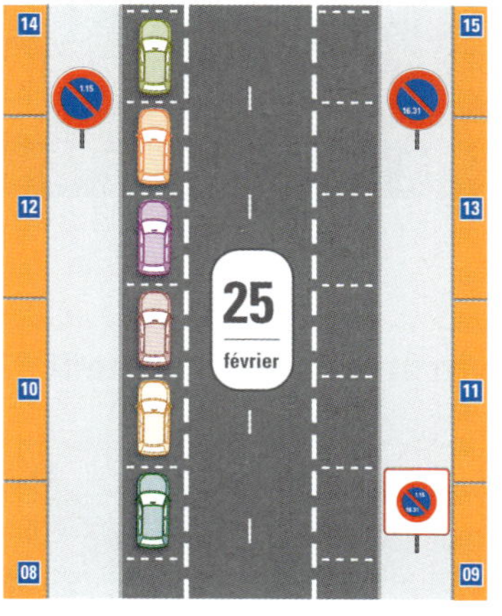

ATTENTION ! L'alternance du stationnement ne dispense pas de l'obligation de se garer dans le sens de la marche. Sur une chaussée à double sens, si je ne circule pas du côté où le stationnement est autorisé, je fais demi-tour pour me garer dans le sens opposé.

Exercices

Arrêt et stationnement 01

Je suis bien placé pour un arrêt momentané :

OUI .... A

NON .... B

Arrêt et stationnement 02

Du côté gauche, je pourrai :

- stationner

OUI .... A

NON .... B

- m'arrêter

OUI C

NON .... D

Arrêt et stationnement 03

Pour faire descendre un passager, je peux faire un arrêt immédiatement :

- sur le trottoir

OUI .... A

NON .... B

- le long du trottoir

OUI C

NON .... D

Arrêt et stationnement 04

Je suis bien placé :

- pour un arrêt
  - OUI .... A
  - NON .... B
- pour un stationnement
  - OUI C
  - NON .... D

Arrêt et stationnement 05

Sur l'accotement, je pourrai :

- m'arrêter
  - OUI .... A
  - NON .... B
- stationner
  - OUI C
  - NON .... D

Arrêt et stationnement 06

Je peux me garer dans le renfoncement de gauche pour :

- déposer une lettre
  - OUI .... A
  - NON .... B
- répondre à un appel téléphonique
  - OUI C
  - NON .... D

Arrêt et stationnement 07

Je peux stationner sur l'accotement :

- avant le panneau

OUI .... A

NON .... B

- après le panneau

OUI C

NON .... D

Arrêt et stationnement 08

Nous sommes le 31. Je pourrai stationner de ce côté :

- jusqu'à minuit.................... A
- à partir de minuit .... B
- jusqu'à 21h.......................... C
- à partir de 21h .... D

Arrêt et stationnement 09

J'entre dans une zone à stationnement :

- interdit .... A
- à durée limitée.................. B
- payant.................................. C

Arrêt et stationnement 10

Le stationnement est :

- gratuit .... A
- payant .... B
- à durée limitée C

Bonnes réponses :

1 : B • 2 : AC • 3 : BD • 4 : BD • 5 : BD • 6 : AD • 7 : BC • 8 : D • 9 : BC • 10 : AC

11

Perception du risque

« ELLE A UNE BONNE TENUE DE ROUTE ! »

DANS CETTE PARTIE...

Connaître le code de la route, le respecter, et savoir conduire un véhicule ne suffit pas. Pour être un conducteur sûr, il faut également prévoir les situations les plus variées et savoir y faire face.

Chapitre 42

Le regard

DANS CE CHAPITRE :

» **Stratégie du regard**

» **Regarder vite**

» **Regarder loin**

» **Observer sur les côtés**

» **Regarder derrière**

» **Tourner la tête**

» **Regard et taille des panneaux**

» **Champ visuel**

Pour faire face aux situations les plus variées, il faut se servir habilement de ses yeux : regarder là où il faut.

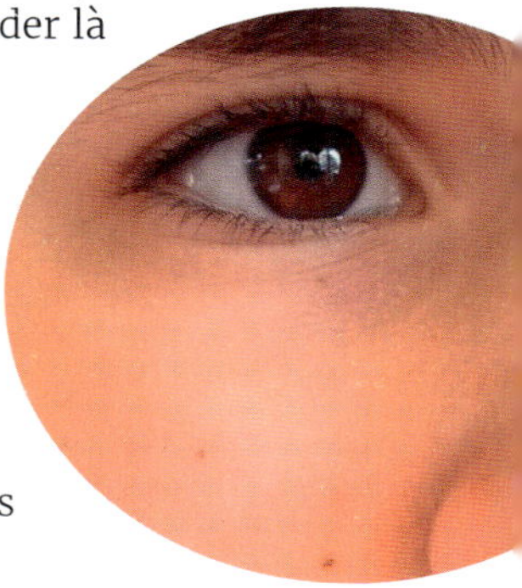

Stratégie du regard

Le regard du conducteur se fait par saccades visuelles. C'est le centre du champ de vision qui offre la meilleure précision. Le conducteur fixe une multitude de points les uns après les autres pour conserver une trajectoire fluide.

Regarder vite

Regarder vite, pour éviter d'attarder le regard sur un élément au risque d'en négliger d'autres.

Regarder loin

Regarder loin pour prévoir les situations de conduite et anticiper les trajectoires.

Observer sur les côtés

Observer sur les côtés, tout type d'usager peut déboucher.

Regarder derrière

Regarder les rétroviseurs pour voir derrière, avant tout changement d'allure ou de direction.

Tourner la tête

REPORTEZ-VOUS

Tourner la tête pour voir les éléments cachés dans les angles morts. *Reportez-vous pages 112 et 113.*

ATTENTION !

Il est indispensable de bien connaître les emplacements des commandes du véhicule afin de les utiliser sans quitter la route des yeux.

Regard et taille des panneaux

Avec une acuité visuelle de 5/10, je percevrai les informations deux fois plus tard qu'avec une acuité de 10/10.

Par conséquent, un conducteur qui a une faible acuité visuelle risque de ralentir exagérément à l'approche d'un panneau de direction, pour avoir le temps de le lire. Il risque donc de surprendre les autres usagers.

La taille des panneaux dépend directement de la vitesse maximale autorisée. Ils sont donc plus gros sur autoroute que sur route. Ils sont conçus pour être lus 6 secondes avant l'endroit où ils sont implantés.

Un conducteur qui a une acuité visuelle de 10/10 doit pouvoir lire :

- un panneau d'entrée d'agglomération à 50 m ;
- un panneau de limitation de vitesse hors agglomération à 150 m ;
- un panneau de direction autoroutière à 200 m.

La couleur d'un panneau autoroutier est perceptible à 500 m, mais il est bien sûr impossible de le lire à cette distance. Cette couleur permet de présélectionner l'endroit où je lirai la direction que je recherche.

Champ visuel

Alors que la vision centrale permet de voir avec précision, la vision périphérique permet de mieux évaluer les vitesses de déplacement.

Mon champ visuel, qui est de 180° à l'arrêt, diminue avec la vitesse. Plus je roule vite, plus il se rétrécit.

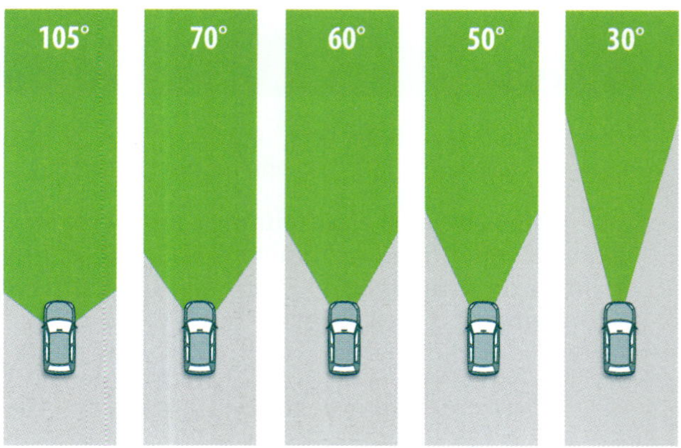

La vision dépend du fonctionnement des yeux, mais aussi de celui du cerveau. Toutes les substances qui affectent le cerveau (alcool, drogues, médicaments…) agissent aussi sur la vision.

Conclusion

Pour ne pas me laisser surprendre, je regarde loin, sans oublier de porter constamment mon regard sur les côtés et dans les rétroviseurs.

La mobilité du regard est nécessaire pour anticiper.

Chapitre 43

Les indices

DANS CE CHAPITRE :

- » **Indices formels**
- » **Indices informels**
- » **Traitement de l'information**
- » **Zones à risque**
- » **Exemples de situations à risques**

On appelle indice tout ce qui constitue une indication utile pour prévoir. La recherche et la détection des indices utiles sont prépondérantes pour une conduite préventive, car les situations changent très vite.

Les indices peuvent être :

- » visuels (90% des indices) ;
- » auditifs (klaxon, bruit du moteur…) ;
- » olfactifs (odeur de brûlé, de carburant…).

Indices formels

Les indices formels ont été intentionnellement créés pour les usagers, car ils sont constitués par la signalisation horizontale et verticale.

Indices informels

Les indices informels existent par eux-mêmes, et ne sont donc pas listés dans le code de la route. Ils constituent un ensemble d'éléments que l'expérience aidera à repérer. Il est impossible de tous les citer et de les apprendre par cœur.

Pour ne pas gêner, ne pas surprendre et ne pas être surpris, il faut être en avance sur les événements qui ne se sont pas encore déroulés. Il faut anticiper les actions des autres.

Traitement de l'information

Conduire, c'est utiliser les indices présents pour anticiper les situations futures.

Le conducteur doit prévoir sa trajectoire, mais aussi celle des autres usagers.

Une bonne analyse de la situation réduit le temps de réaction.

Il ne faut jamais quitter la trajectoire des yeux plus d'1 seconde.

Un conducteur expérimenté peut percevoir 3 indices par seconde. Un conducteur novice perçoit 1 seul indice par seconde.

Les connaissances et l'expérience permettent :

- d'explorer l'environnement efficacement
- de sélectionner les indices utiles
- de hiérarchiser ces indices sélectionnés

Pour avoir le temps de traiter tous les indices, et donc de faire face aux situations, il faut que la vitesse soit adaptée. Plus le nombre d'indices à traiter est important, plus je dois réduire ma vitesse.

Par exemple, pour parcourir une distance de 30 m, si je roule à 50 km/h (15 mètres par seconde), je mettrai 2 secondes : 2 secondes pendant lesquelles je pourrai traiter 6 indices.

Si je roule à 100 km/h (30 mètres par seconde), je parcourrai la même distance en une seule seconde. Je ne pourrai donc traiter que 3 indices.

Rouler plus vite fatigue davantage, car le cerveau est obligé de traiter un plus grand nombre d'informations en même temps.

Etre vu est aussi important que voir. Un usager qui ne regarde pas dans ma direction ne peut pas me voir. S'il ne me voit pas, il agira sans tenir compte de ma présence.

L'orientation du regard d'un autre usager permet de prévoir sa trajectoire. Par exemple un piéton qui regarde en direction de la chaussée va peut-être traverser.

Souvent, un seul coup d'oeil ne suffit pas pour bien voir, ou pour évaluer la vitesse d'un usager. Il faut regarder plusieurs fois en tournant la tête, afin que les deux yeux détectent les indices proches et éloignés.

Zones à risques

Zone d'incertitude

C'est la zone de déplacements possibles de l'usager, dans toutes les directions, dans le temps qui me sépare de lui.

La zone d'incertitude d'un piéton est circulaire alors que celle d'un cycliste est en forme d'ogive.

Surface de contrainte

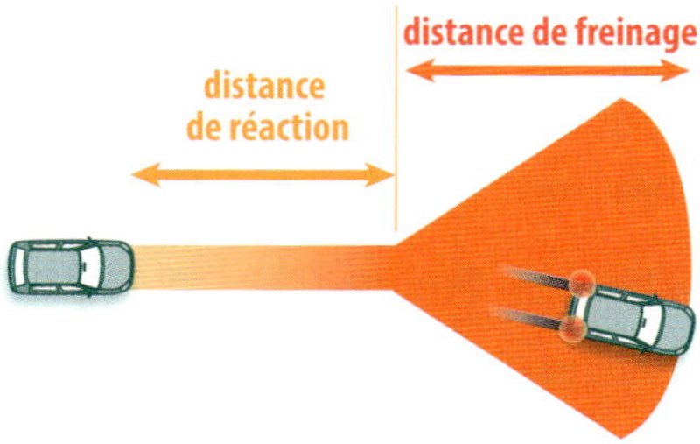

La surface de contrainte est la distance parcourue pendant le temps de réaction + le cône de freinage

Elle a la forme d'un entonnoir, car au fur et à mesure que je ralentis, les déviations possibles de trajectoire s'élargissent.

Si j'accélère, j'augmente ma surface de contrainte ; si je ralentis, je la diminue.

Zone de danger potentiel

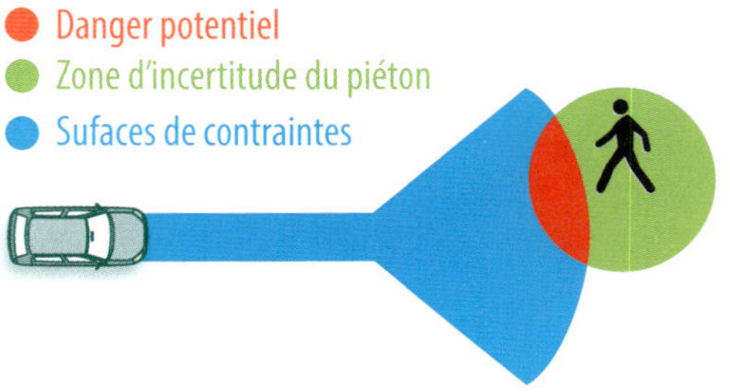

Lorsque la surface de contrainte empiète sur la zone d'incertitude, ou lorsque la visibilité est masquée, il y a risque d'accident.

Cette partie commune est appelée zone de danger potentiel.

Exemples de situations à risques

L'autobus ne cache-t-il pas des passagers prêts à traverser ?

De nuit, je dois m'attendre à voir au dernier moment un usager non éclairé. Le risque est le même par mauvais temps.

La présence d'enfants représente toujours un danger, même s'ils sont sur le trottoir. Ici, le petit garçon est bien accompagné par deux adultes, mais :

- il n'est pas tenu par la main ;
- il regarde en direction de la route ;
- il peut échapper à la surveillance des deux adultes occupés à discuter.

Pendant ce temps, l'enfant, dont le comportement est imprévisible, peut apercevoir une personne qu'il connaît ou encore un objet qui l'intéresse ; il risque donc de traverser soudainement la route.

Céder le passage à un usager qui n'a pas la priorité peut être dangereux.

Si malgré le feu vert, je m'arrête pour céder le passage au piéton qui a le rouge, le conducteur de la voiture qui me suit de près, risque :

- de me percuter et me projeter contre le piéton ;
- de me dépasser et de renverser le piéton.

Le piéton, voyant que je m'arrête pour le laisser passer, va traverser en toute confiance et risque de ne pas voir la voiture qui dépasse. De plus, le conducteur de la voiture, qui ne comprend pas la raison de mon arrêt, risque de ne pas apercevoir le piéton.

Exercices

Perception du risque 01

Le conducteur de la voiture peut voir la fillette s'il regarde :

- dans ses rétroviseurs

OUI .... A

NON .... B

- en tournant la tête

OUI C

NON .... D

Perception du risque 02

Si je m'arrête, la situation la plus dangereuse est la :

- n°1 .... A
- n°2... B

Perception du risque 03

Je roule à 70 km/h. Je dois ralentir :

OUI .... A

NON .... B

Perception du risque 04

Le risque le plus important est dans la zone :

- n°1 .... A
- n°2.. B
- n°3.. C
- n°4 .... D

Perception du risque 05

La situation la plus risquée est la :

- n°1 .... A
- n°2.. B

Bonnes réponses :

1 : BD • 2 : B • 3 : A • 4 : A • 5 : A

12

Annexes

« ON S'EST PAS UN PEU PERDUS ?? »

Conduite en Europe

Dans plusieurs pays européens :

- » une limitation de vitesse plus basse est imposée pour les véhicules qui tractent une remorque ;
- » il est interdit de stationner à moins d'une certaine distance de feux tricolores ;
- » la circulation avec les seuls feux de position est interdite ;
- » à l'inverse de la France, le bleu peut être utilisé pour la signalisation routière, le vert pour la signalisation autoroutière.

	Alcool	vitesse (km/h)	Particularités
Belgique 	0,5 g/l de sang	agglo : 50 hors agglo : 90 (120*) autoroute : 120	Arrêt en double file interdit, extincteur obligatoire, obligation de laisser au moins 1 m d'intervalle entre 2 véhicules stationnés
Luxembourg 	0,5 g/l de sang (0,2 g/l pour les conducteurs novices et professionnels)	agglo : 50 hors agglo : 90 autoroute : 130 (110**)	Obligation sur autoroute d'utiliser la voie de gauche pour faciliter le passage à ceux qui s'y engagent.
Suisse 	0,5 g/l de sang (0 g/l pour les conducteurs novices)	agglo : 50 hors agglo : 80 autoroute : 120	Vignette obligatoire pour emprunter les autoroutes. Allumage obligatoire des feux de croisement de jour.

	Alcool	Vitesse (km/h)	Particularités
Allemagne	0,5 g/l de sang (0 g/l pour les conducteurs novices et professionnels)	agglo : 50 hors agglo : 100 autoroute : 130 (***)	Un accident matériel peut donner lieu à une amende.
Italie	0,5 g/l de sang (0 g/l pour les conducteurs novices et professionnels)	agglo : 50 hors agglo : 110 autoroute : 130	Boîte d'ampoules de rechange obligatoire, allumage obligatoire des feux de croisement sur autoroute.
Espagne	0,5 g/l de sang (0,3 g/l pour les conducteurs novices et professionnels)	agglo : 50 hors agglo : 90 (100*) autoroute : 120	Boîte d'ampoules de rechange obligatoire, obligation de posséder 2 triangles de présignalisation.
Pays-Bas	0,5 g/l de sang (0,2 g/l pour les conducteurs ayant moins de 5 ans de permis et les conducteurs professionnels)	agglo : 50 hors agglo : 100 autoroute : 120	Triangles blancs peints sur la chaussée = obligation de céder le passage.
Royaume-Uni	0,8 g/l de sang	agglo : 48 hors agglo : 83 (96*) autoroute : 112	La circulation s'effectue à gauche et les dépassements se font par la droite.

* sur route express - ** par temps de pluie - *** vitesse conseillée

Tableau des infractions et sanctions

Infraction	Amende forfaitaire	Amende tribunal peine maximum	Retrait de permis durée maximum	Retrait de point	Prison durée maximum	Divers
conduite en état d'alcoolémie 0,5g/l à 0,79g/l[1]	135 €	750 €	suspension 3 ans	6	non	immobilisation du véhicule...
conduite en état d'alcoolémie 0,8g/l et plus		4 500 €	suspension 3 ans ou annulation	6	2 ans	rétention immédiate du permis...
conduite après consommation de drogue		4 500 € 9 000 €[10]	suspension 3 ans ou annulation	6	2 ans 3 ans[10]	rétention immédiate du permis...
excès de vitesse de 1 à 19 km/h[2]	135 € 68 €3	750 € 450 €[3]	non	1	non	
excès de vitesse de 20 à 29 km/h[2]	135 €	750 €	non	2	non	
excès de vitesse de 30 à 39 km/h[2]	135 €	750 €	suspension 3 ans	3	non	
excès de vitesse de 40 à 49 km/h[2]	135 €	750 €	suspension 3 ans	4	non	rétention immédiate du permis...
excès de vitesse de 50 km/h ou +[2] première fois		1500 €	suspension 3 ans	6	non	confiscation du véhicule...
excès de vitesse de 50 km/h ou +[2] récidive		3 750 €	suspension 3 ans	6	3 mois	confiscation du véhicule...
délit de fuite		75 000 €	suspension 5 ans ou annulation	6	3 ans	confiscation du véhicule...
refus d'obtempérer[4]		3 750 €	suspension 3 ans	6	3 mois	travail d'intérêt général...
refus d'obtempérer avec mise en danger d'autrui[4]		75 000 €	suspension 5 ans ou annulation	6	5 ans	confiscation du véhicule
Non assistance à personne en péril		75 000 €	non	non	5 ans	
usage de fausse plaque		3 750 €	suspension 3 ans	6	5 ans	confiscation du véhicule...
homicide involontaire		75 000 € 100 000 €[5] 150 000 €[6]	suspension 10 ans ou annulation	6	5 ans 7 ans[5] 10 ans[6]	Confiscation du véhicule Rétention immé- diate du permis
blessure involontaire		45 000 € 75 000 €[5] 100 000 €[6]	suspension 10 ans ou annulation	6	3 ans 5 ans[5] 7 ans[6]	Confiscation du véhicule
entrave volontaire à la circulation		4 500 €	suspension 3 ans	6	2 ans	immobilisation du véhicule...
conduite sans permis		1 5000 €	non	non	1 an	interdiction de conduire un véhicule ne nécessitant pas de permis...
conduite malgré suspension de permis		4 500 €	Suspension 3 ans ou annulation	6	2 ans	
Non respect des conditions de validité ou restrictions d'usage du permis	135 €	750 €	suspension 3 ans	3	non	
non-respect des distances de sécurité	135 €	750 €	suspension 3 ans	3	non	

1 : 0,2g/l pour les conducteurs débutants et les conducteurs de transport en commun.
2 : au-dessus de la vitesse maximale autorisée.
3 : si la limitation de vitesse était supérieure à 50 km/h.
4 : refus d'obéissance à un agent qui fait signe de s'arrêter.
5 : avec une circonstance aggravante (ivresse, alcoolémie, drogue, conduite sans permis, dépassement de 50 km/h ou plus de la vitesse maxi, délit de fuite, violation délibérée d'une règle).
6 : avec deux circonstances aggravantes.

Infraction	Amende forfaitaire	Amende tribunal peine maximum	Retrait de permis durée maximum	Retrait de point	Prison durée maximum	Divers
non-respect des distances de sécurité dans un tunnel (première fois)	135 €	750 €	suspension 3 ans	3	non	
non-respect des distances de sécurité dans un tunnel (récidive)		3 750 €	suspension 3 ans	6	6 mois	immobilisation du véhicule...
non-respect d'un stop, d'un feu rouge ou d'une priorité	135 €	750 €	suspension 3 ans	4	non	
dépassement dangereux	135 €	750 €	suspension 3 ans	3	non	
dépassement d'un chasse-neige en action	135 €	750 €	suspension 3 ans	non	non	
demi-tour et marche arrière sur autoroute	135 €	750 €	suspension 3 ans	4	non	
changement de direction sans avertir	35 €	150 €	suspension 3 ans	3	non	
Absence de triangle, du gilet, des feux de détresse	135 €	750 €	non	non	non	
franchissement7 d'une ligne continue	135 €	750 €	suspension 3 ans	3	non	
chevauchement8 d'une ligne continue	135 €	750 €	suspension 3 ans	1	non	
circulation sur bande d'arrêt d'urgence	135 €	750 €	suspension 3 ans	3	non	
stationnement ou arrêt dangereux	135 €	750 €	suspension 3 ans	3	non	mise en fourrière...
stationnement ou arrêt très gênant (voie de bus, place handicapés...)	135 €	750 €	non	non	non	mise en fourrière...
stationnement ou arrêt gênant (bande cyclable, pont...)	35 €	150 €	non	non	non	mise en fourrière...
autres infractions au stationnement (signa- lisation, zone bleue...)	35 €	150 €	non	non	non	
accélération sur le point d'être dépassé	135 €	750 €	suspension 3 ans	2	non	
non-port de la ceinture	135 €	750 €	non	3	non	
non-port du casque	135 €	750 €	non	3	non	immobilisation du véhicule...
usage du téléphone tenu en mains, port d'oreillette	135 €	750 €	non	3	non	
Regard écran en conduisant (sauf GPS)		1 500 €	non	3	non	confiscation du matériel
non-présentation immédiate des papiers obligatoires	11 € (35 € assurance)	38 € (150 € assurance)	non	non	non	obligation de les présenter dans les 5 jours...
plaque d'immatriculation non conforme	135 €	750 €	non	non	non	immobilisation du véhicule...
utilisation détecteur ou avertisseur de radar		1 500 €	suspension 3 ans	6	non	confiscation de l'appareil, voire du véhicule
défaut d'assurance		3 750 €9	suspension 3 ans ou annulation	non	non	confiscation du véhicule...

7 : franchissement = véhicule de l'autre côté.
8 : chevauchement = véhicule à cheval sur la ligne.
9 : 3750 € d'amende + 50% majoration pour le fond de garantie automobile.

10 : si, en plus, le taux d'alcoolémie atteint ou dépasse 0,5g/l (0,2g/l pour les conducteurs novices et les conducteurs de transport en commun).

Index

Z

Code de la route 2017 Permisecole

L'application efficace pour réussir son examen

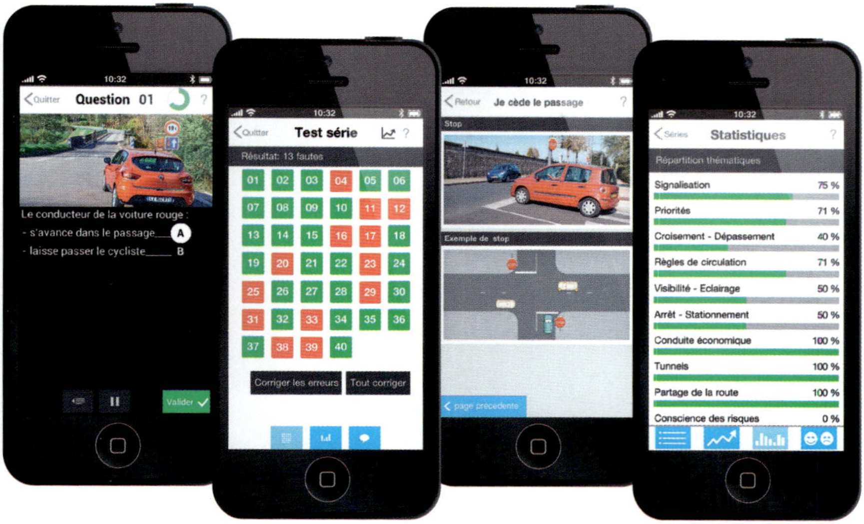

- » 2400 questions sous forme de QCM avec corrections illustrées audiovisuelles
- » Cours de Code multimédia pour apprendre les règles de base du code de la route
- » 40 tests Séries de 40 questions pour vous entraîner à volonté
- » 12 tests Pièges de l'Examen pour déjouer les situations alambiquées de l'épreuve
- » Examen blanc à tirage aléatoire dans les conditions de l'examen officiel
- » Tests thématiques de 20 questions réparties en 11 catégories
- » Suivi statistique avec graphes, conseils et historique des tests effectués
- » Dossier personnel avec création de comptes utilisateurs pour partager l'application

Available on the App Store

ANDROID APP ON Google play

http://www.permisecole.com/mobile

Avec les Nuls, révisez le Code de la route dans les conditions de l'examen !

Le code ci-dessous vous donne accès à 400 questions-réponses en ligne, commentées et expliquées.

Rendez-vous sur **http://www.permisecole.com/first/cdr2017** et saisissez le code suivant :

UPQ5X6C2